〈제2판〉

생성형 AI를 활용한 미래교육

한송이

교육과학사

제2판 서문

'생성형 AI를 활용한 미래교육'이라는 이름으로 저서를 출간한 지 6개월이 지났습니다. 초판은 해당 분야의 연구가 상대적으로 미비한 상태에서 출간 되었으나, 이후 기술의 급속한 변화와 발전을 경험하면서, 본 저서를 다시 개정판으로 출간하게 되었습니다. 당시 사회·경제·문화 전반에 걸쳐 생성형 AI가 큰 파장과 영향을 미치고 있었음에도 불구하고, 공교육과 고등교육 현장에서 이를 어떻게 어디까지 적용할지, 그리고 인공지능을 활용하는 구체적인 기준과 방법에 대한 명확한 지침이 부족한 상황이었습니다. 이러한 배경에서 교육 현장의 교육자들이 겪는 혼란을 줄이고, 생성형 AI에 대한 올바른 이해와 체계적인 지원이 매우 시급하고 중요하다고 판단되었습니다.

이 책이 출간된 이후 몇 가지 중요한 반응과 변화가 나타났습니다. 우선, 교육 현장에서 인공지능 및 생성형 AI를 활용한 교육의 가능성과 관심이 폭발적으로 증가하였습니다. 이러한 관심 증가로 인해 교육 분야에서는 인공지능과 생성형 AI를 적극적으로 활용한 새로운 교수·학습 방법이 활발하게 개발되고 있고, 인공지능 기술을 적극적으로 포용하고 인간의 존엄성 및 감성을 이해하고 공감할 수 있는 미래지향적 인재를 육성하는 것이 현대 교육의 중요한 책임으로 부상하고 있습니다.

또 다른 중요한 변화는 디지털 대전환 시대의 비약적인 발전이 인공지능 기술을 매우 빠르게 가속화하고 있다는 것입니다. 초판 발간 이후 국내외의 다양한 기업들은 API기술을 활용하여 B2C,

B2B 형태로 생성형 AI의 범용성을 확장해 나가고 있으며, 교육 현장에서는 학습자 맞춤형 교육을 통한 더 나은 학습경험을 제공하기 위해 다양한 인공지능 기술을 적극 활용하고 있습니다. 이와 함께 학습자들의 학습 상태를 실시간으로 모니터링하고 피드백을 제공하는 AI 기반의 개별 맞춤형 학습 지원 시스템도 개발되어 적극 활용되고 있습니다.

본 개정판은 비록 이러한 반응과 변화를 전체적으로 포괄할 수는 없지만, 저자의 최근 연구결과를 토대로 어떤 형태로든 반영하려는 노력의 산물입니다. 책의 구조는 초판과 큰 차이가 없지만, 최근 변화를 반영하여 내용의 일부를 추가하고 수정하였습니다. 특히 교육 현장에서 즉시 활용할 수 있는 저자의 실제 사례를 포함하고 있어 생성형 AI를 활용한 업무 개선과 수업혁신에 관심이 있는 교육자들에게 좋은 안내서가 되리라 생각합니다.

미래 사회는 인공지능(AI) 기술이 깊숙이 통합된 환경이 될 것이 분명하며, 이에 따라 인공지능과의 공존 방법을 습득하는 것은 필수적입니다. 이러한 전망을 바탕으로 교육 분야 종사자 및 교육에 관심 있는 모든 이들은 미래 인공지능 시대의 주역으로서 학습자들이 자리매김할 수 있도록 적극 지원하여, 올바른 생성형 AI 시대를 맞이할 수 있기를 기대합니다.

2024년 3월

한 송 이

생성형 AI와 함께 하는 미래교육, 이제부터가 진짜다

'알파고 쇼크AlphaGo shock'를 기억하시나요? 2016년 3월에 프로 바둑기사 이세돌 9단과 구글 딥마인드Google DeepMind의 인공지능 프로그램인 알파고와의 대국에서 알파고가 4승 1패로 완승을 한 것에 사람들이 충격받은 것을 표현한 용어입니다. 이 사건은 인공지능이 인간의 지식수준을 뛰어넘을 수 있을 뿐만 아니라, 어쩌면 인간이 인공지능을 따라잡지 못할 수도 있다는 것을 실감하게 된 사건이었습니다. 사실 저자를 포함한 많은 사람들은 그 당시만 해도 인공지능이 일상화되고, 모든 산업에 지각변동을 불러일으키려면 몇 십 년은 걸릴 것이라고 생각했습니다.

하지만 인공지능 기술은 머신러닝, 빅데이터, 클라우드 컴퓨팅 기술, 자연어 언어처리, 딥러닝, 알고리즘의 고도화와 맞물려 눈부신 속도로 발달했습니다. 2023년도 상반기는 생성형 인공지능(이하, 생성형 AIGenerative Artificial Intelligence)의 해라고 할 만큼 그 열풍이 굉장합니다. 몇 달 전만 해도 전혀 들은 바 없던 용어에 지금 전 세계가 들썩이고 있고, 이러한 기술의 발전은 전 세계의 경제 · 사회 · 문화 등에 막대한 영향을 미치고 있습니다.

특히 교육계는 벌써부터 엄청난 지각 변동이 일어나고 있습니다. 교육혁신은 지속해서 진행되고 있는 과정이지만, 아무리 강하게 교육혁신을 하려고 해도 복잡하게 얽혀 있는 이해관계로 빠르게 변화하기는 어려운 부분이 있었습니다. 하지만 2020년, 아무도 예상하지 못했던 코로나바이러스감염증-19COVID-19로 인해 전 세계 교육 환경은 큰 변화를 맞닥뜨리게 되었습니다. 전통적인 교수 · 학습 방법이었던 대면 수업에서 비대면 수업으로 바뀌었고, 이러한 과정에서 첨단 기술이 접목되면서 원격교육, 하이브리드 · 하이플렉스, 메타버스, 증강현실, 가상현실 등 다양한 에듀테크 기술이 교육 현장에 적용되며 교육혁신을 이루었습니다.

그리고 2023년, 생성형 AI를 통해 또 한 번의 교육혁신 가능성이 열렸습니다. 생성형 AI란, 인공신경망을 이용하여 새로운 데이터를 생성해내는 기술로, 명령어를 통해 사용자의 의도를 스스로 이해하고, 텍스트, 이미지, 오디오 등 새로운 콘텐츠를 생성해내는 기술을 말합니다. 그리고 여기에는 텍스트를 생성하는 인공지능 프로그램 ChatGPT, Gemini, Bing, 이미지 및 그림을 만들어주는 인공지능 프로그램 DALL·E 3, Stable Diffusion, 음악을 만들어주는 인공지능 프로그램 Jukebox, MusicLM 등, 인간의 고유 영역이라고 여겨졌던 창작 영역까지 생성형 AI가 활용되고 있습니다.

그렇다면, 이 같은 생성형 AI 시대에 교육 현장에서는 어떻게 교수 · 학습을 설계하고 평가해야 할까요? 인공지능과 함께 미래 세상을 살아가야 하는 우리 학생들은 어떤 역량을 가지고 있어야 하며, 교육 현장에서 이를 어떻게 윤리적으로 적용할 것인가는 엄청난 고민거리입니다. 저자 역시 생성형 AI를 적용하는 데 많은 고민과 혼란을 가지고 있었습니다. 이 점이 제가 책을 출간하게 된 이유입니다. 생성형 AI의 효과적인 교육적 활용을 위해서는, 교수 · 학습 상황에서 고려해야 할 요소를 탐색하여 구체적인 안내 및 지침을 담은 가이드라인이 필요합니다. 이 책은 ChatGPT를 비롯한 생성형 AI와 다양한 에듀테크를 교수자와 학습자가 교육 현장에서 올바르고 효과적으로 활용할 수 있도록 미래교육을 조망하고자 하였습니다.

우선, 교육 패러다임이 어떻게 변화하였는지 알아봅니다. 특히 코로나 이후 교육 현장에서 많이 활용되고 있는 교수 · 학습 방법인 블렌디드 러닝, 하이브리드 러닝, 하이플렉스 러닝에 대해서 알아보고, 빠르게 변화하고 있는 생성형 AI 시대에 필요한 역량이 무엇인지 살펴보고자 합니다(Chapter 1).

두 번째로, ChatGPT를 포함한 생성형 AI의 의미와 종류에 대해서 알아보고(Chapter 2), 생성형 AI의 교육적 활용 방안(Chapter 3), 생성형 AI의 교육적 시사점(Chapter 4)에 대해서 살펴보고자 합니다.

세 번째로, 생성형 AI 활용 수업을 원활하게 운영하기 위한 수업 전-중-후 과정에 대한 가이드라인을 제시하고(Chapter 5), 생성형 AI 활용 수업에서의 주의점(Chapter 6)에 대해서 살펴보고자 합니다.

네 번째로, 미래교육에서 주목해야 하는 메타버스, 가상현실, 증강현실 등 다양한 에듀테크 기술에 대해서 알아보고(Chapter 7), 이런 기술들이 교육과 융합했을 때 어떤 변화와 교육적 시사점을 보여줄 수 있는지에 대해서도 정리해보고자 합니다(Chapter 8).

다섯 번째로, 메타버스 활용 수업을 위한 가이드라인을 제시하고(Chapter 9), 메타버스 활용 수업의 주의점(Chapter 10)에 대해서 살펴보고자 합니다.

또한 주요 생성형 AI 프로그램 활용 방법, 확장 프로그램을 통한 생성형 AI 편의성 증대 방법, 표절 방지 프로그램 사용 방법 등에 관한 교육 자료를 상세하게 기술하였습니다(부록).

생성형 AI로 인해 교육은 큰 변화의 중심에 서 있습니다. 이미 시대는 변화하였고, 이러한 변화를 긍정적으로 즐길 수 있는 사람만이 살아남을 것이며, 새로운 기술에 적응하지 못한 사람은 결국 도태될 것입니다. 이제는 인간과 인공지능이 함께 공존해야 하는 시대가 이미 왔음을 거부하지 마시고, 용기를 내어 이 변화를 마음껏 즐기시길 바랍니다.

하지만 우리가 잊어서는 안 되는 것이 하나 있습니다. 이러한 디지털 대전환 시대에 우리가 주목해야 할 것은 화려한 기술이 아니라 사람이 먼저라는 겁니다. 가장 중요한 것은 사람이고, 기술은 사람이 더욱 효과적으로 학습할 수 있도록 뒷받침해 줄 뿐입니다. 생성형 AI는 사람이나 교육의 대체재가 아니라, 현재 우리 교육 현장이 가진 문제점을 해결하고 더욱 발전시킬 수 있는 훌륭한 보완재 역할로 보아야 할 것입니다.

본 책을 읽는 동안 미래교육에 대한 상상의 나래를 넓게 펼치시길 바랍니다. 또한 새로운 생성형 AI 시대에 교수자는 어떻게 교육을 하고, 학습자는 어떻게 학습하여 성장할지 생각해 보시길 바랍니다. 본 책이 첨단 기술을 이해하고, 미래를 대비하는 인사이트를 함양하는 초석이 되어 여러분의 역량이 지속적으로 확장하는 계기가 되기를 기대합니다.

2023년 7월

한 송 이

목차

생성형 AI를
활용한 미래교육

CHAPTER 01 생성형 AI 시대가 왔다

1. 생성형 AI의 등장

인공지능 기술은 현재 우리 사회에서 가장 활발하게 발전하고 있는 기술 중 하나로, 사회, 경제, 문화 등 다양한 영역에 걸쳐 중요한 역할을 하고 있습니다. 그 중 생성형 AIGenerative Artificial Intelligence, 이하 생성형 AI는 세상을 완전히 변화시키고 있습니다.

생성형 AI란, 인공신경망을 이용하여 새로운 데이터를 생성해내는 기술로, 명령어를 통해 사용자의 의도를 스스로 이해하고, 사전 학습한 데이터를 활용하여 텍스트, 이미지, 오디오 등 새로운 콘텐츠를 생성해내는 인공지능입니다. 특히 그중 대규모 언어모델 LLMLarge Language Model, LLM[1])을 활용한 ChatGPTChat Generative Pre-trained Transformer, 이하 ChatGPT의 인기는 대단합니다. ChatGPT는 오픈AIOpenAI사에서 개발한 사전 훈련된 대화형 인공지능 채팅 챗봇으로, 2022년 11월 30일한국 시간 12월 1일에 공개되었습니다. 그리고 공개된 지 단 5일 만에 사용자 100만 명을 모았습니다[그림 1]. 이 수치가 어느 정도냐면 넷플릭스Netflix는 40개월, 메타Meta, 구 Facebook가 10개월 동안 해낸 일을 단 5일 만에 해낸 것입니다. 그리고 서비스가 공개된 지 단 두 달이 지난 2023년 2월, ChatGPT는 월 사용자 1억 명이 넘는 서비스가 되었습니다. 지금까지 이렇게 무서운 속도로 빠르게 성장한 사례는 없었습니다. 또한 시작한 지 두 달도 안 된 서비스가 월 이용요금을 20달러

1) 대규모 언어모델(Large Language Model, LLM)은 언어 분야에 집중적으로 쓰이는 초거대 AI로, 수백만 개 이상의 파라미터를 가지고 언어의 패턴을 학습한 모델이다. 과거에는 컴퓨팅 메모리의 한계에 부딪혀서 실현 불가능했던 영역이었지만, 기술의 빠른 발달로 이제는 엄청나게 많은 데이터를 효율적으로 학습할 수 있게 되었고, ChatGPT가 바로 가장 최근에 성공적으로 LLM을 대중에게 선보인 서비스이다.

나 받은 사례는 더욱 없었습니다. 구글Google은 ChatGPT를 최고 등급의 위험 레벨인 코드 레드Code Red 등급의 위험 요인으로 선포하기도 했습니다.

[그림 1] 온라인 서비스별 100만 사용자 달성 기간

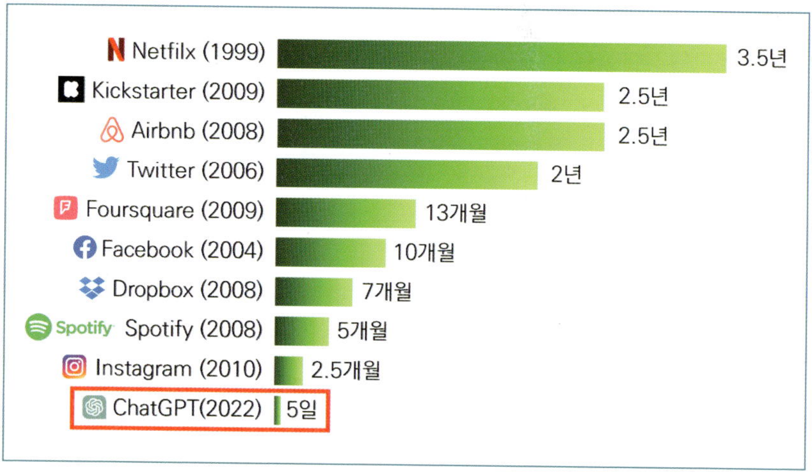

출처: Statista

ChatGPT와 더불어 잘 알려진 생성형 AI로는 텍스트 기반 대화형 챗봇인 마이크로소프트Microsoft의 빙Bing, 구글Google의 제미나이Gemini가 대표적이고, 이미지 생성 기반 프로그램으로는 오픈AI의 달리DALL·E, 미드저니Midjourney의 미드저니Midjourney, 스테이빌리티 AIStability AI의 스테이블 디퓨전Stable Diffusion 등이 있습니다. 이들은 무료로 제공되거나 저렴한 가격에 이용할 수 있으며, 쉬운 사용성과 접근성으로 인해 해당 분야의 전문지식이 없는 일반 사용자들이 단 몇 초 만에 새로운 창작물을 만들어낼 수 있습니다.

인공지능을 실생활에서 가장 쉽게 적용한 것은 바로 챗봇입니다. 실제로 ChatGPT 출시 이전에도 LLM 기반 인공지능 서비스들이 많았지만, 매우 기초적인 수준이었습니다. 2002년에 국내 스타트업 이즈메이커ISMAKER가 개발한 MSN 챗봇 서비스 심심이SimSimi는 국내 챗봇의 시작이었습니다2010년 심심이 스마트폰 앱이 출시되었다. 챗봇에 대한 기술 연구가 지금과 같이 발전되기 전에 만들어졌던 심심이는 자연어 처리된 방대한 대화 데이터베이스DB를 기반으로 가장 유사한 문장을 검색하여 답변하는 방식으로 만들어졌습니다. 때문에 사용자의 질문에 대한 의도를 정확하게 파악하거나, 적절한 답변을 주기에는 어색한 부분이 많았습니다. 이는 해외 서비스도 마찬가지였습니다. 심심이 출시 후 14년 뒤, 2016년 마이크로소프트가 출시한 챗봇 테이Tay.ai는 인종·성별의 차별적 발언으로 크게 논란이 되면서, 출시한 지 16시간 만에 서비스를 중단하였습니다. 심심이 출시 약 10년 후, 국내 스타트업 스캐터랩SCATTER LAB이 개발한 인공지능 챗봇 이루다Iruda는 스무 살 여대생 페르소나를 가진 챗봇입니다. 하지만 이루다는 성소수자들에 대한 혐오, 인종차별, 장애인에 대한 편향적인 답변을 하여 서비스 20일 만에 중단되기도 했습니다. 이러한 문제는 인공지능의 윤리성에 대한 많은 주의점을 시사해 주는 부분입니다. 잘못된 편향성 알고리즘에 영향을 받은 인공지능이 끼칠 사회적 파장이 상상 이상임을 확인하였고, 빅테크 기업에서는 기술력이 있음에도 불구하고 인공지능 기술이 완벽하게 완성될 때까지 공개를 하지 않았던 이유도 선부른 인공지능 기술로 회사 평판이 훼손되는 것을 가장 두려워하기 때문입니다.

이전 세대의 인공지능 시스템은 윤리적 측면뿐만 아니라 사용성에 있어서도 여러 한계를 드러냈습니다. 특히, 사용자의 질의 의도와 맥락을 정확히 파악하지 못해 부적합한 응답을 제공하는 경우가 빈번했습니다. 이는 사용자의 발음이 명확하지 않거나, 주변 환경의 소음 수준이 높은 경우에 더욱 심화되어, 사용자가 불편함을 겪는 상황이 종종 발생하였습니다. 또한, 개발자에 의해 설정된 규칙의 범위를 벗어난 대화가 이루어질 경우, 시스템이 대화를 지속하는 데 제한을 받았고, 문맥이 존재하지 않아 대화의 연결성이 현저하게 떨어지는 양상을 보였습니다. 때문에 몇 번 시도하다가 사용자가 원하는 결과물을 주지 못하니 다시는 사용하지 않는 경우가 많았고, 전문지식 및 정보 보다는 날씨, 기분, 시간 등과 같은 기본적인 대화형 느낌의 챗봇 성향이 강했습니다. 물론 지금 우리가 사용하고 있는 생성형 AI가 이런 문제들을 모두 해결한 것은 아닙니다. 하지만 기존의 규칙 기반 방식이 아닌 언어를 생성하는 방식으로 대화의 문맥을 파악하고, 이전 대화를 기억할 수 있다는 것이 이전과는 확연하게 다른 방식입니다. ChatGPT의 경우, 삼성전자의 빅스비Bixby, KT 올레의 지니Genie, 애플의 시리Siri와는 비교가 안 될 정도로 다양한 분야에서 전문지식을 갖추고 있고, 인간 피드백형 강화학습Reinforcement Learning with Human Feedback, RLHF[2]을 통해 보다 정교한 답변이 가능합니다. 때문에 이전에 답답한 친구와 이야기하던 느낌에서 보다 더 정확하고, 전문성을 갖춘 챗봇이 되었습니다.

2) 인간 피드백형 강화학습(Reinforcement Learning with Human Feedback, RLHF)이란, 인간의 선호도(preferences)를 보상신호(reward signal)로 사용해서 모델의 정확도를 미세조정(fine-tuning)하는 것이다.

이러한 기술의 발전은 전 세계의 경제·사회·문화 등 많은 분야에 막대한 영향을 미치고 있습니다. 특히 교육계는 벌써부터 엄청난 지각변동이 일어나고 있습니다. 4년 전에 발생한 코로나-19 때의 상황과는 또 다른 현상입니다. 2020년 3월 11일 세계보건기구World Health Organization, WHO는 코로나 팬데믹pandemic을 선언하였고, 코로나로 인해 대면수업Face to Face이 불가해지면서 우리나라에서는 학교 교육 운영에 있어서 사상 초유의 온라인 개학을 실시하고, 고등학교 3학년과 중학교 3학년을 시작으로 원격교육을 통한 수업이 시작되었습니다.

교육혁신은 지속적으로 진행되고 있는 과정이지만, 결코 쉽지 않은 부분입니다. 아무리 강하게 교육혁신을 하려고 해도 복잡하게 얽혀있는 이해관계로 빠르게 변화하기는 어려운 부분이었습니다. 그런데 전혀 예상하지 못했던 코로나로 인해 전 세계 교육 환경은 의도치 않게 큰 변화를 맞닥뜨리게 되었습니다. 교육 현장에서 원격수업은 빠르게 확산되었고, 여기에 첨단 기술과 정보통신기술이 접목되면서 교육 현장은 비대면 교육으로 대표되는 교육 환경의 변화에 대응하기 위하여 적극적으로 노력하며 디지털 전환이 이루어졌습니다. 이러한 과정에서 원격수업은 기존 전통적인 대면수업만큼 중요해졌고, 에듀테크는 없어서는 안 될 하나의 필수적인 교수·학습 방법이 되었습니다.

2. 교육 패러다임의 변화

코로나 이후 교육 현장은 많은 변화가 있었습니다. 앞에서 언급했듯이 코로나로 인해 활성화된 원격교육은 교육혁신을 빠르게 앞당겼습니다. 실시간 플랫폼인 줌ZOOM, 웹엑스Webex 등과 같은 에듀테크 기술을 활용한 교육은 이제 더 이상 선택이 아니라 필수가 되었습니다. 대학에서는 막대한 예산과 인력을 투입하여 기존 소규모 운영을 위해 구축되었던 온라인 수업 학습관리시스템Learning Management System, LMS, 수업 지원 인프라 등을 업데이트하였고, 교내 교수자가 직접 수업을 설계, 개발, 운영할 수 있는 형태의 스튜디오를 개발하거나, 기존 강의실에 기자재를 추가하여 급격한 변화에 대처하고자 하였습니다. 하지만 이러한 과정에서 상호작용 및 참여 부족, 학력 저하, 실험 · 실기 · 실습 위주 수업 진행의 어려움 등 다양한 한계점이 수면 위로 올랐고, 이에 온라인과 오프라인을 동시에 병행하는 블렌디드 러닝Blended learning, 하이브리드 러닝Hybrid learning, 하이플렉스 러닝Hyflex learning이 새로운 교수 · 학습 방법으로 활용되었습니다. 코로나가 종식되더라도 원격교육과 에듀테크 활용 교육은 지속될 것이며, 코로나 이전의 교육 환경으로 100% 다시 돌아가는 것은 불가능한 일입니다. 실제로 교육 현장에서는 대면수업의 비율을 줄이고, 다양한 교수 · 학습 방법을 도입하고자 하는 시도가 일어나고 있습니다.

이제부터는 코로나 이후 대학교육에서 적용하고 있는 에듀테크 기반 교수 · 학습 방법의 개념을 살펴보도록 하겠습니다.

블렌디드 러닝이란 온라인 학습과 대면학습을 각 상황에 따라 적절하게 병행 또는 혼용하는 형태입니다. 블렌디드 러닝은 두 가지 이상의 교수 · 학습 방법을 혼용하는 혼합형 교육의 일종이지만, 2000년 후반부터는 대면 교육Face to Face과 온라인 교육Synchronous/Asynchronous을 통합하는 교수 · 학습 방법으로 활용되고 있습니다. 블렌디드 러닝의 대표적인 예시로 대면 교실 수업 전에 강의 영상을 사전 제공하고, 교실 수업에서는 토론, 토의 혹은 더 심화된 학습활동을 하는 플립러닝 Flipped Learning이 있습니다.

하이브리드 러닝이란 기술 및 테크놀로지 인프라를 기반으로 학습자가 온·오프라인 수업 방법 중 하나를 선택하고, 대면수업과 온라인 원격수업이 동시에 운영되어 온·오프라인 수업 참여자 사이에 상호작용이 이루어지는 교육 모델입니다. 오프라인에서는 한정된 인원으로 수업을 진행하고, 동시에 실시간 중계를 하고, 나머지 인원은 온라인 교육 플랫폼에서 참여할 수 있습니다.

하이플렉스 러닝이란 일부 학습자는 물리적인 교실에 있고 일부 학습자는 실시간 화상회의 플랫폼 등을 사용하여 교실에서 이루어지는 수업 활동에 동시 참여하는 형태로, 학습자에게 수업 참여 형태에 대한 선택권을 부여하는 수업을 의미합니다. 언뜻 보면 하이브리드 러닝과 비슷해 보이지만, 하이플렉스 러닝은 비실시간 교육도 포함합니다. 국내 대학에서의 하이플렉스 러닝은 실시간 대면수업과 실시간 온라인 수업 환경에 중점을 두고 학습자에게 선택권을 주는 경우가 대부분이지만, 해외 대학에서의 하이플렉스 러닝은 실시간 대면수업, 실시간 온라인 수업뿐만 아니라 비실시간 온라인 수업까지 모두 선택할 수 있도록 선택권을 부여하는 경우가 대부분입니다[그림 2]. 또한, 선택 유형과는 관계없이 동일한 학습 목표를 달성하기 위한 수업이 진행되고, 평가와 과제가 부여된다는 특징을 갖습니다〈표 1〉, 〈표 2〉.

〈표 1〉 블렌디드 러닝, 하이브리드 러닝, 하이플렉스 러닝의 유형별 특징

분류	온 · 오프라인 동시 진행	학습참여 선택권 부여	비실시간 온라인 교육 지원
블렌디드 러닝	X	X	○
하이브리드 러닝	○	○	X
하이플렉스 러닝	○	○	○

출처: 이가영, 한송이(2022)[3]

〈표 2〉 하이플렉스 러닝 운영 시, 강의 분류에 따른 학습자 활동

<table>
<tr><th>분류</th><th>실시간 대면 강의
(Face to Face Live)</th><th>실시간 온라인 강의
(Online Livestream via Live Platform)</th><th>비실시간 온라인 강의
(Online Asynchronous)</th></tr>
<tr><td>참석</td><td>실시간 대면(오프라인) 강의 참석</td><td>실시간 비대면(온라인) 강의 참석</td><td>수업영상 녹화본 시청</td></tr>
<tr><td>참여</td><td colspan="2">실시간 플랫폼을 통한 수업 참여 및 상호작용</td><td>교내 학습관리시스템(LMS) 및 토론 게시판을 통한 논의</td></tr>
<tr><td>과제</td><td colspan="3">동일</td></tr>
<tr><td>평가</td><td colspan="2">실시간 대면(오프라인)을 통한 시험</td><td>실시간 비대면(온라인)을 통한 시험: 실시간 대면 강의 유형의 학습자와 동일한 날짜와 시간에 평가가 이루어짐</td></tr>
</table>

출처: 이가영, 한송이(2022)

3) 이가영, 한송이(2022). 대학교육에서의 하이플렉스 수업에 대한 교수자 인식과 개선방안. 인문사회21, 13(2), 2589-2604.

[그림 2] 하이플렉스 기본 교수 모형

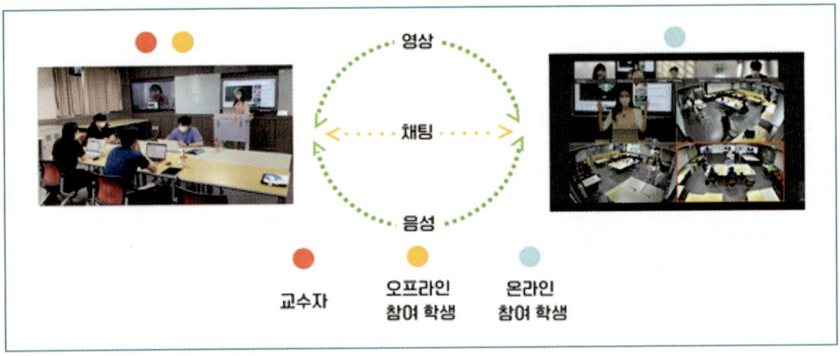

출처: 이가영, 한송이(2022)

에듀테크 기술을 활용한 수업은 교수·학습 방법의 확장성을 보여 주며 학습자 중심 수업의 가능성을 보여 주었지만, 학습자 맞춤 수업과는 거리가 있습니다. 학습자 맞춤형 수업은 학습자의 특성에 맞추어 개별 학습자에게 제공하는 모든 교육적 노력을 말합니다. 이는 학습자들의 개인적 특성을 파악하고 교육 내용이나 교육 방법을 수립할 뿐만 아니라, 개별 학습의 학습수준 및 진도를 정확하게 파악하여 학습자의 학업 성취를 극대화할 수 있도록 합니다. 학습자 맞춤형 수업은 아주 오래전부터 교육에서 느끼고 있는 공통적인 고민입니다. 정해진 진도를 정해진 시간에 나가야 하는 교수자들에게 학습자 개별 수준에 맞춘 맞춤형 수업은 사실 당연히 할 수 없는 부분일 것입니다. 새로운 에듀테크가 등장할 때마다 교육에 미치는 영향을 생각해 보는 건 늘 있었던 일이지만, ChatGPT와 같은 생성형 AI의 힘은 그야말로 엄청납니다.

이제는 이러한 기술을 활용하여 학습자가 필요로 하는 개별화된 수준에 맞춘 맞춤형 학습을 보다 쉽고 빠르게 활용할 수 있습니다. 예를 들어, "X를 8살 수준에 맞춰서 설명해줘."라고 프롬프트를 넣으면 "안녕 친구?"라면서 말을 시작합니다. "나는 X전문가니깐 전문가 수준에서 알려줘."라고 하면 전문 용어를 사용하는 데 주춤하지 않습니다. 또한 ChatGPT는 같은 대화창 안에서 사용자의 수준에 맞추어 스스로 학습하고 답변할 수 있습니다. 이를 멀티턴Multi-Turn[4]이라고 하는데, 사용자의 프롬프트 인풋을 통해 사용자의 지식수준과 어휘 수준을 파악하고, 이러한 맥락을 파악할 수 있는 기술은 사용자의 앞선 대화 수준과 질문에 따라서 동일한 질문이어도 다른 답변을 줄 수 있습니다. 이러한 기술은 다양한 문화적·언어적 배경을 지닌 학습자들도 자신의 언어를 활용하여 보다 편하게 본인의 지식수준에 맞춰 수업에서 궁금한 것을 찾아보는 등 보조교사의 역할을 톡톡히 할 수 있을 것입니다. 따라서 ChatGPT와 같은 생성형 AI는 개인 맞춤형으로 사용이 가능하고, 사용자의 사전 지식과 수준에 맞춰 답변하는 것이 가능하기 때문에 교육 현장에서 이를 적극 활용하여 학습자 맞춤형 수업을 시행할 수 있을 것입니다.

3. 생성형 AI 시대의 교육

"19세기 교실에서 20세기 교사가 21세기 학생들을 가르친다."는 미래학자 엘빈 토플러Alvin Toffler의 말은 현재도 사실처럼 느껴지는 문

4) 싱글턴(Single Turn)이란, 이미 준비되어 있는 질문에 대한 세팅된 답변을 제공하는 것이고, 멀티턴(Multi Turn)이란, 준비되어 있지 않은 질문에 대해서도 대화와 답변이 가능한 기술을 뜻한다.

구입니다. 실제로 19세기 근대 공교육이 시작된 이후로, 교육 시스템 및 제도는 100년이 넘는 시간동안 변하지 않았습니다. 한 명의 교사가 다수의 학생들에게 지식을 전달하고, 학생들은 배운 내용을 얼마나 잘 암기하는가가 현재 교육 시스템의 주된 평가 방법입니다. 하지만 인공지능 기술의 진보와 생성형 AI의 등장으로 인한 교육혁신이 현실화 되고 있는 추세입니다.

인공지능Artificial Intelligence은 연구자 혹은 전공에 따라서 강조하는 세부 요소 혹은 핵심사항이 달라질 수 있지만, 교육부(2022)는 다음과 같이 정의하고 있습니다. "인공지능이란, 인간의 지능으로 할 수 있는 사고, 학습, 자기개발 등을 컴퓨터가 할 수 있도록 하는 방법을 연구하는 컴퓨터 공학 및 정보기술의 한 분야로서, 컴퓨터가 인간의 지능적인 행동을 모방할 수 있도록 하는 것"이라고 정의하였고, 서울시 교육청(2021)은 "인공지능(AI)이란, 인간의 학습능력과 추론능력, 지각능력, 자연언어의 이해능력 등 지적 노동을 컴퓨터 프로그램으로 실현하는 기술이다."라고 하였습니다.

인공지능은 기술의 발전 단계에 따라, 약인공지능Artificial Narrow Intelligence, ANI, 강인공지능Artificial General Intelligence, AGI, 초인공지능Artificial Super Intelligence, ASI로 나눌 수 있습니다[그림 3].

약인공지능ANI은 프로그램화된 특정 업무·분야만 수행 가능하고, 프로그램화 되어 있지 않은 다른 작업은 수행할 수 없는 인공지능을 의미합니다. 주로 인간의 문제 해결과 편리성을 목적으로 개발된 경우입니다. 약인공지능은 특정 주제와 분야에서는 인간의 의도에 따라 수행하는 인공지능이기 때문에 특정 영역의 정해진 기능 안에서 전문가의 수준을 능가하는 업무 처리 능력을 가지고 있습니다. 하지만 인간의 개입이 없이는 스스로 인공지능이 생각하고 행동할 수는 없으며, 알고리즘을 바탕으로 스스로 학습을 하거나, 새로운 것을 창조하기는 불가합니다. 구글의 이미지 검색 서비스, 구글 딥마인드Google Deepmind의 알파고, IBM의 왓슨IBM Watson, 자율주행 자동차 등이 약인공지능을 대표하는 예시입니다.

강인공지능AGI은 여러 가지 다른 상황에서 다양한 문제를 해결 가능한 범용성을 가지고 있고, 독립적으로 의지를 가지고 스스로 의사결정이 가능한 인공지능을 말합니다. 즉, 인간에게 명령을 받지 않아도 스스로 일을 할 수 있고, 정해진 규칙을 벗어나 능동적으로 학습할 수 있으며, 자신이 생각했을 때 업무가 불필요하거나, 불합리적이라면 그 명령을 거부할 수도 있습니다. 아이언맨 자비스, 공장로봇, 비서로봇 등이 강인공지능을 대표하는 예시이며, 관련하여 연구과 개발이 지속되고 있습니다.

초인공지능ASI은 과학 기술뿐만 아니라 일반적 지식, 사회적 능력까지 인간의 지식수준을 초월하고 모든 면에서 인간보다 뛰어난 인공지능을 의미합니다. 현재시점에서 초인공지능은 이론적 개념에 가깝지만, 인공지능 관련 기술들이 급속도로 성장하고 있기에 그 가능성은 생각보다 더 빠르게 올 수 있을지도 모르겠습니다.

[그림 3] 인공지능의 종류

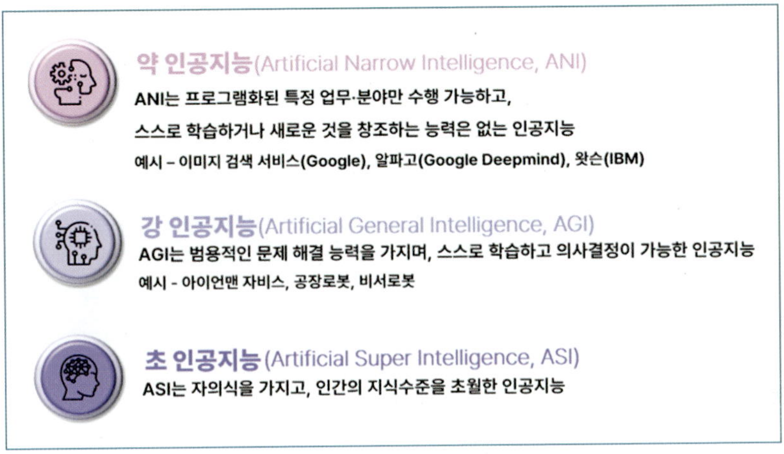

우리가 현재 일상에서 만나는 인공지능 대부분은 약인공지능이지만, 확실한 것은 기술이 발달함에 따라 미래를 살아가는 학습자는 더 뛰어난 기술과 역량을 갖춘 인공지능과 함께 공존해야 한다는 것입니다. 즉, 앞으로 인공지능이나 기계가 더 잘하는 영역을 가르칠 필요가 없다는 것입니다. 그렇다면 생성형 AI 시대에는 어떤 역량을 키워야 할까요?

4. 생성형 AI 시대에 필요한 역량

P21 Partnership for 21st Century은 애플, 마이크로소프트, 인텔 등 여러 대기업들의 주도하에 만든 미래에 필요한 역량에 대한 보고서입니다. 2008년에 발표하였으며, 교육기관들도 함께 참여하여 전문성을 더했습니다. [그림 4]의 초록색 부분을 보면 기초학업능력인 3Rs은 읽기

Reading, 쓰기Writing, 셈하기Arithmetic이며, 이는 과거나 현재나 똑같이 우리나라를 비롯한 여러 국가에서 학교 교육을 통해 반드시 습득해야 할 중요한 기본 학업 능력입니다. 가운데 주황색 부분은 4Cs 역량으로 비판적 사고력Critical Thinking, 의사소통능력Communication, 협업능력Collaboration, 창의력Creativity입니다. 생성형 AI는 어느 부분을 잘할까요? 3Rs 역량은 인간보다 훨씬 빠르고 정확하게 잘할 것입니다. 그럼, 4Cs는 어떨까요?

[그림 4] 21세기 학습을 위한 프레임워크

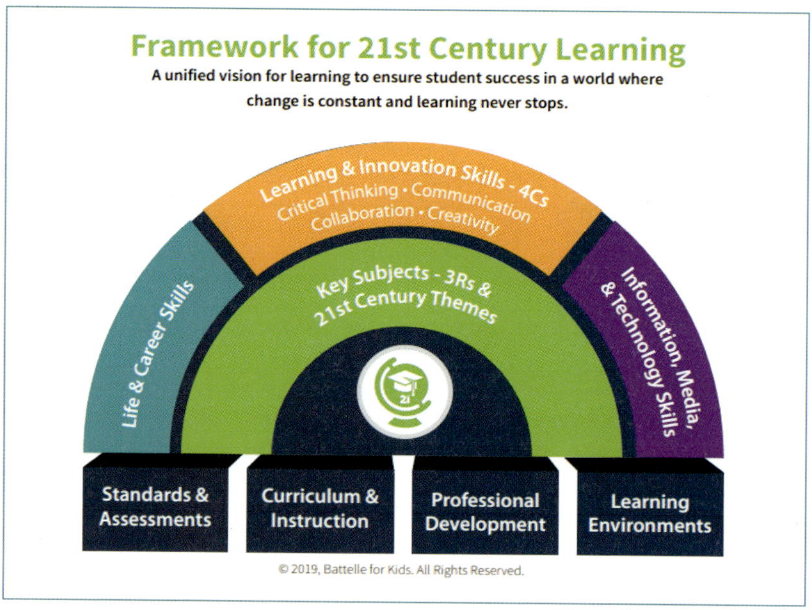

출처: Battelle for Kids(2019)

예를 들어보겠습니다. ChatGPT에게 일반적인 의료 정보를 물어본다고 가정해 봅시다. 일반적인 의료 정보는 의사보다 ChatGPT가 더 빠르고 친절하게 알려줄 수 있을 것입니다. 나의 상태를 이야기하면 ChatGPT가 간단한 진단을 알려줄 수 있습니다. 하지만 최신성과 정확성이 중요한 의학지식은 ChatGPT가 해줄 수 없습니다. 상담, 시술, 수술, 비판적인 사고 능력이 필요한 각종 가능성에 대한 질문에 대한 최신 답변도 할 수 없습니다. 또한 배려, 인간으로서의 존엄성 등에 대해서도 답변하기 어렵습니다. 기자도 마찬가지입니다. 단순 정보 제시, 과거 기사 정보 제공은 ChatGPT가 잘할 것입니다. 하지만 최근에 일어난 사건이나 새로운 사건에 대한 취재, 그리고 취재하는 과정에서 다른 사람과의 협력 및 대화는 안 됩니다. 개발자도 마찬가지입니다. 기존 정리된 개발 코드를 알려주는 것은 ChatGPT가 하면 됩니다. 하지만 새로운 프로그램을 기획하고, 새로운 툴을 적용하는 것은 사람이 할 수 있는 부분입니다. 법률 전문가로 예시를 들어볼까요? 문서 초안 작성, 기본적인 법률 상식 제공, 판례 등을 검색하는 것은 ChatGPT가 대체 가능합니다. 하지만 상황과 사건을 보고 종합적인 상황 판단을 하거나, 새로운 사건에 대응하는 것은 인간만이 할 수 있는 분야입니다. 음악, 미술과 같은 예술 분야도 마찬가지입니다. ChatGPT가 음악을 만들어 줄 수 있지만, 인간만이 가지고 있는 매력, 혹은 아이돌을 대체하기는 어려울 것입니다. 인간의 감성을 자극하거나, 문화 등을 반영하는 것은 ChatGPT가 하지 못합니다. 서비스 분야도 마찬가지입니다. 고객을 설득하고, 사람이 가진 매력과 친절을 통해 판매하는 일 등은 사람을 대체할 수 없습니다. 교수자도 마찬가지입니다. 과거지식을 전달하고, 부가설명을 하는 것은 ChatGPT가 더 잘할 수 있습니다. 대신, 인간의 고유 경험을 기반으로 하여 내용을 재미있게 전달하거나, 지식을 구조화하여 잘 전달하는 것 또한 인간만이 할 수 있는 영역일 것입니다.

즉, 우리는 인공지능이 하지 못하는 부분에 대한 역량을 키워야 할 것이며, 그 중심에는 4Cs 역량이 있습니다. 사람과 사람 간의 커뮤니케이션, 혹은 협업이 강조되는 부분, ChatGPT가 주는 정보를 비판적으로 바라볼 수 있는 사고력, 상대방과 공감하며 대화하고, 커뮤니케이션 안에 숨은 맥락과 의미를 파악할 수 있는 능력은 인간만이 가지고 있는 고유의 영역입니다. 또한 감성적인 부분도 인간만이 가지고 있는 역할입니다. 아무리 기술이 발달한다고 해도, 사람의 감정을 이해하는 것은 사람만이 가능할 것입니다. 사람은 경험을 통해서 다른 사람의 말이나 행동에 공감할 수 있는 것이며, 이는 아무리 컴퓨터가 학습을 한다고 해도 이해하기 어려운 부분일 것입니다. 타인의 말과 감정에 공감할 수 있는 역량은 미래의 중요한 역량으로 각광받을 것입니다.

〈표 3〉 생성형 AI로 인해 대체될 부분

생성형 AI 대체 가능	생성형 AI 대체 어려움
요약, 정보 전달, 아이디어 창출	창의성을 기반으로 한 인사이트
공감 불필요	공감(배려) 필요
단순 사실 판단	설득, 종합적 판단
기존에 있는 것	새로운 것
과거에 행해져 온 것	앞으로 해야 하는 것

기술이 계속 발전함에 따라 ChatGPT와 같은 생성형 AI는 생산성 있는 일을 대신 처리해주고, 다양한 분야에 영향을 미치게 될 것입니

다. 하지만 결국 마지막에 결과물을 선택하고, 판단하고, 결정해야 하는 것은 사람임을 인지해야 합니다. 이런 의미에서 인공지능과 함께 살아가는 우리에게는 인공지능이 잘하는 부분 보다는 사람이 더 잘할 수 있는 부분에 집중하는 것이 필요합니다. 그렇다면, 이러한 변화에 우리에게 필요한 필수역량이 무엇인지 알아보도록 하겠습니다.

첫째, 자신이 알고 있는 것과 모르는 것을 스스로 구별하고 판단할 수 있는 메타인지 역량Metacognition이 중요할 것입니다. 예를 들어 자신이 무엇을 알고 있으며, 무엇이 알고 싶은 부분인지를 명확하고, 잘 구체화하여 정확하게 생성형 AI에게 물어보거나, 지식과 경험한 것을 기반으로 통찰력을 갖고 생성형 AI가 주는 지식을 바탕으로 선별하고, 재편집하여 활용할 수 있는 역량이 필요합니다. 생성형 AI 시대에는 지식에 대한 검증이 가능해야 합니다. 즉, 생성형 AI 시대의 전문가는 자신이 알고 있는 지식을 다른 사람에게 설명할 수 있어야 하며, 검색만으로 나온 결과가 자신의 진짜 지식이라고 착각하는 오류를 범해서는 안 됩니다. 자신의 진짜 지식과 가짜 지식을 정확하게 판단하여, 부족한 부분을 스스로 보완하고 학습할 수 있는 메타인지는 매우 중요한 역량이 될 것입니다.

둘째, 디지털 리터러시 역량Digital Literacy입니다. 리터러시는 '글을 읽고 쓸 줄 아는 능력'으로 텍스트 및 인쇄 문서에 기반을 두고 있습니다. 하지만 시대가 변화하고, 새로운 미디어 기술의 등장에 따라 '읽고 쓸 줄 아는 능력'에서 '영상 미디어Visual Multimedia가 전달하는 영상을 언어의 개념에서 어떻게 읽고 평가할 것인가'로 변화되었습니다. 이후 '디지털 미디어'의 등장으로, 수동적으로 미디어를 받아들이던 이용자는 능동적으로 영상을 스스로 제작할 수 있게 되면서 '생산'에 대한 개념이 미디어 리터러시에 포함되기 시작하였습니다. 그리고 최근에는 생산의 개념에서 벗어나 다양한 맥락에서 이를 활용하여 원하는 것을 제작하고, 여러 형태의 미디어에 접근할 수 있는 능력이라고 정의되는 방향으로 변화되었습니다. 이렇듯, 디지털 리터러시는 시대, 문화, 발전으로 개념이 점차 변화되어왔고, 코로나의 영향으로 미디어 리터러시의 개념은 또 한 번 확장되었습니다. 특히 코로나 이전에는 미디어 리터러시 능력이 원하는 사람들에게 필요한 선택적인 능력이었다면, 대면 교육 및 모임이 어려운 포스트 코로나 시대에는 나이를 불문하고 반드시 지녀야 할 필수 능력이 되었습니다. 특히 미디어를 생산할 수 있는 역량을 넘어 새로운 것을 창조하고, 구성하고, 편집하여 사회·문화적으로 공유할 수 있는 능력을 갖춰야 하는 형태로 급격한 변화가 일어났을 뿐만 아니라, 이러한 역량을 통해 상호작용하고 문제를 해결해 가는 능력 형태로 확장되었습니다**한송이, 김태종(2020)**.[5] 그리고 최근 생성형 AI와 관련된 사회적 관심도가 빠르게 증가하면서, 이러한 기술은 교육, 문화, 경제, 정치, 행정 등 다양한 분야에 접목하려는 범위가 점점 확장되었고, 디지털 리터러시 역량은 그 어느 때보다 중요한 의제가 되었습니다. 글로벌 시대에는 영어가 기본이었듯이, 인공지능과 공존해야 하는 디지털 시대에는 디지털 리터러시가 필수적인 역량이 될 것입니다. 이러한 역량을 갖추기 위해서는 단순 인공지능 사용 능력에서 벗어나 프로그래밍, 문제해결력, 비판적 사고 등의 역량에 인문학적 지성과 소양이 더해져야 할 것

5) 한송이, 김태종(2020). 미디어 리터러시 뉴스 빅데이터 분석: 토픽 모델링 분석을 중심으로. 한국콘텐츠학회논문지, 21(4), 26-37.

입니다. 또한 주어진 정보의 질, 신뢰성, 편향성 등을 평가할 수 있는 판단력과 이를 활용하여 새로운 문제를 해결하거나 새로운 아이디어를 만들 수 있는 역량이 필요할 것입니다.

셋째, 코로나로 인해 다양한 에듀테크 기술이 교육 현장에 적용되면서, 교육 시스템은 기존 교육체계의 방식에서 벗어나 창의적인 방식으로 바뀌고 있고, 창의적 사고 역량은 미래교육에 필요한 핵심역량이 되었습니다. 미래의 주인공인 학습자들이 온갖 지식으로 무장한 인공지능 기계를 능가하려면, 인공지능이 하지 못하는 영역의 역량을 키워야 하며 미래의 변화에 능동적으로 변모할 수 있는 창의적인 사람이 되어야 합니다. 현재 우리 사회는 이미 창의적이지 않고 반복적인 일을 하는 정형화된 업무예: 조립, 은행 업무 등들은 인공지능, 로봇, IoT와 같은 기술들에 의해 빠르게 대체되고 있습니다. 하지만 이런 기술들이 아무리 발달하더라도 사람과 같은 창의적 사고 역량을 지닌다는 것은 매우 어려운 일입니다. 우리는 기계가 할 수 없는 복잡한 업무를 맡아야 하므로, 누구나 창의적 사고 역량을 갖추어야 할 것입니다. 언뜻 관련이 없는 개념을 연결하거나, 새로운 관점이나 방법과 결합하여 새로운 것을 창조하거나 기존의 것을 재창조 하는 등, 새로운 관점에서 주어진 문제를 창의적으로 바라보는 역량은 필수적입니다. 또한 빅데이터와 같은 데이터 수집과 수집된 데이터를 그대로 학습 및 활용하기보다 데이터를 응용할 수 있는 역량, 즉 데이터에 대한 지속적인 호기심과 유연한 사고를 할 수 있는 역량의 요구가 높아질 것입니다. 생성형 AI 시대에는 지식을 기억하고 필요할 때 인출하는 지식소비 능력보다는, 그 지식을 활용하여 창의적인 결과물을 만들거나 새로운 관점에서 문제를 해결하고 해결방법을 만들 수 있는 창의적 사고역량은 매우 필수적입니다.

넷째, 오늘날 학습자들은 4차 산업혁명으로 초지능 · 초연결 사회로 빠르게 변화하고 있는 환경에 적응하고 통합할 수 있는 역량이 필요한데, 그중 다양한 학문 · 전공에 융합할 수 있는 융합역량이 필요합니다. 실제 많은 대학에서 4차 산업혁명 시대에 적합한 커리큘럼을 재구성하거나, 기존에 없던 새로운 융합학과를 개설하여 배움의 선택권을 높여주고, 다양한 경험을 하게끔 하는 노력이 교육 현장에서 적극적으로 이루어지고 있습니다. 미래 학습자는 하나의 전공이 아니라 다양한 전공을 가지게 될 것이며, 현재 존재하지 않는 직업을 선택하게 될 확률이 높습니다. 실제로 스위스 다보스포럼을 주관하는 World Economic Forum은 ≪일자리의 미래The Future of Jobs 보고서≫에서 전 세계 7세 어린이의 65%는 지금 존재하지 않는 직업을 가질 것이라고 하였습니다. 즉, 학습자는 습득한 지식을 바탕으로 또 다른 지식을 발견하고 종합적인 관점과 각 요소 간의 최적화를 위한 관점을 동시에 살필 수 있는 융합적인 사고를 할 수 있어야 합니다. 또한 다양한 분야, 지식, 기술을 넘나들며 적용하고 응용할 수 있는 통합적 사고를 갖춘 인재 역량이 필요한 시점입니다.

마지막으로 다른 사람과 소통하고 협력할 수 있는 역량이 매우 중요합니다. 코로나로 인해 많은 것들이 디지털화 되었지만, 다른 사람과 의사소통하며 감정적 교감을 교류하는 것은 대체 되지 않았습니다. 우리는 다른 사람들과의 관계 속에서 공감, 이해, 감정교류 및 공유를 하며 사회의 구성원으로 많은 부분을 학습합니다. 타인에게 공감하고 이해할 수 있는 역량은 지금도 중요하지만 앞으로는 더욱더 중요해질 것입니다. 우리는 점점 모든 것이 기계화된 세상에서 살게 될 것이고, 우리가 풀어야 하는 문제는 더 복잡해졌습니다. 이러한 과정에서 우리는 혼자서 문제를 해결할 수 있는 사회가 아니라 여럿이 함께 지속적인 소통을 통해 협력해서 문제를 해결해야 하는 집단 지성 사회로 도래하였습니다. 다른 사람과 협력하는 과정에서 상대방에게 명확하게 전달하고 소통할 수 있는 역량과 상대방의 의견과 감정을 파악할 수 있는 공감 능력은 미래사회에 매우 필요한 역량입니다.

지식과 정보의 양은 폭발적으로 증가하고 있고, 기술 속도도 매우 빠르게 발전하고 있습니다. 생성형 AI와 같은 신기술뿐만 아니라 증강현실, 가상현실, 웨어러블 기기Wearable Device 등은 조만간 교육 현장에 자연스럽게 녹아들 것입니다. 때문에 미래 사회의 인재는 변화에 대한 의지가 있어야 하고, 새로운 변화에 대해 주체적으로 대응하고, 날로 발전하는 기술의 활용에도 민감해야 하며, 이러한 변화에 대해 끊임없이 주도적으로 학습하는 역량이 필요합니다. 특히 앞에서 언급한 다섯 개의 필수역량메타인지 역량, 디지털 리터러시 역량, 창의적 사고 역량, 융합역량, 소통·협력역량과 4C역량비판적 사고력, 의사소통능력, 협업능력, 창의력은 인공지능 기술이 발전하면 할수록 더욱더 중요해질 것입니다. 이미 시대는 변화하였고, 이러한 변화를 긍정적으로 즐길 수 있는 인재만이 살아남을 것입니다.

생성형 AI를
활용한 미래교육

CHAPTER 02 생성형 AI 기반 플랫폼

사실 이전에도 인공지능이나 생성형 AI의 연구들은 꾸준히 있었습니다. 그런데 왜 유독 ChatGPT 기술에 열광하는 것일까요? 바로 그 이유는 대화형으로 된 대중적인 인터페이스사용자 경험UX와 자유로운 상호작용 때문일 것입니다. 실제로 ChatGPT 이전에도 인공지능 서비스들은 많았습니다. 애플의 시리, 삼성의 빅스비 등도 모두 대화형 인공지능 챗봇입니다. 하지만 활용 수준이 매우 기초적이었습니다. 질문을 해도 잘 알아듣지 못하고 잘못된 답변만 제공하거나, 질문의 맥락을 완전히 놓쳐버리거나, 아예 반응을 하지 않는 인공지능도 있었습니다. 카카오미니Kakao mini는 이런 귀여운 실수 덕에 기술보다는 귀여움으로 홍보효과를 톡톡히 누렸습니다.

> Q: "임진왜란이 일어난 연도는?"
> A: "임진왜란아, 엄마 아빠가 깨우지 않아도 스스로 일어난 거야? 우와, 우리 임진왜란이는 정말 부지런한 친구구나."

출처: AJUTV

ChatGPT 또한 가끔 맥락을 이해 못 해서 잘못된 답변을 제공합니다.

> Q: "토론・토의 수업에서 주의해야 할 점은 무엇입니까?"
> A: "토론토캐나다의 도시에서 주의해야 할 것은 다음과 같습니다. 날씨, 문화, 음식, 안전입니다."

하지만 ChatGPT와 대화를 하면서 속이 터진다거나 답답하다는 경험은 거의 하지 않으셨을 겁니다. 한국말로 작성할 경우 맥락에 맞지 않는 오답을 줄 때도 있지만, 영어로 작성할 경우 못 알아듣는 경우는 없습니다. 오히려 사용자가 잘못된 인풋을 줄 경우, 대신 수정해주기도 하고, 인간의 영역이라고 여겨졌던 대화의 중요한 맥락까지 파악할 수 있습니다. 즉, 로봇이 인간의 뇌를 따라올 수 없을 것이라는 예상을 깨고, 혹은 정말 많은 시간이 걸릴거라는 예상을 깨고, 1조 개의 뉴런과 100조 개의 시냅스로 구성된 사람의 뇌까지 도달하게 되었습니다.

ChatGPT는 RLHFReinforcement Learning from Human Feedback라는 특정 유형의 강화 학습을 사용하지만, 높은 수준에서 LLMLarge Language Model의 예입니다. 대규모 언어 모델은 대화 또는 기타 자연 언어 입력에 대해 인간과 유사한 응답을 생성하기 위해 방대한 양의 텍스트 데이터읽기: ChatGPT의 경우 전체 인터넷에 대해 훈련된 인공지능의 하위 집합입니다. 이러한 자연어 응답을 생성하기 위해 LLM은 다층 신경망을 사용하여 복잡한 데이터를 처리, 분석 및 예측하는 심층 학습 모델을 사용합니다. [그림 5]에서 보면 LLM의 모델 크기가 기하급수적으로 늘어나는 것을 확인할 수 있는데, ChatGPT가 바로 최근에 성공적인 LLM을 대중에게 선보인 예라고 볼 수 있습니다. LLM 모델의 크기는 매년 10배씩 증가할 것이고, 추후 이러한 기술은 다양한 분야에 접목되는 형태로 무한대로 발전할 것입니다. 본 장에서는 생성형 AI의 기술을 활용한 대표적인 사례를 살펴보겠습니다[그림 6].

[그림 5] 무어의 법칙

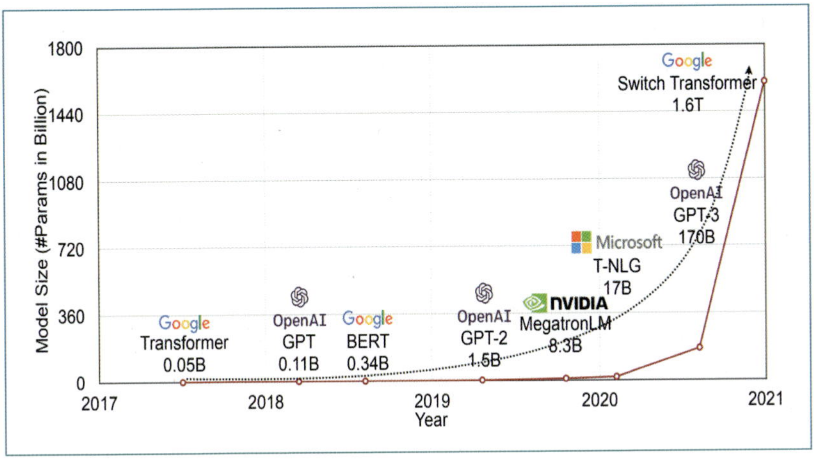

출처: MIT HAN Lab

[그림 6] LLM 기반 서비스

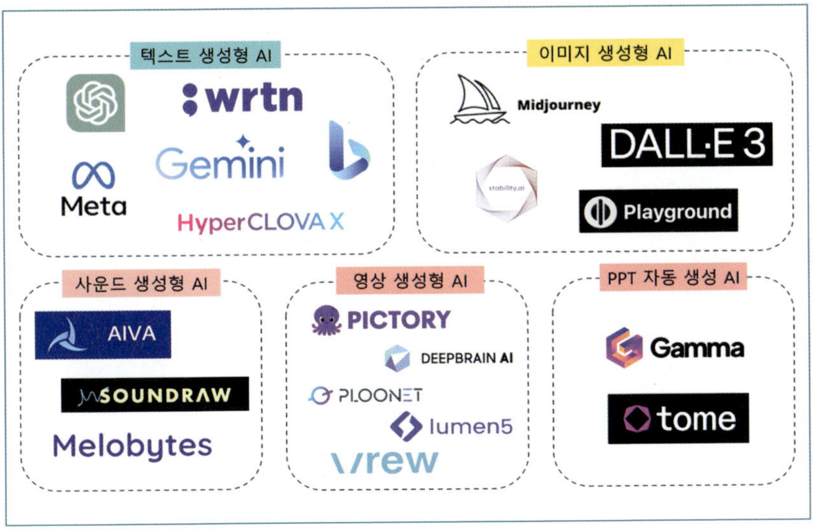

1. 오픈AI-ChatGPT[6)]

오픈AI는 2015년 일론 머스크Elon Musk, 샘 올트먼Sam Altman, 그레그 브록맨Greg Brockman 등에 의해 설립된 미국의 인공지능 연구소로, 비영리법인인 OpenAI Inc.와 자회사 영리법인 OpenAI LP로 구성되어 있습니다.[7)] 오픈AI는 안전하고 유익한 방식으로 인공지능을 발전시키는 데 전념하는 연구 기관으로 소수의 개인이나 회사에 의해 제어되는 것이 아니라 인류 전체에 이익이 되기 위해 노력하는 단체입니다. 실제로 오픈AI 덕분에 다양한 인공지능 서비스가 탄생하였고, 오픈AI가 제공하는 AI 서비스 중 가장 잘 알려진 사례는 GPTGenerative Pre-trained Transformer 언어 모델입니다. 또한 API[8)]를 직접 개발하고, 무료로 공개하면서 특정 서비스 외에 다양한 서비스에 ChatGPT를 구현할 수 있게 되었고, IT업계에서는 API를 활용하여 ChatGPT의 서비스를 확장하려는 시도가 활발히 이루어지고 있습니다. 하지만 지속적인 연구와 초거대 컴퓨터를 학습시키기 위해서는 엄청난 예산이 필요합니다. 그래서 오픈AI는 2019년 3월 영리법인 자회사를 설립하면서, 합법적으로 주식을 팔아 투자를 받을 수 있게 되었습니다. 그리고 3개월 만에

6) ChatGPT 활용법은 부록을 참고하세요.

7) 회사가 설립된 지 3년 후인 2018년, 일론 머스크는 테슬라(Tesla)가 인공지능 분야에서 계속 확장함에 따라 추후 이해관계 충돌을 방지하기 위해 오픈AI 이사회에서 사임했다.

8) API는 'Application Programming Interface'의 약어로, 응용 프로그램 간 상호작용을 위한 인터페이스를 제공하는 소프트웨어 도구이다. API는 서로 다른 시스템이나 응용 프로그램 사이에서 데이터를 교환하고 상호작용하는 방법을 제공한다. API를 사용하면 개발자는 다른 시스템에서 데이터를 읽거나 쓸 수 있으며, 이를 통해 서로 다른 시스템이나 응용 프로그램 간에 상호작용을 자동화하고 데이터를 공유할 수 있다.

마이크로소프트가 오픈AI에 10억 달러를 투자하며, 다양한 연구에 박차를 가하고 있습니다.

오픈AI는 2019년과 2020년에 각각 GPT-2와 GPT-3를 출시하였고, 가장 최근 버전인 GPT-4를 2023년 3월에 발표하였습니다. GPT-2는 자연어 처리NLP[9] 분야의 돌파구였습니다. GPT-2는 텍스트 완성, 요약 및 번역과 같은 작업에서 인상적인 성능을 보여주었고, 15억 개의 매개변수가 있어 당시 가장 큰 언어 모델이었습니다. GPT-3은 1,750억 개의 매개변수로 이전 모델보다 훨씬 크며, 더 복잡한 텍스트를 이해 및 생성하고, 더 어려운 작업을 수행하고, 다양한 쓰기 스타일로 텍스트를 생성하는 능력 측면에서 GPT-2에 비해 상당한 개선을 보였습니다. 그중, 대화형 인터페이스는 많은 사람들에게 편리함을 주면서 엄청난 관심을 받았습니다. 그리고 GPT-4는 이미지 및 텍스트 입력을 처리하고, 텍스트 출력을 생성할 수 있는 대형 멀티모달multimodal[10] 입니다. 오픈AI에서 발표한 GPT-4에 관련한 기술 보고서Technical Report에 따르면, 내부평가의 정확도는 이전 모델보다 19% 향상되었고, 특히 언어의 확장성 부분이 매우 향상되었습니다. 라트비아어, 웨일스어, 스와힐리어와 같은 리소스가 비교적 적은 언어를 포함하였고, 대부분의 언어도 기존 모델보다 성능이 뛰어납니다. 한국어는 77%로 기존 모델보다 약 7% 정도 업그레이드되었다고 하니, 벌써부터 기대가 됩니다.

---

9) 자연어 처리(Natural Language Processing, NLP)는 컴퓨터가 인간의 언어를 이해, 생성, 조작할 수 있도록 해주는 인공지능의 한 분야이다.

10) 멀티모달(Multimodal)이란 텍스트, 이미지, 오디오, 비디오 등의 다양한 콘텐츠를 입·출력에 활용하여 처리하는 것을 의미한다. 멀티모달 모델은 시각적인 정보와 언어적인 정보를 동시에 이해하고 연결하여 더욱 풍부한 컨텍스트(context)를 제공한다.

하지만 GPT-4에서 가장 뛰어난 기능은 바로 이미지와 영상 인풋이 가능하다는 점입니다. 오픈AI의 기술 보고서에서 발췌한 데모 이미지를 활용하여 설명하겠습니다.

[그림 7] GPT-4의 이미지 기반 질문

만일 끈이 끊어진다면 어떻게 될까?

이런 재료로 무엇을 만들 수 있을까?

출처: OpenAI 홈페이지

ChatGPT에게 [그림 7]의 왼쪽 사진을 주고, '만일 끈이 끊어진다면 어떻게 될까?' 하는 질문에 '풍선은 날아간다.'라고 답변하였습니다. 그리고 오른쪽 사진처럼, 달걀이나 밀가루로 보이는 하얀 가루 등의 사진과 함께 '이런 재료로 무엇을 만들 수 있을까?'라고 물으면 '팬케이크', '크레이프' 등이라고 대답하였습니다. 또한 변호사 자격시험에서 하위 10% 수준에 그쳤던 GPT-3와 다르게 GPT-4는 상위 10% 능력을 갖추고 있고, GPT-4는 질문이나 대답으로 다룰 수 있는 단어가 약 2만 5천개로 기존 모델보다 약 8배로 늘어나 사실에 따른 응답 확

[그림 8] 오픈AI의 기술 보고서

GPT-4 Technical Report

OpenAI*

Abstract

We report the development of GPT-4, a large-scale, multimodal model which can accept image and text inputs and produce text outputs. While less capable than humans in many real-world scenarios, GPT-4 exhibits human-level performance on various professional and academic benchmarks, including passing a simulated bar exam with a score around the top 10% of test takers. GPT-4 is a Transformer-based model pre-trained to predict the next token in a document. The post-training alignment process results in improved performance on measures of factuality and adherence to desired behavior. A core component of this project was developing infrastructure and optimization methods that behave predictably across a wide range of scales. This allowed us to accurately predict some aspects of GPT-4's performance based on models trained with no more than 1/1,000th the compute of GPT-4.

1 Introduction

This technical report presents GPT-4, a large multimodal model capable of processing image and text inputs and producing text outputs. Such models are an important area of study as they have the potential to be used in a wide range of applications, such as dialogue systems, text summarization, and machine translation. As such, they have been the subject of substantial interest and progress in recent years [1–34].

One of the main goals of developing such models is to improve their ability to understand and generate natural language text, particularly in more complex and nuanced scenarios. To test its capabilities in such scenarios, GPT-4 was evaluated on a variety of exams originally designed for humans. In these evaluations it performs quite well and often outscores the vast majority of human test takers. For example, on a simulated bar exam, GPT-4 achieves a score that falls in the top 10% of test takers. This contrasts with GPT-3.5, which scores in the bottom 10%.

On a suite of traditional NLP benchmarks, GPT-4 outperforms both previous large language models and most state-of-the-art systems (which often have benchmark-specific training or hand-engineering). On the MMLU benchmark [35, 36], an English-language suite of multiple-choice questions covering 57 subjects, GPT-4 not only outperforms existing models by a considerable margin in English, but also demonstrates strong performance in other languages. On translated variants of MMLU, GPT-4 surpasses the English-language state-of-the-art in 24 of 26 languages considered. We discuss these model capability results, as well as model safety improvements and results, in more detail in later sections.

출처: Open AI 홈페이지

률이 40% 높아졌다고 합니다. 또한 이전의 대화 기록을 토대로 대화의 맥락을 파악하고, 사용자의 새로운 요청 사항을 그 맥락에 대비하여 답변의 연관성과 정확도가 높다는 평가가 있습니다[그림 8]. 현재 GPT-4는 유료 버전을 활용하는 유저들에게 먼저 공개되었고, 한 달에 20달러정도를 지불하면 사용할 수 있습니다. 〈표 4〉는 무료 버전인 GPT-3.5와 유료 버전인 GPT-4를 비교한 부분입니다.

〈표 4〉 GPT-3.5와 GPT-4의 차이

GPT-3.5	모델	GPT-4
오픈AI(Open AI)	개발사	오픈AI(Open AI)
2022년 11월	출시시기	2023년 3월
1,750억 개	파라미터	미공개 (100조 추정)
대화 1회당 최대 3,000단어 기억 가능	단기기억력	대화 1회당 최대 25,000단어 기억 가능
텍스트 입력만 가능한 언어모델	특징	텍스트, 이미지 입력 가능한 멀티모달 모델
유·무료 관계없이 무제한 이용 가능	ChatGPT 이용 가능 여부	유료 서비스에서만 이용 가능 4시간당 메시지 100건 제한

2. 오픈AI-DALL·E 2[11)]

오픈AI는 인공지능 이미지 생성 프로그램 달리 2DALL·E 2를 마이크로소프트 애저의 인공지능 서비스인 애저 오픈AI 서비스Azure OpenAI Service에서 제공하였습니다. DALL·E는 픽사의 애니메이션 로봇 캐릭터 월-

11) DALL·E 2 활용법은 부록을 참고하세요.

EWALL·E와 스페인의 현실주의 화가인 살바도르 달리Salvador Dali를 합성해서 만든 이름이며, DALL·E 2는 원하는 이미지의 내용을 영문 텍스트로 입력하면 사실적인 이미지는 물론 예술적인 그림까지 그릴 수 있는 인공지능 시스템입니다. DALL·E 1은 이미지를 생성할 때 만화 같은 방식으로 이미지를 렌더링 했다면, DALL·E 2는 해상도 높은 실사와 비슷한 사진을 생성할 수 있고, 생성하는 시간도 매우 짧아졌습니다. 또한 생성된 이미지를 간단한 도구와 텍스트만을 이용해서 편집도 가능합니다. 2021년에 공개된 초기 버전 DALL·E는 신청자 중에서 선발된 유저들만 사용할 수 있었지만, DALL·E 2는 누구나 가입만 하면 무료 혹은 유료로 사용할 수 있습니다. 하지만 DALL·E 2를 개발한 오픈AI는 아직까지 기술적으로 완벽하지 않고, 해결해야 할 문제들이 많다고 보고합니다. DALL·E 2는 좋은 목적과 의도를 지니고 그림을 그려낼 수도 있지만, 악의적인 것도 그릴 수 있기 때문에 편향성예: 무슬림과 관련된 그림을 요구하면, 테러리즘과 관련한 그림을 그려줌과 심각한 윤리적인 문제가 뒤따라온다는 겁니다. 때문에 오픈AI는 DALL·E 2에 정치색이 강하거나 폭력적이거나 딥페이크Deepfake[12] 같은 문제를 방지하기 위해서, 실제 사람의 이미지를 생성하지 못하게 하는 정책을 가지고 있습니다. 또한 폭력적인 이미지 혹은 공포스러운 이미지는 훈련 학습 데이터에서 제거하고 있습니다. 하지만 기술이 발달함에 따라 이러한 윤리성은 더욱 어려워질 것입니다.

12) 딥페이크(Deepfake)는 딥러닝(Deep Learning)과 페이크(Fake)의 합성어로 인공지능 기술을 이용해 제작된 가짜 동영상 혹은 제작의 프로세스 자체를 의미한다.

[그림 9] DALL·E 2로 그린 이미지

Input: Johannes Vermeer's "Girl with Pearl Earring" paints a picture of her holding an iPhone in the style of the Salvador Dali painter.

Input: An armchair in the shape of an rainbow flower

3. 마이크로소프트-Bing[13)]

마이크로소프트는 기존 자사 검색 엔진 빙Bing에 ChatGPT 기술을 접목하였습니다. 마이크로소프트의 인터넷 익스플로러는 한때 90% 이상의 시장 점유율을 자랑했지만 크롬, 사파리와 같은 브라우저에 완전히 밀렸습니다. 그러면서 2015년에 엣지Edge 브라우저를 출시하였지만 기존에 있는 브라우저를 이기기에는 역부족으로 보입니다. 실제 검색엔진의 90% 이상인 구글이 압도적인 점유율을 보여주고 있고, 빙은 그 뒤를 이어 2.7%의 점유율을 보이고 있습니다. 우스갯소리로

13) Bing 활용법은 부록을 참고하세요.

"야후yahoo에 익숙하신 아버지는 야후에서 구글을 검색하여 구글로 이동한 뒤에, 구글에서 유튜브를 검색하고, 유튜브로 들어가서 원하는 영상을 본다."라는 말도 있습니다. 즉, 사람들은 본인에게 이미 익숙해진 브라우저 혹은 검색엔진을 바꾸기 어렵다는 것입니다. 하지만 최근 마이크로소프트가 빙에 ChatGPT 기술을 탑재함에 따라, 순위 격차가 좁혀질지 봐야 할 것입니다. 빙은 별도로 마련된 채팅창을 이용하는 것이 아니라 기존의 검색 엔진에 입력하여 검색 결과와 함께 검색 결과창의 우측에서 인공지능 답변을 받을 수 있고, 차별적 발언이나 혐오 발언 혹은 민감한 질문은 회피하는 모습을 보입니다. 또한 빙은 2021년까지만 학습한 ChatGPT와는 달리, 1시간 전의 최신 정보들까지 학습하여 반영하고, 참고문헌을 함께 제공하는 것으로 알려져 있습니다.

[그림 10] 마이크로소프트 - Bing

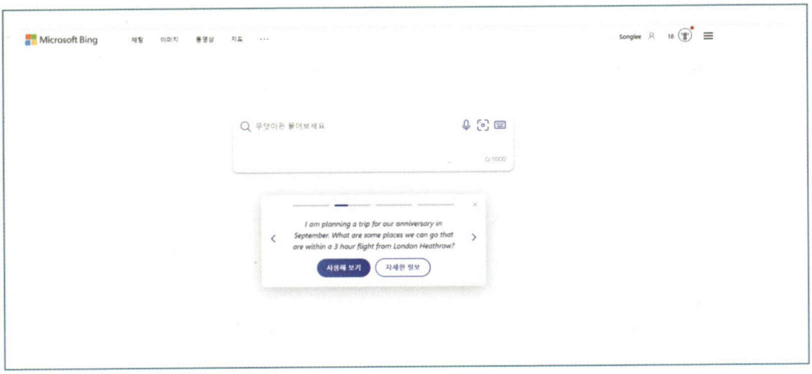

출처: Microsoft Bing 홈페이지

4. 마이크로소프트-Co-Pilot

마이크로소프트는 자사 메인서비스인 마이크로소프트365에 코파일럿Co-Pilot을 공개하면서, 자사 업무 생산성 도구엑셀, 파워포인트, 워드, 팀즈 등 전반에 차세대 AI 기술을 적용하였습니다. 이메일을 알아서 작성하고, 기본적인 정보를 제공하면, 코파일럿이 직접 파워포인트로 만들어 주기도 하고, 원 노트OneNote를 활용해서는 졸업식 파티를 기획할 수도 있습니다. 줄글로 작성해주기도 하고, To-do list 형식으로도 작성해주기도 하고, 원하는 글의 느낌예: 신나게, 격식 있게, 짧게, 길게 등으로 아주 빠르게 생산해줍니다. 이러한 사례는 코파일럿의 일부 사례에 불과하며, 앞으로 정식으로 나오면 보다 더 정교한 기능들이 추가되어 나올 것 같습니다.

[그림 11] Co-Pilot이 작성한 파워포인트

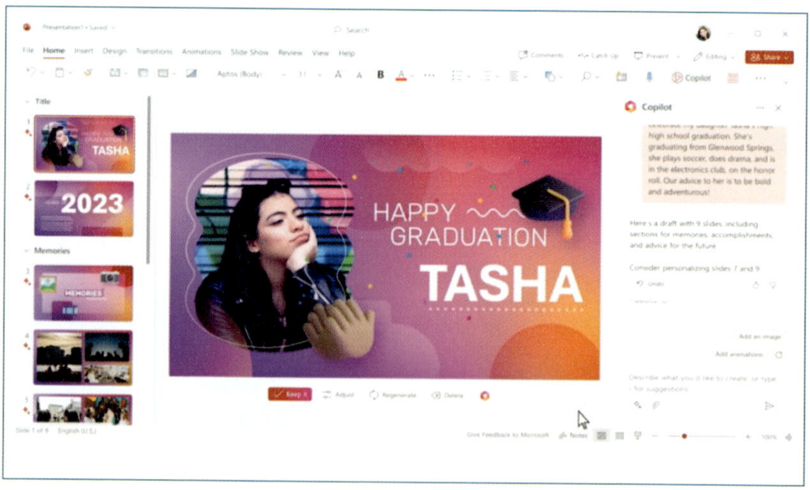

출처: Microsoft 홈페이지

[그림 12] Co-Pilot이 작성한 SWOT 분석표

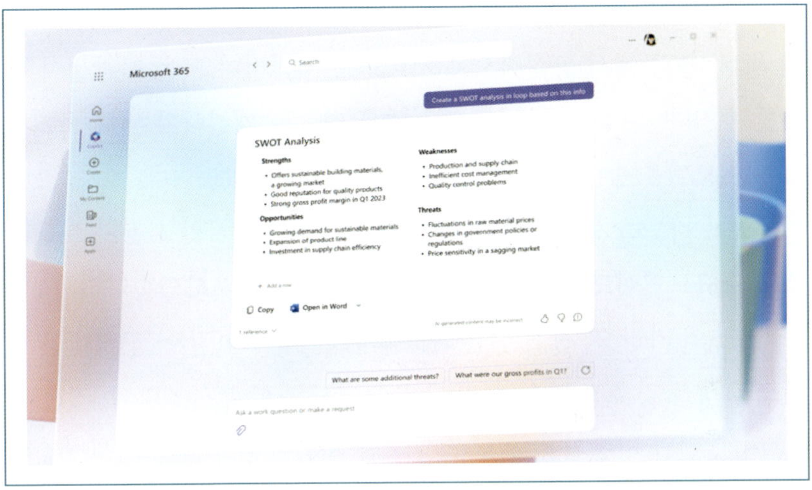

출처: Microsoft 홈페이지

5. 구글-Gemini(구 바드BARD)14)

구글에서는 LaMDA람다의 인공지능 모델을 기반으로 하여 사용자에게 최적화된 답변 기능을 제공하는 AI 챗봇 바드BARD를 2023년 3월에 출시했습니다. 하지만 구글은 오픈AI의 ChatGPT의 흥행과 경쟁 기업인 마이크로소프트의 출시에 급한 나머지 제대로 검토하지 않고 출시하여, 대중에게 실망감을 안겨주었습니다. 구글은 바드를 내놓으며 생성형 AI 주도권 다툼에 나섰지만, 오픈AI가 내놓은 GPT-4 대비 성능이 떨어진다는 평가를 받고 있습니다. 인사이더 등 외신에 따르면 단어 맞추기 퍼즐 게임에서 GPT-4는 96%의 성공률을 나타낸

14) Gemini 활용법은 부록을 참고하세요.

반면 바드의 성공률은 0%에 불과하였습니다. 바드는 영국과 미국에서만 사전 신청을 통해 가능했지만, 바드 발표 후 두 달 만에2023년 5월 전 세계 180국에서 공식적으로 서비스를 시작하며 모든 사람들이 사용할 수 있게 되었습니다. 구글은 바드 성능을 개선하기 위해 초거대 AI 언어모델을 람다LaMDA에서 팜2PaLM2로 교체하였습니다.

구글은 바드를 출시한지 약 1년 만에 개발자와 기업 사용자를 대상으로 대규모언어모델인 제미나이1.5Gemini1.5를 출시하였습니다. 제미나이 1.5의 가장 큰 장점은 100만 개의 토큰으로 이루어진 거대한 컨텍스트 창을 갖추고 있으며, 휴대폰 등에서 가볍게 사용할 수 있는 나노▲Nano, 일반 사용자용 프로▲Pro, 고급 사용자용의 울트라▲Ultra로 나뉘어 공개되었습니다. 구글 바드는 주로 텍스트와 코드 데이터 세트

[그림 13] 구글 – Gemini

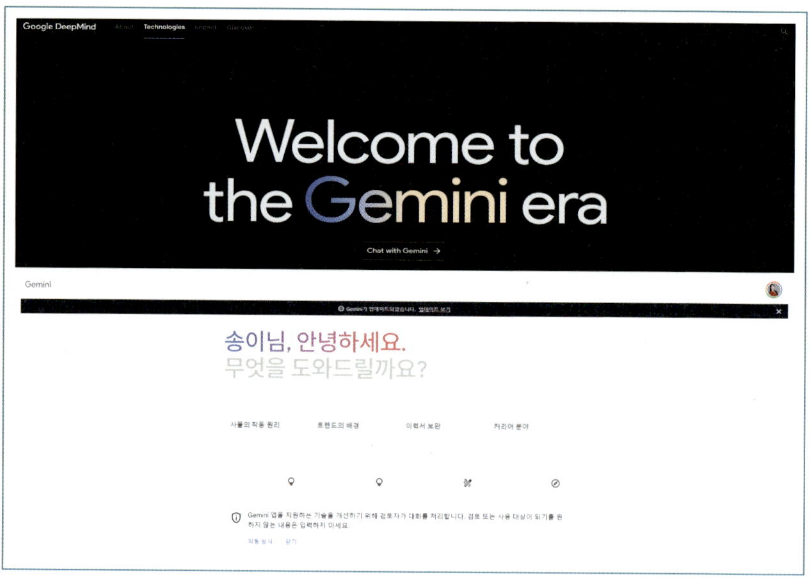

출처: Google 홈페이지

를 통해 학습 되었지만, 제미나이는 텍스트와 코드뿐만 아니라 이미지와 오디오 데이터를 포함하는 광범위한 데이터 세트가 훈련되었기 때문에, 이미지 생성, 오디오 생성, 다중 모달 작업 등 더 복잡한 작업을 수행 할 수 있다고 합니다. 물론 현재는 미국에서만 사용이 가능하기 때문에, 국내에서도 정작 뚜껑을 열어봐야 제미나이의 완성도와 확장성이 확인 될 것으로 판단됩니다만 한때 알파고 신드롬을 일으키며 인공지능 분야를 선도해 오던 구글이라면 다시 왕좌 탈환이 가능하지 않을까 싶습니다. 구글의 제미나이가 명성에 버금가는 세계적인 서비스가 될지 기대해 봅니다.

2023년 상반기는 국외 빅테크 기업들의 ChatGPT 대응책 발표가 잇따르며, 인공지능을 둘러싼 유례없는 속도전을 펼치고 있습니다. 마이크로소프트검색엔진 빙에 ChatGPT를 탑재하고 유료화, 메타라마(LLaMA) 공개, 아마존 허깅페이스Hugging Face와 협업 등의 굵직한 발표들이 잇따랐고, 구글도 팜2기반 바드 출시를 공식화하였습니다. 여기에 구글은 영어에 이어 한국어를 두 번째로 지원하겠다고 밝혔습니다. 구글이 한국어 대규모 언어모델에 본격적으로 손을 뻗으면서, 국내 빅테크 업계가 긴장감을 감추지 못하는 모습입니다.

네이버도 ChatGPT보다 한글 데이터를 6,500배 더 학습한 차세대 초거대 인공지능 언어모델 하이퍼클로바엑스를 기반으로 한 클로바XCLOVA X를 2023년 8월에 출시하였고, 이어 네이버 검색과 인공지능 기술을 결합한 생성형AI 검색 서비스 큐Cue:를 제공하였습니다. 영문권 기반인 해외 생성형 AI와는 달리 국내 한글 데이터를 기반으로 하고 있기 때문에 한글로 물어보았을 때 이해도나 답변의 자연스러움이 뛰어나고, 오랜 시간 쌓인 네이버의 방대한 블로그와 다양한 카페

자료를 바탕으로 지속적으로 진화한다면, 네이버가 추구하는 '한국형' 인공지능 왕좌의 자리를 가지고 갈 수 있을지도 모릅니다.

이외에 KT는 믿:음Mi:dm을 2023년 10월에 출시하였고, B2B기업간거래로 시장공략에 나섰습니다. KT는 기업·스타트업들이 각자 목적에 맞춰 사용할 수 있도록, 파라미터매개변수수를 세분화하여 수억개 수준의 경량모델부터 수천억개 수준의 초대형 모델 4종▲베이직, ▲스탠다드, ▲프리미엄, ▲익스퍼트을 출시하였고, LG는 한국어와 영어가 모두 지원되며 전문성과 신뢰성에 특화된 이중언어 모델 엑사원 2.0EXAONE 2.0 3종▲유니버스, ▲디스커버리, ▲아틀리에을 공개하였습니다. 엑사원 유니버스는 4,500만건의 전문 문헌과 3억 5천만장의 이미지를 학습하여, 전문가들의 지식 소비와 생산을 효율적으로 돕고, 근거에 기반하여 정확한 답변만을 생성하는 전문가형 초거대 인공지능 모델이며, 엑사원 디스커버리는 화학·바이오 분야 발전을 앞당길 신소재·신물질·신약 개발 플랫폼이며, 엑사원 아틀리에는 이미지를 언어로 표현하고, 언어를 이미지로 시각화하는 멀티모달 인공지능 플랫폼입니다. 현재까지는 내부적으로 활용이 되고 있지만, 일반 대중을 위한 서비스도 조만간 공개할 예정이라고 합니다.

산업계에서는 생성형 AI가 상업화 단계로 접어들면서 대전환의 시대가 도래했다고 봅니다. 엔비디아 대표 젠슨 황Jensen Huan CEO는 "AI 산업의 아이폰 시대가 시작되었다."고 평가했습니다. 2007년 아이폰이 등장하면서 전 세계가 순식간에 모바일 시대로 진입한 것처럼, 생성형 AI 일상화가 기존 산업의 틀을 다시 만든다는 발언입니다. 이러한 변화에서 생성형 AI를 활용하는 사람과 그렇지 않은 사람 간의 차이는 엄청날 것입니다.

〈표 5〉 국내외 LLM 및 특징

<table>
<tr><th>기업명</th><th>대표 초거대 AI(언어모델)</th><th>학습 매개변수 (파라미터)[15]</th><th>명칭 및 특징</th></tr>
<tr><td rowspan="3">오픈AI (OpenAI)</td><td>GPT-2</td><td>15억 개</td><td rowspan="3">• ChatGPT
- 대화형 AI
- 2022년 1월까지의 데이터를 기반으로 학습(ChatGPT3.5), 2023년 4월까지의 데이터 학습(ChatGPT4.0)
• DALL·E
- 이미지 생성 AI</td></tr>
<tr><td>GPT-3</td><td>1,750억 개</td></tr>
<tr><td>GPT-4</td><td>(미공개)
100조 개 추측</td></tr>
<tr><td>마이크로소프트 (Microsoft)</td><td>GPT3.5</td><td>20억 개</td><td>• Bing
- 빙 검색창에 연동
- 1시간 전 데이터까지 활용 가능</td></tr>
<tr><td rowspan="2">구글 (Google)</td><td>람다 (LaMDA)</td><td>1,370억 개</td><td>• Gemini
- 구글 검색창에 연동
- 실시간 데이터까지 활용 가능</td></tr>
<tr><td>팜2 (PaLM2)</td><td>5,300억 개</td><td>• 팜2
- 100개 이상의 언어 지원
- 과학, 수학에서 추론 능력 높음
- 출처 표기 기능 가능</td></tr>
</table>

15) 파라미터: 인간의 뇌처럼 스스로 생각하고 창작하는 능력을 보이기 위해 기존 신경망보다 훨씬 더 방대한 데이터를 학습하고 추론하는 AI를 초거대 AI(Hyper-scale AI)라고 한다. 인간의 뇌에는 정보를 학습하고 기억하는 시냅스가 있듯이, 초거대 AI에도 뇌의 시냅스와 같은 역할을 하는 파라미터가 있다. 우리 뇌에 시냅스가 많으면 많을수록 뇌가 처리할 수 있는 정보량이 많아지고, 처리 속도가 빨라지는 것처럼 AI도 파라미터의 양이 많을수록 출력 값이 고도화된다.

기업명	대표 초거대 AI(언어모델)	학습 매개변수 (파라미터)	특징 및 활용
메타 (Meta)	라마 (LLaMA)	70억 개(7B) 130억 개(13B) 330억 개(33B) 650억 개(65B)	• BlenderBot3 - 현재 미국에서만 활용 가능
네이버 (Naver)	하이퍼 클로바 X (Hyper CLOVA X)	2,040억 개	- GPT3가 학습한 것보다 6,500배 많은 한국어 데이터양 - 이전 대화내용을 기반으로 대화의 맥락을 이해하고 답변 가능
카카오 (Kakao)	KoGPT	60억 개	- 한국어 특화 AI언어 모델 문장을 사전·문맥적 의미에 따라 이해하고 추론
	민달리 (minDALL-E)	300억 개	- 멀티모달 추론 기능 가능 - 이용자가 명령어를 텍스트로 입력하면 실시간으로 원하는 이미지 제작
KT	믿:음 (Mi:dm)	70억 개 (베이직모델) 2,000억 개 (엑스퍼트 모델)	- B2B - AI 반도체, 클라우드, 인프라, 응용 서비스를 모두 아우르는 풀스택 제공
LG	엑사원 (EXAONE)	3,000억 개	- B2B - 엑사원 유니버스(전문가용 대화형 인공지능 플랫폼) - 엑사원 디스커버리(신소재 및 신약 개발에 도움을 주는 플랫폼) - 엑사원 아틀리에(이미지를 기반으로 텍스트를 생성하는 플랫폼)

생성형 AI를
활용한 미래교육

CHAPTER 03 생성형 AI 활용 교육 방안 탐색

본 장에서는 생성형 AI가 교육에서 효과적으로 활용될 수 있는 방안에 대해 탐색해보고자 합니다. 요약, 글 작성, 맞춤형 기반 학습, 문제 해결 및 풀이, 코드 개발 등으로 나누어 살펴보고, 적절한 프롬프트의 교육적 예시도 알려드리겠습니다.

1. 요약

생성형 AI는 요약을 참 잘합니다. 아무리 긴 텍스트를 줘도 순식간에 살펴보고, 사용자가 요구한 결과물을 바로 내놓습니다. 이전에는 요약을 하려면 관련된 책을 읽거나 검색엔진에서 원하는 자료를 찾아서 스스로 읽고 요약을 해야 했습니다. 좀 더 과거로 가면, 직접 도서관에 방문해서, 원하는 책이 어느 열람실에 있는지 확인하고, 직접 그 층에 방문하여, 해당 선반을 찾고, 책을 확인해야 했습니다. 하지만 생성형 AI는 다수의 책을 읽고, 바로 요약이 가능합니다. 뿐만 아니라 100자로 요약해 달라고 하거나, 3줄로 요약해 달라고 하거나, 10개의 중요 포인트로 요약해달라고 요청해도 빠르게 해줍니다.

[요약] 프롬프트 예시

- ☐ Summarize the main points of X
- ☐ Provide a summary of X
- ☐ Generate a list of potential essay topics for [assignment name], along with a brief outline of main points to be discussed
- ☐ List 10 most important things in X
- ☐ Tell 3 things about X
- ☐ Summarize this article [website link]

신데렐라의 이야기를 요약해 달라고 요청하였습니다. 이 정도는 아주 간단하게 가능합니다.

Provide a summary of Cinderella

Cinderella is a classic fairy tale that follows the story of a kind-hearted and mistreated girl named Cinderella, who lives with her cruel stepmother and stepsister. Despite her difficult circumstances, Cinderella remains optimistic and dreams of attending the royal ball. With the help of her fairy godmother, she transforms into a beautiful princess and attends the ball, where she captures the heart of the handsome prince. However, she must leave the ball before midnight or risk losing everything. The prince searches the kingdom for the owner of the lost glass slipper, and when it fits Cinderella perfectly, they live happily ever after. The story teaches valuable lessons about the power of kindness, perseverance, and believing in oneself.

이번에는 신데렐라의 줄거리를 요약하되, 알파벳순으로 해달라고 요청하였습니다. 이때 중복되는 단어는 사용할 수 없다는 전제를 주었습니다[그림 14]. 사람이 이렇게 하려고 하면 많은 시간이 요구되나, ChatGPT의 요약 실력은 빠르고 엄청납니다.

[그림 14] 알파벳순으로 신데렐라의 줄거리를 알려줘

Input

Explain the plot of Cinderella in a sentence where each word has to begin with the next letter in the alphabet from A to Z, without repeating any letters.

Output

A beautiful Cinderella, dwelling eagerly, finally gains happiness; inspiring jealous kin, love magically nurtures opulent prince; quietly rescues, slipper triumphs, uniting very wondrously, xenial youth zealously.

출처: OpenAI 홈페이지

2. 글 작성

생성형 AI의 글쓰기 실력은 어떨까요? 논리가 필요한 부분을 아주 빠르게 설계해 줄 수 있고, 우리가 생각하는 거의 모든 분야를 막힘없이 전문가처럼 유창하게 답변을 제시할 수 있습니다.

[글 작성] 프롬프트 예시

- ☐ Write about [topic] like you're explaining to a 8 years old
- ☐ Write a [number]-minutes script on [topic] in Korean
- ☐ What are the causes/effects of X?
- ☐ Can you make it formal?
- ☐ Write me an essay about [topic] in 200 words
- ☐ Write me an introduction for essay about X
- ☐ Provide a concise, 3-sentence summary of the following news article: [article]
- ☐ Can you write me five sets of dialogues between two people who [situation]

ChatGPT를 소개하는 영상을 만든다고 하며 3분 정도의 대본을 한국어로 작성해 달라고 하였습니다. 거침없이 빠르고 정확하게 마지막 인사말구독과 좋아요!까지 만들어 주었습니다. 또한 학습 스타일과 학습 속도에 맞추는 것도 가능합니다. 예를 들어 '8살의 눈높이에 맞춰서 작성해줘.' 혹은 '전문가 수준에 맞는 단어를 사용해줘.' 등 학습자 수준에 맞는 답변 제공이 가능합니다.

I'm going to make a YouTube video introducing ChatGPT. Write a 3 minutes script in Korean and include 3 advantages of ChatGPT.

안녕하세요. 여러분! 오늘은 특별한 게스트와 함께 있습니다. 제 소개할 게스트는 인공지능 ChatGPT입니다. ChatGPT는 오픈AI에서 개발한 대화형 인공지능으로, 많은 사람들이 대화하며 즐겁게 사용하고 있습니다.

ChatGPT는 어떻게 동작하는지 궁금하시죠? ChatGPT는 자연어 처리와 딥러닝 기술을 기반으로 만들어졌습니다. 이 모델은 방대한 양의 데이터와 지식을 학습하여 사람들의 질문에 대답하고 대화를 진행할 수 있습니다.

ChatGPT는 다양한 분야에서 활용될 수 있습니다. 예를 들어, ChatGPT는 사용자들의 질문에 답변해주는 개인 비서로 활용될 수 있습니다. 또한, 창작 작업에서 창의적인 아이디어를 제공하거나, 학습자들이 언어 능력을 향상시키는 데 도움을 줄 수도 있습니다.

ChatGPT를 사용하는 것의 장점은 무엇일까요? 첫째, ChatGPT는 언제나 사용 가능하며 24시간 채팅 상담을 제공합니다. 둘째, ChatGPT는 항상 최신 정보를 제공하여 사용자들에게 정확하고 유용한 답변을 해줍니다. 셋째, ChatGPT는 다양한 주제에 대한 지식을 갖고 있어서 사용자들이 궁금한 내용에 대해 다양하고 풍부한 답변을 얻을 수 있습니다.

지금까지 ChatGPT가 어떤 인공지능인지 간단하게 소개해드렸습니다. ChatGPT는 다양한 분야에서 활용되고 있으며, 사용자들에게 편리하고 유익한 대화 경험을 제공합니다. 많은 사람들이 이미 ChatGPT를 사용하고 있으니, 여러분도 한 번 체험해보시기 바랍니다. 구독과 좋아요 부탁드립니다. 감사합니다!

조금 더 디테일한 요구를 해보도록 하겠습니다. 이번에는 자기소개서를 써달라고 해보겠습니다. 정확한 결과를 알기 위해서는 ChatGPT에게 디테일한 정보를 주는 것이 좋습니다. 하버드 대학교의 교수가 되기 위한 CVCURRICULUM VITAE와 이력서Resume를 작성해 달라고 하면서, 학위, 현재 직업, 학술 활동, 관심 분야, 성격 등을 알려주었더니 이번에도 거침없이 작성해줍니다. 이력서의 포맷 또한 훌륭합니다.

I want to work as a full-time professor at Harvard University. Write me a C.V. I have a Ph.D. in Education and earned my degree at Seoul National University. I worked as a research professor at Dongguk University for 3 years and wrote an average of 7 papers a year. Please include my research areas, which are Metaverse and Generative AI, and note that I have a bit of an introverted personality. I am proficient in both English and Korean.

Curriculum Vitae

Personal Information:
Name: [Your Name]
Contact Information: [Your Email Address]
Nationality: [Your Nationality]

Education:

- Ph.D. in Education, Seoul National University, [Year of Graduation]
- Master's Degree in Education, Seoul National University, [Year of Graduation]
- Bachelor's Degree in Education, Seoul National University, [Year of Graduation]

Professional Experience:

- Research Professor, Dongguk University, [Year] - [Year]
- Conducted research in the field of Education with a focus on Metaverse and ChatGPT.
- Published an average of 7 papers per year in reputable academic journals, contributing to the advancement of knowledge in the field.
- Collaborated with fellow researchers to develop innovative approaches and methodologies in the application of Metaverse and ChatGPT in education.
- Mentored graduate students and provided guidance in their research projects.

Teaching Experience:

- Teaching Assistant, Seoul National University, [Year] - [Year]
- Assisted professors in teaching undergraduate courses related to Education.
- Conducted discussion sessions, graded assignments, and provided academic support to students.

Skills:

- Proficient in English and Korean, both written and spoken.
- Extensive knowledge and research expertise in the field of Education, specifically in Metaverse and ChatGPT.

- Excellent communication and presentation skills, developed through teaching and presenting research findings at conferences.
- Detail-oriented and able to work independently, suitable for an introverted personality.

Publications:

- [Title of Paper 1], Journal of Education, [Year]
- [Title of Paper 2], International Journal of Educational Technology, [Year]
- [Title of Paper 3], Educational Research Review, [Year] (Include a list of your publications, highlighting those related to Metaverse and ChatGPT.)

References:

Available upon request.

Note:

Please customize the CV template according to your own personal and professional details.

이번에는 위에 제공한 정보학위, 현재 직업, 학술 활동, 관심 분야, 성격 등를 활용하여 글쓰기essay 형태로 적어달라고 했습니다. 맞는 부분도 있고, 정확하지 않은 부분도 있습니다. 하지만 반드시 포함해달라고 했던, 성격 부분을 '저는 내성적인 성격입니다.' 등과 같은 단순 작성에서 끝나는 것이 아니라, 내용의 맥락을 이해하고 추가적인 설명을 하여 다양한 연결고리를 만들어 작성해주었습니다. '저는 내성적인 성격을 가지고 있지만, 이런 성격이 독립적으로 일할 수 있는 능력에 큰 도움이 된다는 것을 알게 되었습니다. 또한 저는 다른 동료 및 학생들과 협력하는 것을 좋아하며….' 더 놀라운 점은 이것을 작성하는 데 5초도 걸리지 않았다는 부분입니다.

Make it into sentences instead of bullet points. Answer in English.

My name is [Your Name] and I am a [Your Nationality] with a Ph.D. in Education from Seoul National University, which I earned in [Year]. In addition, I also hold a Master's Degree and a Bachelor's Degree in Education from the same university.

I have been working as a Research Professor at Dongguk University from [Year] to [Year], where my research focuses on Metaverse and ChatGPT. During this time, I have published an average of 7 papers per year in the field of Education, contributing to the advancement of knowledge in this area. I have also collaborated with other researchers to develop innovative approaches and methodologies in the application of Metaverse and ChatGPT in education. As an introverted individual, I am suited to independent work, but I am also comfortable collaborating with others and mentoring graduate students.

Prior to my research position, I worked as a Teaching Assistant at Seoul National University from [Year] to [Year]. In this role, I assisted professors in teaching undergraduate courses related to Education. I conducted discussion sessions, graded assignments, and provided academic support to students.

In addition to my research and teaching experience, I have also developed strong communication and presentation skills, which I have showcased by presenting my research findings at conferences. I am fluent in both English and Korean, and my attention to detail ensures that I produce high-quality work.

I am excited about the opportunity to work as a full-time professor at Harvard University and am confident that my skills, experience, and passion for education make me a strong candidate for the position.

생성형 AI의 글쓰기 수준은 상당합니다. 그것도 아주 빠르게 말이죠. 물론 ChatGPT가 작성해준 문장이 정확한 정보를 담고 있는지, 편향적인 정보를 제공하고 있지는 않는지 등과 같은 최종적인 검토는 사람이 해야 합니다만, 초안을 얻거나 아이디어를 정리하는 데에는 ChatGPT가 많은 도움이 됩니다. 실제로 이러한 기술이 발달함에 따라 사라질 전문직의 예로는 작가, 번역가, 기자와 같은 글을 쓰는 직업군이 빠르게 대체될 수 있을 것이라 생각합니다. 반대로 생성형 AI 전문 강사, 프롬프트 엔지니어, 생성형 AI 감별사 등 신규직업군도 생길 것입니다. 생성형 AI전문 강사 및 프롬프트 엔지니어를 통해 우리는 어떻게 지시를 내려야 사용자가 원하는 정보를 더 효과적으로 얻을 수 있는지를 배우게 되겠고, 생성형 AI 감별사는 작성한 글이 인공지능인지 사람인지 알려주거나, ChatGPT가 작성한 글의 초안을 어떻게 수정해야 하는지 알려줄 수도 있을 것입니다.

3. 맞춤형 기반 학습

생성형 AI는 사용자가 질문을 했을 때 텍스트 기반으로 답변을 바로 줍니다. 그래서 학습할 때 궁금한 것이 있으면, 바로 궁금증을 해결할 수 있습니다. 문장의 문법이 맞는지 확인해달라고 하거나, 어떤 주제에 대해서 궁금한 것이 있으면 물어보면 됩니다. 또한 사용자의 이전 질문과 답변을 기억하고, 사용자의 수준에 맞춰 답변이 가능합니다. 영어 회화를 예시로 들어보겠습니다. 영어 회화 생성형 AI를 활용하는 방법은 크게 (1) 텍스트 활용, (2) 음성 활용이 있습니다. 텍스트 활용은 기본 입력 창에 영어로 물어보는 것인데, 이건 영어 회화라기보다는 작문 연습에 더 가깝다고 할 수 있습니다. 그리고 음성 활용은 인간의 음성을 입력 값으로 하여 이를 컴퓨터가 처리하는 기술입니다.

[맞춤형 기반 학습] 프롬프트 예시

☐ Explain the concept of X

☐ What is the history of X?

☐ What are the key characteristics of X?

☐ Check grammar [sentences]

☐ Let's practice a conversation for [situation] or [topic]

1) 텍스트 활용

Can you help me practice my English with a role play?

Of course! I'd be happy to help you practice your English with a role play. Please let me know the scenario or topic you have in mind. What scenario would you like to role play?

역할극을 하면서 영어 연습을 하자고 하니, 주제는 무엇으로 하고 싶은지 물어봅니다. 구직 면접Job Interview에 관해서 연습을 하고 싶다고 했더니, 효과적인 연습을 위해 구직의 정보를 더 달라고 합니다. 또한 인터뷰 질문을 선택할 것인지, 아니면 ChatGPT가 제언을 하게 할 건지도 물어봅니다.

We can practice a conversation for my job interview.

Absolutely! What type of job are you interviewing for? This will help me better prepare for our conversation. Would you like to choose some interview questions to practice or do you want me to suggest some?

I am an applicant applying for a degree in Educational Technology.

Great, let's get started!

Interviewer : Good morning/afternoon. Welcome to the admissions interview for our doctoral program in educational technology. Please introduce yourself and tell me why you are interested in pursuing a doctoral degree in this field.

Applicant : Good morning/afternoon. Thank you for having me. My name is [Your Name]. I have always been passionate about the intersection of education and technology. Throughout my academic journey, I have witnessed the transformative impact that technology can have on teaching and learning. This experience has fueled my desire to further explore and contribute to the field of educational technology through a doctoral program.

구직 인터뷰 연습을 하고 싶다고 하니 위와 같이 ChatGPT가 면접관과 구직자로 나누어서 대화문으로 만들어 주었습니다. 이 대화문을 만드는 데 걸린 시간은 고작 3초였습니다. 이어서 대화형 연습을 하고 싶다고 부탁하였습니다. 그랬더니 ChatGPT가 질문을 던지고, 제가 답변을 적을 수 있도록 기다리고 있습니다.

But please don't give me the full dialogue all at once. Say one sentence and wait for my response.

Sure, I can do that. Let's get started!

Interviewer: Hi, can you tell me a little about yourself?

이번에는 문법 수정을 부탁해보겠습니다.

Check grammar-"I has 4 member. Father, mother me and a cute pet"

The grammar in the sentence "I has 4 member. Father, mother, me and a cute pet" is incorrect. The correct grammar is "I have 4 members in my family: my father, mother, myself and a cute pet.""

위 예에서 'I has 4 member. Father, mother, me and a cute pet'의 문장을 다음과 같이 문법을 수정해주었습니다. 'I have 4 members in my family: my father, mother, myself, and a cute pet.'

조금 더 전문적인 문장을 제시해보았습니다.

Check grammar-"South Korea posted the larger ever current account deficit at January as export sharply dwindled amid growing worries over a global economic recession, central bank data show Friday"

"South Korea posted the largest ever current account deficit in January as exports sharply dwindled amid growing worries over a global economic recession, central bank data showed Friday."

바로 오류 문법을 확인하고 고쳐줍니다. 이번에는 번역을 해달라고 했습니다.

Translate to Korean-"South Korea posted the largest ever current account deficit in January as exports sharply dwindled amid growing worries over a global economic recession, central bank data showed Friday."

"한국은 지난 1월 수출이 급격하게 감소하면서 세계 경기 침체에 대한 우려가 커지면서, 중앙은행 자료는 금요일 경상수지 적자가 역대 최대로 기록되었다고 보도했습니다."

2) 음성 활용

영어 회화는 직접 구두로 연습하는 것이 가장 좋은 훈련법이며, 이를 ChatGPT와 할 수 있습니다. 기본 ChatGPT 포맷은 텍스트로 입력하는 것인데, 'Talk to ChatGPT' 확장 프로그램을 활용하여 음성으로 연습할 수 있습니다. 'Talk to ChatGPT' 프로그램을 다운 받으면 ChatGPT 프로그램 오른쪽 상단에 프로그램이 활성화된 것을 확인할 수 있습니다. 마이크와 4개의 버튼을 활용하여 영어 회화 연습이 가능합니다.

[그림 15] Talk to ChatGPT

	마이크 버튼 클릭 시, 마이크 차단
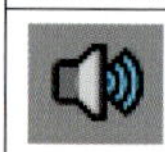	스피커 버튼 클릭 시, 스피커로 나오는 음성 재생 중단
	빨리 감기 버튼 클릭 시, 현재 읽고 있는 답변 음성 재생 중단
	빨간색, 초록색으로 음성 표기가 됨

4. 문제 해결 및 풀이

생성형 AI의 발달로 언어와 수학의 가능성은 매우 열려있습니다. ChatGPT 자체가 영어권에서 만들어진 생성형 AI이기 때문에, 영어로 된 정보에 대한 학습이 매우 잘 되어 있어서 영어 공부를 하는데 큰 도움이 됩니다. 특히 ChatGPT는 본문의 내용 및 목적을 이해하고, 문단에 함축된 의미를 추론하고, 요지를 파악하여, 그 내용을 기반으로 단순한 판단을 내리는 문제는 거의 완벽하게 풀 수 있습니다. 실제로 GPT-3.5로 수능을 봤더니 2등급 수준이 나왔다고 합니다.[16)]

[문제 해결 및 풀이] 프롬프트 예시

☐ Translate to Korean [sentences]
☐ What is the appropriate purpose of the following text?
☐ Solve the [equation]
☐ Solve this problem for me but step by step
☐ Explain [questions] is
☐ What is [equation]?

1) 번역

생성형 AI의 번역 속도는 아주 빠르고, 정확합니다. 소프트뉴스Soft News, 하드뉴스Hard News, 정치, 법률, 교육, 경제, 사회 등 어떠한 전문 분야든지 상관없이 빠르게 번역해줍니다. 물론 ChatGPT 이전에도 다양한 번역 도구가 있었습니다. 구글의 구글번역Google Translate, 마이

16) AI 기술검증 스타트업 애나가 '2023학년도 대학수학능력수학시험'을 ChatGPT에게 풀게 한 결과, 영어 시험에선 듣기 평가 16문제 중 14문제, 독해 평가 17문제 중 13문제를 맞혔다.

크로소프트사의 마이크로소프트 번역기Microsoft Translator, 영국의 SDL Software and Documentation Localization사의 트라도스SDL Trados, 독일의 딥엘DeepL 그리고 한국의 네이버에서 만든 파파고papago 등이 그 예시입니다. 실제 이러한 프로그램은 영어, 중국어, 일본어, 스페인어, 프랑스어, 한국어 등 다양한 번역 서비스를 제공하였고, 정확성과 신뢰성으로 많은 사람들이 이용하고 있습니다. 이러한 번역 프로그램과 ChatGPT의 차이는 번역에 사용되는 기술, 번역 범위, 문맥의 이해 정도입니다. 구글 번역은 통계적 기계 번역Statistical Machine Translation, SMT 기술을 사용하는 기계 번역 서비스인 반면, ChatGPT는 딥러닝 및 자연어 처리Natural Language Processing, NLP 기술을 사용하여 보다 정확하고 상황에 맞는 번역을 제공하는 인공 지능 언어 모델입니다. 구글 번역은 다양한 언어에 대한 번역을 제공하며 단순하고 일상적인 번역에 더 적합합니다. 반면에 ChatGPT는 대규모 텍스트에 대해 교육을 받았으며 더 복잡하고 기술적인 언어에 대한 번역을 제공할 수 있으므로 전문 번역에 더 적합합니다. 때문에 ChatGPT는 고급 AI 및 NLP 기술을 사용하여 특히 전문적이고 기술적인 언어에 대해 더 정확하고 맥락에 맞는 번역을 제공합니다.

다음 문장을 한국말로 번역해줘.

I'm happy to attend the meeting tomorrow. I want to meet interesting people and learn new things."

Google "나는 내일 컨퍼런스에 참석하여 기대됩니다. 흥미로운 사람들을 만나고 새로운 것을 배우기를 희망합니다."

"저는 내일 컨퍼런스에 참석하게 되어 매우 영광입니다. 흥미로운 사람들을 만나 새로운 것을 배우길 기대합니다."

이 예에서 두 번역 모두 동일한 일반적인 의미를 전달하지만 ChatGPT 번역이 더 자연스럽고 유창하며 원본 텍스트의 어조와 맥락을 고려하는 반면, 구글 번역은 더 직설적이며 언어의 뉘앙스를 효과적으로 제공합니다. 또 다른 예시를 볼까요?

다음 문장을 한국말로 번역해줘.

"I love the smell of fresh coffee in the morning. It reminds me of my childhood."

Google "나는 아침에 신선한 커피향을 좋아합니다. 그것은 내 어린 시절을 떠올리게 합니다."

"아침에 신선한 커피 향을 맡으면 어린 시절로 돌아가는 것 같아요. 커피 향이 참 좋아요."

이 예에서 ChatGPT 번역은 더 표현력이 풍부하고 원본 텍스트의 개인적이고 감정적인 측면과 맥락을 이해하는 반면, 구글 번역은 더 직설적입니다. ChatGPT 번역도 한국어가 더 자연스럽고 유창한 반면, 구글 번역은 군데군데 약간 어색합니다.

2) 독해

2022학년도 9월 모의평가를 기반으로 (1) 글의 목적 파악, (2) 분위기 · 심경 파악, (3) 제목 파악으로 나누어 확인해보았습니다.

(1) 글의 목적 파악: ChatGPT는 글의 목적을 파악하는 것도 매우 빠르게 할 수 있습니다.

다음 글의 목적으로 가장 적절한 것은? 1번. 의료비 지원이 필요한 이들을 위해 기부를 독려하려고. 2번. 자선 음악회 연주자로 참여해줄 것을 요청하려고. 3번. 피아노 독주회 관람 신청을 하려고

Dear Mr. Bernstein, My name is Thomas Cobb, the marketing director of Calbary Hospital. Our hospital is planning to hold a charity concert on September 18th in the Main Hall of our hospital. We expect it to be helpful in raising money to cover the medical costs of those in need. To make the concert more special, we want to invite you for the opening of the concert. Your reputation as a pianist is well-known and will help create an enjoyable experience for the audience. We look forward to receiving your positive reply.

Option 2 – To ask Mr. Berstein to participate as a charity concert performer – is the most appropriate purpose of the article, as the letter is specifically addressed to Mr. Bernstein and invites him to perform at the charity concert. The letter mentions the purpose of the concert, which is to raise money for those in need of medical assistance, but the main focus is on inviting Mr. Bernstein to participate

번역결과

옵션2 : 번스타인 씨에게 자선 콘서트 공연자로 참석하도록 요청하는 것이 기사의 가장 적절한 목적입니다. 이 편지는 번스타인씨에게 구체적으로 전달되고 자선 콘서트에서 공연하도록 그를 초대하기 때문입니다. 편지에는 의료 지원이 필요한 기금마련을 위한 콘서트의 목적이 언급되어 있지만 주요 초청은 번스타인씨를 초대하는 것입니다.

(2) 분위기·심경 파악: ChatGPT가 본문을 보고 사람처럼 분위기나 심경 파악이 가능할까요? 다음의 본문을 보면 ChatGPT가 얼마나 답변을 잘하는지 확인할 수 있습니다.

다음 글에 드러난 Natalie의 심경 변화로 가장 적절한 것은? 1. doubtful → satisfied. 2. regretful → confused, 3. confident → ashamed, 4. bored → excited. 5. thrilled → disappointed As Natalie was logging in to her first online counseling session, she wondered, "How can I open my heart to the counselor through a computer-screen?" Since the counseling center was a long drive away, she knew that this would save her a lot of time. Natalie just wasn't sure if it would be a helpful as meeting her counselor in person. Once the session began, however, her concerns went away. She actually started thinking that it was much more convenient than expected. She felt as if the counselor were in the room with her. As the session closed, she told him with a smile. I'll definitely see you online again!"

The most appropriate change in Natalie's feelings expressed in the passage is from "doubtful" to "satisfied." At the beginning, Natalie was unsure about whether online counseling would be helpful or effective. However as the session progressed, she became more comfortable with the format and felt that the counselor was present with her. By the end of the session, she was pleased with the experience and expressed a desire to continue online counseling in the future.

왜 1번이 정답인지 한국말로 설명해줘.

Natalie는 첫 온라인 상담을 하면서 그것이 직접 상담사를 만나는 것만큼 도움이 될지 의문을 품었지만, 실제로 온라인 상담을 하면서 그것이 편리하고 상담사를 직접 만나는 것과 같은 기분을 느끼게 해서 만족스러워했다는 내용의 글입니다. 따라서 Natalie의 심경 변화로 가장 적절한 것은 "1. 의문을 품은 → 만족한" 입니다.

(3) 제목 파악: ChatGPT에게 본문의 내용을 읽고 올바른 제목을 찾아달라고 해보았습니다.

다음 글의 제목으로 적절한 것은? 1. Social Perception in Old Age: It's Not All Bad News! 2. Blocking Out the Negative Sharpens Social Skills 3. Lessons on Life-long Goals from Senior Achievers 4. Getting Old: A Road to Maturity and Objectivity 5. Positive Mind an Behavior: Tips for Reversing Aging

"Although cognitive and neuropsychological approaches emphasize the losses with age that might impair social perception, motivational theories indicate that there may be some gains or qualitative changes. Charles and Carstensen review a considerable body of evidence indicating that, as people get older, they tend to prioritize close social relationships, focus more an achieving emotional well-being, and attend more to positive emotional information while ignoring negative information. These changing motivational goals in old age have implications for attention to and processing of social cues from the environment. Of particular importance i considering emotional changes in old age is the presence of a positivity bias: that is, an tendency to notice, attend to, and remember more positive compared to negative information. The role of life experience in social skills also indicates that older adults might show gains in some aspects of social perception."

The most appropriate title for the given passage is "Social Perception in Old Age It's Not All Bad News!" The passage discusses how older adults tend to prioritize close social relationships and focus more on achieving emotional well-being, leading to qualitative changes in social perception. Additionally, the presence of a positivity bias in older adults and the role of life experience in social skills suggest that there may be gains in some aspects of social perception with age. The title accurately reflects the overall positive tone of the passage, which challenges the common belief that social perception necessarily declines with age.

이번에는 수학 문제 풀이를 해보도록 하겠습니다. ChatGPT와 같은 언어기반 모델은 언어모델로 설계되어 있기 때문에 계산능력이 다소 부족합니다. 실제로 다음과 같이 단순한 더하기 문제를 ChatGPT에게 풀게 했을 때, 오답을 주었습니다.

9,246,578+1,632,487

9,246,578+1,632,487=10,979,605 (*정답은 10,879,065입니다*)

또한 질문에 대한 답변을 몇 줄씩 술술 내놓던 ChatGPT는 계산을 해달라고 하면 1분가량 멈춰서 아무런 작동도 하지 않거나, 커서가 오랜 시간 깜빡이면서 답변이 없고, 오랜 시간 지난 이후 에러 메시지가 나오는 것을 확인할 수 있었습니다.

이번에는 숫자와 텍스트를 함께 넣도록 하겠습니다. 이 문제는 비교적 간단한 문제에 속하는 2023학년도 수능 23번 문제입니다.

다항식 $(x^3+3)^5$의 전개식에서 x^9의 계수는?

다항식 $(x^3+3)^5$를 전개할 때, x^9의 계수를 구하기 위해 이항 계수와 거듭제곱 법칙을 사용할 수 있습니다.

이항 계수는 다음과 같이 주어집니다:
$\binom{n}{k}=\frac{n!}{k!(n-k)!}$, 여기서 n은 전체 항의 개수이고, k는 특정 항의 지수입니다.
우리의 다항식은 $(x^3+3)^5$이므로, 이항 계수의 형태로 전개할 수 있습니다:
$(x^3+3)^5=\binom{5}{0}(x^3)^5(3)^0+\binom{5}{2}(x^3)^4(3)^1+\binom{5}{2}(x^3)^3(3)^2+\binom{5}{3}(x^3)^2(3)^3+\binom{5}{4}(x^3)^1$
$(3)^4+\binom{5}{5}(x^3)^0(3)^5$

이제 x^9의 계수를 찾기 위해, x^3과 3을 어떻게 조합해야 하는지 확인해야 합니다.
x^9를 만들기 위해 x^3을 3번 곱하고, 3을 0번 곱하면 됩니다. 따라서 해당 항은 $\binom{5}{3}$
$(x^3)^2(3)^3$입니다.

이항 계수를 계산해 보겠습니다:
$\binom{5}{3}=\frac{5!}{3!(5-3)!}=\frac{5!}{3!2!}=\frac{5\times4\times3!}{3!\times2\times1}=\frac{5\times4}{2}=10$
$\binom{5}{3}=\frac{3!}{(5-3)!5!}=\frac{3!}{2!5!}=3!\times2\times15\times4\times3!=25\times4=10$
x^9의 계수는 10입니다.

ChatGPT는 답을 10이라고 하지만, 정답은 90입니다.

이번에는 공식을 물어봤습니다.

피타고라스의 공식 알려줘.

피타고라스의 공식은 직각 삼각형의 변들 간의 관계를 나타내는 공식입니다. 이 공식은 다음과 같이 표현됩니다:

$c^2 = a^2 + b^2$

여기서, c는 빗변의 길이를 나타내며, a와 b는 직각을 이루는 다른 두 변의 길이를 나타냅니다.

즉, 직각 삼각형에서 빗변의 제곱은 다른 두 변의 제곱의 합과 같습니다. 이 공식은 피타고라스의 정리라고도 불리며, 피타고라스라는 고대 그리스 수학자에게서 유래되었습니다. 이 공식은 많은 수학 및 기하학적 문제를 해결하는 데 사용되며, 직각 삼각형의 각 변의 길이를 알고 있는 경우, 빗변의 길이를 구하는 데 유용하게 활용됩니다.

역삼각함수를 미분하는 공식을 알려줘.

역사인 함수 (arcsin 또는 asin): $\frac{d}{dx}(\arcsin x) = \frac{1}{\sqrt{(1-x^2)}}$

역코사인 $\frac{d}{dx}(\arccos x) = -\frac{1}{\sqrt{(1-x^2)}}$

역탄젠트 함수 $\frac{d}{dx}(\arctan x) = \frac{1}{\sqrt{(1+x^2)}}$

역코탄젠트 함수 (arccot 또는 acot): $\frac{d}{dx}(\operatorname{arccot} x) = -\frac{1}{\sqrt{(1+x^2)}}$

역하이퍼볼릭사인 함수 (arcsinh 또는 asinh): $\frac{d}{dx}(\operatorname{arcsinh} x) = \frac{1}{\sqrt{(1+x^2)}}$

역하이퍼볼릭코사인 함수 (arccosh 또는 acosh): $\frac{d}{dx}(\operatorname{arccosh} x) = \frac{1}{\sqrt{(x^2-1)}}$

역하이퍼볼릭탄젠트 함수 (arctanh 또는 atanh): $\frac{d}{dx}(\operatorname{arctanh} x) = \frac{1}{\sqrt{(1-x^2)}}$

이러한 미분 공식을 사용하여 역삼각함수를 미분할 수 있습니다.

다만, 주의해야 할 점은 각 공식을 사용할 때 변수에 대한 적절한 체인룰(Chain rule)을 적용해야 한다는 것입니다.

역탄젠트함수, 역코탄젠트함수, 역하이퍼볼릭탄젠트함수는 모두 루트가 없어야 하는데 ChatGPT는 루트를 넣어 오답을 말해줍니다. 그러면 대학수학능력수학시험 25번 문제인 확률과 통계 문제도 한번 물어볼까요?

흰색 마스크 5개, 검은색 마스크 9개가 들어있는 상자가 있다. 이 상자에서 임의로 3개의 마스크를 동시에 꺼낼 때 3개의 마스크 중에서 적어도 한 개가 흰색 마스크일 확률은?

적어도 한 개가 흰색 마스크인 경우를 구하기 위해 전체 경우의 수와 원하는 경우의 수를 계산할 수 있습니다. 전체 경우의 수는 5개의 흰색 마스크와 9개의 검은색 마스크에서 3개를 선택하는 조합의 수입니다.

이는 이항 계수를 사용하여 계산할 수 있습니다.

$$\binom{5+9}{3}=\binom{14}{3}=\frac{14!}{3!(14-3)!}=\frac{14!}{3!11!}=\frac{14\times13\times12}{3\times2\times1}=364$$

원하는 경우의 수는 적어도 한 개의 흰색 마스크가 선택되는 경우를 의미합니다. 이는 다음과 같이 계산할 수 있습니다:

- 1개의 흰색 마스크 + 2개의 검은색 마스크
- 2개의 흰색 마스크 + 1개의 검은색 마스크
- 3개의 흰색 마스크

1개의 흰색 마스크와 2개의 검은색 마스크를 선택하는 경우의 수: $\binom{5}{1}\times\binom{9}{2}=5\times\frac{9!}{2!7!}$

$=5\times36=180$

2개의 흰색 마스크와 1개의 검은색 마스크를 선택하는 경우의 수: $\binom{5}{2}\times\binom{9}{1}=10\times9$

=90

3개의 흰색 마스크를 선택하는 경우의 수: $\binom{5}{3}$=10

따라서 원하는 경우의 수는 180+90+10=280

적어도 한 개가 흰색 마스크일 확률은 원하는 경우의 수를 전체 경우의 수로 나눈 값입니다:

$$\text{확률} = \frac{\text{원하는 경우의 수}}{\text{전체 경우의 수}} = \frac{280}{364} \approx 0.7692 \text{(소수점 넷째 자리까지 반올림)}$$

따라서, 적어도 한 개가 흰색 마스크일 확률은 약 0.7692 또는 76.92%입니다.

이번에는 정답을 맞혔습니다. 그런데 간단한 문제를 너무 복잡하게 푸는 모습입니다. 여사건을 활용하여 전체 확률 1에서 3개의 마스크 모두 흰색 마스크가 아닐 확률을 빼면 간단하게 해결할 수 있지만, 이를 활용하지 않고 흰색 마스크가 1개, 2개, 3개 있을 경우를 구한 후 전체 경우의 수로 나눠 구합니다. 문제 풀이에 있어서는 엄청난 두각을 드러내지 못하는 것을 확인할 수 있습니다.

연세대학교 인공지능대학 연구팀에서도 ChatGPT에게 수능 문제를 풀어보도록 한 결과, 공통 과목 분야에서는 20문제 중 6문제를 맞혔으나, 확률과 통계, 미적분학, 기하 분야의 문제는 전부 오답을 출력하여 ChatGPT의 수학 능력은 아직 현저히 부족한 것으로 나타났습니다. ChatGPT의 연산 능력은 한 자리 숫자의 곱셈 정도는 풀지만 두 자리 숫자의 곱셈에서 오답을 낼 정도로 정확도가 떨어지는 것을 확인할 수 있었습니다.[17] 이는 현재 시점에서 ChatGPT가 어렵고 복잡한 문제는 잘 풀지 못하기 때문에 ChatGPT를 너무 맹신하면 안 된다는 결과이기도 합니다. 사실 이는 어찌 보면 당연한 결과일 수도 있습니다. ChatGPT는 언어기반 모델이기 때문에 숫자보다는 언어로

17) 인공지능신문(https://www.aitimes.kr)

답변하는 것을 훨씬 더 잘하기 때문입니다. 하지만 지금 기술 적용 속도를 생각해본다면, 이러한 부분도 빠르게 개선될 것이라 생각합니다수학에 특화된 인공지능이 곧 나오겠죠?.

5. 코드 개발

ChatGPT는 코딩에 아주 유용합니다. ChatGPT는 학습 과정에서 깃허브GitHub의 코드를 대량 학습하였다고 알려져 있습니다. 그래서 Python, Java, C++ 등 다양한 프로그래밍 언어로 코드를 설계하고 생성할 수 있습니다. 또한 디버깅, 코드 솔루션 제공, 프로그래밍 관련 질문에 대한 답변도 막힘없이 척척 합니다.

[코드 개발] 프롬프트 예시

- ☐ Tell me the card components in the react code
- ☐ Write the python code to check [question]
- ☐ Check my code and if it's wrong, fix it
- ☐ Create a calculator python code
- ☐ An error occurred in this code. What's the matter?

실제 2023년 3월에 오픈된 동국대학교 동아리박람회 사이트[18] '동국대 동아리 소개' 페이지의 카드 컴포넌트를 ChatGPT를 활용하여 개발하였습니다. 영어나 한국말을 자유롭게 입력해도 동일한 코드를 아주 빠르게 만들어주고 설명도 해줍니다.

18) 동국대학교 동아리박람회 사이트: http://2023-dgu-club-fair.site/

Tell me the card components in the react card.

React에서 카드 컴포넌트를 만드는 방법은 여러 가지가 있지만, 일반적으로 다음과 같은 구성요소를 포함합니다:

1. 카드 컨테이너: 모든 다른 컴포넌트를 포함하는 컨테이너입니다. 보통 클래스 이름과 CSS 스타일이 지정됩니다.
2. 카드 이미지: 카드와 연관된 이미지를 표시하는 선택적인 구성 요소입니다. 일반적으로 이미지의 URL을 지정하는 소스 속성이 포함됩니다.
3. 카드 제목: 카드의 제목 또는 헤딩을 표시하는 구성 요소입니다. 간단한 텍스트 요소거나, 아이콘이나 버튼과 같은 추가적인 요소를 포함하는 더 복잡한 컴포넌트일 수 있습니다.
4. 카드 바디: 카드의 주요 내용을 포함하는 구성 요소입니다. 텍스트, 이미지 또는 다른 컴포넌트를 포함할 수 있습니다.
5. 카드 푸터: 선택적인 구성 요소로, 카드 하단에 표시됩니다. 카드와 관련된 추가 정보나 작업을 포함할 수 있습니다.

다음은 React를 사용하여 간단한 카드 컴포넌트를 만드는 예시 코드입니다:

```
import React from 'react';

const Card = () => {
  return (
    <div className="card">
      <div className="card-header">
        <h3>Card Title</h3>
      </div>
      <div className="card-body">
        <p>Card content goes here.</p>
      </div>
      <div className="card-footer">
        <button>Click me</button>
      </div>
    </div>
  );
}

export default Card;
```

위의 예시에서는 함수형 컴포넌트로 Card를 정의하였습니다. 카드 컴포넌트는 div 요소로 감싸여 있으며, CSS 클래스를 활용하여 스타일을 적용할 수 있습니다.

card-header 클래스는 카드의 제목을 나타냅니다.
card-body 클래스는 카드의 본문 내용을 포함합니다.
card-footer 클래스는 카드의 바닥글이나 추가 동작을 담을 수 있습니다.
이 예시는 단순히 카드의 구조를 보여주는 것이며, 실제로는 CSS 스타일링이나 추가적인 컴포넌트를 사용하여 카드를 디자인하고 구성할 수 있습니다. 또한, props를 사용하여 컴포넌트에 동적으로 데이터를 전달하거나 이벤트 핸들러를 추가하는 등의 작업을 수행할 수도 있습니다.

이번에는 조금 더 세부적인 조건을 추가해보도록 하겠습니다. 카드에 이미지를 넣고 싶어서 아래와 같이 "위 코드에서 카드 안에 동그란 이미지 넣는 방법 알려줘."를 입력하니 이전 코드에서 동그라미 이미지를 넣은 업데이트된 코드까지 알려주고, 마지막에 데이터를 어떤 식으로 넣는지 예시 코드까지 알려줍니다.

위 코드에서 안에 동그란 이미지를 넣는 방법을 알려줘.

카드 안에 동그란 이미지를 넣으려면, 'border-radius' 속성을 사용하여 이미지의 모서리를 둥글게 만들 수 있습니다. 또한, 이미지를 'div' 요소 내부에 둘러싸는 방법으로 이미지를 카드 내부에 배치할 수 있습니다. 이를 위해 'div' 요소에 'text-center' 클래스를 추가하여 이미지를 가운데 정렬하고, 'border' 속성을 사용하여 이미지에 테두리를 추가할 수도 있습니다. 따라서, 위에서 소개한 'card' 컴포넌트 코드를 아래와 같이 수정할 수 있습니다.

```
import React from 'react';

const Card = () => {
  return (
    <div className="card">
      <div className="card-header">
        <h3>Card Title</h3>
```

```
        </div>
        <div className="card-body">
          <img className="rounded-image" src="image.jpg" alt="Card Image" />
          <p>Card content goes here.</p>
        </div>
        <div className="card-footer">
          <button>Click me</button>
        </div>
      </div>
  );
}

export default Card;
```

위 코드에서 'img'요소에 'style' 속성을 추가하여 'border-radius', 'border', 'width' 값을 설정합니다. 'border-radius' 속성을 '50%'로 설정하여 이미지를 원형으로 만들고, 'border' 속성을 '5px solid white'로 설정하여 이미지에 흰색 테두리를 추가합니다. 마지막으로 'width' 속성을 '150px'로 설정하여 이미지의 크기를 조정합니다. 'img'요소를 'div'요소로 둘러싸면, 'text-center' 클래스를 추가하여 이미지를 가운데 정렬할 수 있습니다. 이렇게 하면 아래와 같이 동그란 이미지가 포함된 카드가 만들어집니다.

```
<Card
  imageUrl="https://example.com/image.jpg"
  title="Card Title"
  description="Lorem ipsum dolor sit amet, consectetur adipiscing elit."
  linkUrl="https://example.com/"
  linkText="Learn More"
/>
```

여기에 최종적으로 아래와 같은 카드 컴포넌트Component를 개발하였습니다. Frontend 개발에 필요한 컴포넌트를 구글과 같은 검색창에 검색을 하는 것보다 더 빠른 속도로 찾을 수 있으며, 초기 조건으로 나온 컴포넌트에 요구 조건을 추가할수록 더 디테일한 컴포넌트 제작이 가능합니다. 또한 레이아웃을 맞추는 방식에 관한 아이디어를 얻을 수 있습니다.

[그림 16] 최종적으로 개발된 컴포넌트

이번에는 동국대학교 공지사항이 업데이트될 때마다 등록해둔 메일로 안내가 가는 파이썬python 코드를 한번 물어보겠습니다. 이메일 전송 모듈인 smtplib과 crawling 모듈인 BeautifulSoup를 융합하여 활용하는 방법을 단 몇 초 만에 알려줍니다. 또한 이러한 과정을 수행하는 데 필요한 프로그램도 추가적으로 알려줍니다. 구글에 검색해서 찾는 것보다 더 빠른 속도로 찾고, 관련하여 다양한 아이디어를 얻을 수 있어서 도움이 많이 됩니다.

동국대학교 공지사항이 올라올 때마다 알려주는 Python 코드를 알려줘.

동국대학교 홈페이지에서 공지사항을 크롤링하여 새로운 공지사항이 올라올 때마다 메일을 보내는 Python 코드를 작성할 수 있습니다. 이를 위해 'BeautifulSoup' 라이브러리와 smtplib 라이브러리를 사용합니다.

먼저, "requests' 모듈을 사용하여 동국대학교 홈페이지의 공지사항 페이지를 가져옵니다. 그리고 'BeautifulSoup' 모듈을 사용하여 HTML 페이지를 파싱하여 공지사항 목록을 가져옵니다. 가져온 공지사항 목록 중에서 가장 최근에 작성된 공지사항을 찾아서, 이미 이전에 알림을 보낸 공지사항인지 확인합니다. 이전에 알림을 보낸 공지사항이 아니라면, 'setplib 모듈을 사용하여 메일을 보내고, 해당 공지사항의 제목과 링크를 저장합니다.

아래는 위 과정을 수행하는 Python 코드입니다. 이 코드를 실행하기 위해서는 'BeautifulSoup`과 'smtplib' 라이브러리를 설치해야 합니다.

```
import requests
from bs4 import BeautifulSoup
import time

# 이전 공지사항 제목을 저장할 변수
previous_title = ""

while True:
    # 동국대학교 공지사항 URL
    url = "http://www.dongguk.edu/mbs/kr/jsp/board/list.jsp?boardId=3647"


    # 웹페이지 가져오기
    response = requests.get(url)
    soup = BeautifulSoup(response.text, "html.parser")

    # 최신 공지사항 제목 가져오기
    latest_title = soup.select_one(".board_list tbody tr:first-child .title_link").text.
    strip()

    # 최신 공지사항이 이전 공지사항과 다를 경우에만 알림
    if latest_title != previous_title:
        print("새로운 공지사항이 있습니다:")
        print(latest_title)
        # 여기에 알림을 보내는 로직을 추가할 수 있습니다. (이메일, 푸시 알림 등)
```

```
    # 이전 공지사항 제목 업데이트
    previous_title = latest_title

    # 1분마다 공지사항을 확인하도록 대기
    time.sleep(60)
```

위의 코드는 requests 라이브러리와 BeautifulSoup 라이브러리를 사용하여

동국대학교 공지사항 페이지를 스크래핑하고, 이전 공지사항과 비교하여 변경사항이 있을 때 알림을 출력하는 예시입니다. 코드 실행 시 주기적으로 해당 페이지를 확인하며, 공지사항이 업데이트되면 변경된 제목을 출력합니다. 알림을 보내는 로직은 주석으로 표시된 부분에 추가하여 개발하시면 됩니다.

이 예시 코드는 단순히 새로운 공지사항이 있을 때 출력하는 기능을 제공하며, 알림 방식 및 세부 기능은 사용자의 요구에 따라 구현되어야 합니다. 또한, 웹 사이트의 HTML 구조가 변경되면 코드를 수정해야 할 수 있습니다. 웹 스크래핑은 사이트의 이용 약관 및 저작권을 준수해야 하므로, 해당 사이트의 정책을 확인하고 이에 따라 사용해야 합니다.

이번에는 구구단 코드를 C언어로 알려달라고 요청하였습니다. 망설임 없이 1초 만에 바꿔서 제시해줍니다.

구구단 코드를 C언어로 알려줘.

```
def print_multiplication_table(n):
    for i in range(1, 10):
        result = n * i
        print(f" {n } x {i} = {result }")

# 사용자로부터 구구단의 단수를 입력받음
number = int(input("구구단의 단수를 입력하세요: "))
# 입력받은 단수의 구구단 출력
print_multiplication_table(number)
위 코드를 c언어로 알려줘
#include <stdio.h>
```

```
void print_multiplication_table(int n) {
    for (int i = 1; i <= 9; i++) {
        int result = n * i;
        printf("%d x %d = %d ₩n", n, i, result);
    }
}
int main() {
   int number;
   printf("구구단의 단수를 입력하세요: ");
    scanf("%d", &number);
   print_multiplication_table(number);
    return 0;
}
```

이렇듯, ChatGPT는 딥러닝을 통해 스스로 언어를 생성하고 추론하는 능력을 가진 글쓰기 및 대화에 특화된 생성형 AI 입니다. 기존 대화형 플랫폼이 사전에 학습된 데이터만 가지고 답변을 제시한 것이 전부였지만, 생성형 AI는 세상에 없는 새로운 것을 창작하고, 만들어 주는 것이 가능합니다. 단, 여기서 분명히 기억하셔야 할 것이 있습니다. 생성형 AI는 기계이며, 생성형 AI가 제시하는 결과물은 이해를 바탕으로 나온 결과물이 아니라는 점입니다. 즉, 오염되거나 잘못된 정보가 있어도 그것을 활용하여 잘 정리하여 보여주기만 하기 때문에, 확신에 가까운 정보를 받았더라도 정보의 정확성에 대한 올바른 지식 판단 절차는 반드시 이루어져야 할 것입니다.

생성형 AI가 잘하는 영역과 못하는 영역을 잘 살펴보고, 자신이 생성형 AI 보다 뛰어난 부분이 어느 영역인지를 잘 성찰해보시길 바랍니다.

생성형 AI를 활용한 미래교육

CHAPTER 04 생성형 AI의 교육적 시사점 및 이슈

생성형 AI는 기술과 인력, 돈이 급하게 움직이는 메가트렌드Megatrends임은 틀림없습니다. 또한 이러한 기술을 활용하여 다양한 응용물에 적용하거나, 새로운 생성형 AI를 만드는 등 적극적으로 영역을 확장하고 있습니다. 생성형 AI는 간단한 문서 초안 작성, 그림 그리기, 음악 제작하기뿐만 아니라, 학습된 정보를 정리해서 알려주기도 합니다. 전문적인 지식도 방대해서 금융, 의료, 마케팅, 저널리즘, 법률 등의 다양한 영역으로 확장하여 사용되고 있습니다. 그중 가장 활발하게 활용되며 그 변화를 직접적으로 느낄 수 있는 영역은 교육 현장이 아닐까 싶습니다. 현재 상용화된 생성형 AI를 기반으로 교육적 시사점과 관련된 이슈가 무엇인지 알아보겠습니다.

1. 개인 특성에 맞춘 맞춤형 교육 대량 실현

학습자 중심 수업 혹은 학습자 맞춤형 수업은 오래전부터 교육 현장에서 실현하고자 했던 꽤 오래된 교수적 접근입니다. 다양한 연구자들은 이를 개별화 학습personalized learning, 개인화 학습individualized learning, 적응형 학습adaptive learning 등의 용어로 사용하기도 합니다. 맞춤형 학습에서 인공지능이 가장 빠르게 도입된 부분은 적응형 학습 시스템 활용입니다. 적응형 학습 시스템은 사전에 형성된 규칙을 따라하는 단순한 인공지능 시스템부터 자기 학습 알고리즘Algorithm을 가진 복잡한 시스템 등 매우 다양하지만, 핵심적인 부분은 자동화된 진단, 분석, 추천을 통해 학습자 수준별 맞춤형 수업이 가능하다는 것입니다. 해외의 대표적인 적응형 학습 시스템인 맥그로힐McGraw Hill의 알렉스ALEKS, 와일리Wiley의 와일리 플러스 자이북WileyPlus/ZyBooks 등은 주로 수학, 통계학, 컴퓨터 언어 등과 같은 기초 학문분야에 집중되어 개발되어 있기 때문에 다른 교과 및 비교과에서 적극적인 활용이 어렵습니다. 하지만 ChatGPT와 같은 생성형 AI는 폭넓은 학습량을 가지고 있기 때문에 특정 교과목에 한정되는 것이 아니라, 다양한 학문에서 맞춤형 피드백, 개인화된 학습 경험을 제공하고, 추가 도움이 필요한 영역에 대한 대상 지원 등 개인 특성에 맞춘 교육이 가능합니다. ChatGPT는 추가로 설명을 요구하면 친절하게 해주고, 더 쉬운 방법으로 다시 답변을 해달라고 하면 10번이고 100번이고 해줍니다. 또한 ChatGPT는 질문과 답변을 통해 스스로 학습하기 때문에, 지속적으로 활용할수록 원하는 답변을 얻을 수 있습니다. 예를 들어, 수학 문제를 풀 때 풀이 과정을 보여 달라고 하면 보여주고, 영어 문법을 고쳐달라면 설명과 함께 어느 부분이 틀렸고, 왜 틀렸는지를 자세하게 설명해줍니다. 또한 ChatGPT는 연중무휴 24시간 이용 가능하여 정규 수업 시간 외 지원도 가능합니다. 이는 학생당 1명의 맞춤형 조교를 갖는 것과 같은 효과를 볼 수 있을 것입니다.

2. 생산성 및 업무 효율성 증가

기술이 발달하고, 그 기술을 활용한 다양한 응용물들은 그 무엇보다도 생산성에 도움을 줄 수 있습니다. 예를 들어 로봇 청소기, 스마트 키 등은 인간의 편리를 위해 대신 일을 처리해주고, 이러한 과정에서 당연히 인간의 시간을 절약해주고, 우리는 그 시간에 다른 업무처리를 할 수 있습니다. 교육 현장에서 인공지능을 빠르게 도입한 부분은 챗봇인데, 국내외 많은 대학에서 이미 인공지능 챗봇을 활용하여 학습자들이 정보를 찾고 다양한 작업에 대한 도움을 빠르고 편리하게 받을 수 있도록 지원하고 있으며, 시간과 리소스를 확보하는 동시에 전반적인 학생 경험을 확인하고 개선할 수 있습니다〈표 6〉. 또한 입학, 재정 지원 및 캠퍼스 생활의 기타 측면에 대한 일반적인 질문에 답변을 제공하고, 챗봇을 사용하여 학생들이 캠퍼스 행사, 학업 프로그램 및 기타 학생 생활에 대한 정보를 찾을 수 있도록 지원할 수 있습니다. ChatGPT와 같은 생성형 AI를 활용하여, 과제 채점 및 일상적인 질문에 대한 답변과 같이 반복적이고 시간 소모적인 교육 측면을 자동화함으로써 우리는 더 복잡하고 높은 수준의 교육 측면에 집중할 수 있는 시간을 확보할 수 있습니다. 즉, ChatGPT와 같은 생성형 AI는 인간이 수동적으로 해야 하는 업무들을 대신 처리해줄 수 있기 때문에 인간의 업무의 효율성과 생산성 측면에서 크게 도움을 줄 수 있습니다.

〈표 6〉 국내외 인공지능 기반 챗봇 사례

구분	대학명	챗봇명
해외	Georgia State University	Pounce
	Arizona State University	Sunny
	University of California, Berkeley	The Berkeley Chatbot
	Deakin University	Genie
	Stanford University	Alpaca
	Saint Louis University	Alexa
국내	서울대학교	스누봇
	연세대학교	톡수리
	성균관대학교	킹고봇

3. 창작과 공유

ChatGPT 덕분에 덩달아 화제에 오른 것은 바로 이미지 생성형 AI입니다. ChatGPT는 텍스트 기반의 언어기반 서비스이지만, 텍스트를 이미지로 변환해주고 프롬프트 창에 입력된 문구를 그림으로 바꾸어주는 서비스가 ChatGPT의 열풍을 이어받고 있습니다. 생성형 AI가 더 많은 학습을 거칠수록 파라미터학습매개변수가 많아지면서 프롬프트에 대한 결과물이 정교화 되었고, 인간의 영역으로 보던 예술, 창작 분야에서도 도움을 받을 수 있게 되었습니다그것도 꽤 예술적인 이미지의 느낌이 듭니다. 대표적인 이미지 생성형 AI로는 오픈AI의 달리 2DALL·E 2, 영국 스타트업 스테이빌리티 AIStability AI의 스테이블 디퓨전Stable Diffusion, 인공지능 연구소 미드저니Midjourney의 미드저니Midjourney 등이 있습니다.

오픈AI가 만든 DALL·E는 2021년 1월에 출시된 프로그램의 초기 버전이었습니다. 텍스트 인풋을 기반으로 다양한 이미지를 생성할 수 있는 기능이 있었지만 이미지 품질과 해상도 측면에서 일부 제한이 있었습니다. 하지만 2021년 7월에 출시된 DALL·E 2는 기존보다 더 높은 품질과 해상도의 이미지를 생성할 수 있으며 복잡하고 모호한 설명을 처리하는 등의 능력이 향상되었고, 이미지 편집, 스타일 전송 및 개체 조작과 같은 새로운 기능도 포함되어 있습니다. 현재까지도 오픈AI의 DALL·E 2는 이 분야의 가장 대표적인 사례로 꼽히고 있습니다.

한편 오픈AI보다는 규모는 작지만 영국 런던에 기반을 둔 이미지 생성형 AI 스타트업인 스테이빌리티 AI 역시 이미지 생성형 AI의 대표주자입니다. 오픈AI의 DALL·E와의 차별성은 외부 개발 커뮤니티에 대한 개방성입니다. 이들은 핵심 코드를 깃허브GitHub에 오픈 소스로 공개하면서 개발자들이 쉽게 코드를 복제하고 수정할 수 있도록 하여 '민주적 AI'를 실현하고 있는 회사입니다. 이 회사에서 출시한 스테이빌리티 AIStability AI는 출시 이후 전 세계적으로 20만 명 이상의 개발자가 이 제품을 다운로드했고, 하루 사용자는 1,000만 명이 넘을 정도로 열풍이 대단합니다.

[그림 17] 스테이빌리티 AI

출처: Stability 홈페이지

미드저니Midjourney 인공지능 연구소가 개발한 미드저니Midjourney는 2022년 9월 3일 콜로라도 주립 박람회Colorado State Fair 미술전에서 인공지능AI이 그린 그림인 '스페이스 오페라 극장'Theatre D'opera Spatial이 디지털 아트 부분에서 최우수상을 수상하면서 화제가 되었습니다[그림 18]. 다만, 한 번도 인간의 손길이 닿지 않은 작품이 우승을 차지하는 것이 정당한지, 인공지능이 그린 그림을 예술 작품으로 볼 수 있는지에 대해서는 원하는 정보를 얻기 위해 특정 키워드를 프롬프트에 넣는 것도 인간의 창의성 중 하나이기 때문에 인정해주어야 한다는 팽팽한 대립이 있습니다. 이에 우승 사진을 출품한 제이슨 M. 앨런Jason M. Allen은 자신은 작품을 출품할 때 '미드저니를 거친 제이슨 M. 앨런'이라고 명시했고, 출품한 사진을 얻기 위해 80시간이 넘는 노동 시간이 소요되었다고 항변하였습니다. 하지만 현재 미국은 생성형 AI가 그린 그림에 대한 저작권 인정을 하고 있지 않습니다.

단순히 프롬프트에 입력을 하고 내가 원하는 지식과 자료를 텍스트 기반으로 얻어내는 기술에서 더 나아가 우리가 인간만의 영역이라고 생각했던 예술과 창작 분야에서도 인공지능 기술이 사용되고 있다고 하니 엄청난 발전이 아닐 수 없습니다.

음악도 마찬가지입니다. 구글은 텍스트를 입력하면 음악을 생성하는 뮤직엘엠MusicLM 서비스를 개발하였고, 저작권 문제를 이유로 아직 출시 계획은 세우지 않았다고 합니다. 사실 구글의 뮤직엘엠 전에 리퓨전Riffusion을 비롯해 구글의 오디오LMAudioLM, 오픈AI의 쥬크박스Jukebox, 메타의 오디오젠AudioGen 등 이미 다양한 모델이 나와 있었지만, 이들 모델은 모두 제한된 학습 데이터로 인해 설득력을 지니지 못했습니다. 또한 기술적 한계로 구성이 복잡하거나 충실도가 높은 곡을

[그림 18] AI가 제작한 '스페이스 오페라 극장' 우승 사진

출처: New York Times

제작하는 데 어려움이 있었습니다. 하지만 뮤직엘엠은 텍스트만으로 쉽게 제작이 가능합니다. 예를 들어 '중저음 베이스와 색소폰 솔로와 여성 솔로 가수가 있는 귀여운 느낌의 재즈곡을 만들어 줘.'라고 하면 뚝딱 바로 만들어줍니다. 보컬이나 코러스가 들어간 음악도 가능하고, 시퀀스에 따라 음악을 다양한 음색으로 생성하는 것도 가능합니다. 즉, 인간의 영역이라고 보던 창작과 예술 분야도 생성형 AI가 적극 활용되고 있습니다. 구글 연구원들은 뮤직엘엠이 생성한 음악의 약 1%가 훈련에 쓴 곡에서 직접 복제된 것을 발견했고, 연구원들은 "음악 생성과 관련된 위험을 해결하기 위해 더 많은 작업이 필요하다."고 했습니다. 하지만 이러한 긍정적인 변화의 반대편에는 부정적인 변화 또한 존재합니다.

4. 과도한 의존성

교육현장에서 생성형AI 사용과 관련하여 제기되고 있는 가장 큰 이슈는 학습자가 지나치게 기술 자체에 의존하는 경향을 보인다는 부분입니다. 이러한 의존 경향은 학습자가 자신의 사고력과 문제 해결 능력을 충분히 발휘하지 못하고, 대신 인공지능 모델에게 의존하여 자신의 능동적인 학습 태도를 상실할 우려가 있으며, 이러한 과정이 반복될수록 스스로 논리적 사고를 발전시키는 기회를 상실할 수 있습니다. 논리적 사고와 문제 해결 능력은 학습자가 현실 세계에서 다양한 상황에 대처하고 새롭고 창의적인 아이디어를 발전시키는 데 필수적인 요소이지만, 생성형 AI에 지나치게 의존함으로써 이러한 기술적인 지원을 받는 동안에도 심층적인 문제 해결과 창의적인 사고를 개발하는 능력이 저하될 수 있습니다. 또한, 다양한 과제나 문제를 해결하는 과정에서 학습자 스스로 고민하고, 논리적인 방법으로 주어진 문제를 해결하는 학습과정은 매우 중요한 절차입니다. 하지만 생성형AI에게 과도하게 의존할 경우, 사고력, 문제해결력, 논리력 등과 같은 핵심적인 능력을 발전시키는 기회를 상실할 우려가 있습니다. 실제로 1,100명 이상의 기술 업계 저명인사, 리더, 과학자가 공개한 공개서한에는 AI기술이 인류에 심각한 위협이 될 수 있다면 ChatGPT를 능가하는 AI 기술 개발 속도를 낮출 필요가 있다고 지적하기도 했습니다.

따라서 교육 현장에서는 생성형 AI의 사용을 균형 있게 조절하고, 해당 분야나 주제에 대한 체계적인 학습이 가능하도록 다양한 학습 방법과 경험을 제공해주는 것이 중요할 것입니다.

5. 문해력 저하

생성형AI의 널리 알려진 장점 중 하나는 자연어 처리 능력을 바탕으로 하는 텍스트 생성입니다. 하지만 이러한 장점이 오히려 학습자의 문해력을 저해할 수 있습니다. 이러한 저해의 주된 이유는 생성형 AI가 텍스트를 요약하거나 자동으로 작성하는 능력을 제공함으로써, 학습자들이 직접 텍스트를 읽고 해석하는 과정을 생략하게 될 수 있으며, 학습자가 AI가 생성한 텍스트에만 의존하는 경우, 자신의 개념적 지식이나, 문해력을 발전시키는 데 필요한 노력과 시간을 투자하지 않게 된다는 점입니다. 생성형 AI 시대에도 지식과 문해력은 여전히 매우 중요한 부분이며, 지식과 문해력은 분리되어서는 안 되고, 서로 공존 되어야 합니다. 즉, 고차원적인 사고능력을 발휘하기 위해서는 해당분야에 대한 사실적인 지식과 핵심적인 개념에 대한 지식을 충분히 가지고 있어야 하며, 이러한 과정에서 주어진 정보를 체크하고, 분석하고, 다른 내용에 근거하여 올바르게 평가하기 위해서는 문해력은 필수적입니다. 따라서 교육현장에서는 생성형 AI와 같은 기술 활용과 무관하게 기초지식에 대한 암기가 필요하여, 학습자의 지식을 평가하는데 시험을 치르는 것은 여전히 중요합니다. 학습자들은 시험을 통해 습득한 지식을 평가받고, 이를 다른 비슷한 상황에 적용하거나, 실수한 부분을 바탕으로 다음 학습을 개선할 수 있습니다. 또한 생성형 AI로 인한 학습자의 지식과 문해력이 저하되지 않도록, 전통적인 교육방법과 생성형AI를 효과적으로 융합하여 고차원적인 사고능력을 키울 수 있도록 해야 합니다.

생성형 AI의 등장으로 미래교육에 대한 긍정적인 전망과 인간의 능력을 뛰어넘는 기계에 대한 우려가 공존하고 있습니다. 따라서 교육현장에서는 생성형 AI를 적용할 때에는, 언제, 어떻게, 어떠한 비중으로 적용할 것인가 등과 같은 부분들이 매우 체계적으로 고려되어야 할 것입니다Chapter.5 참조.

생성형 AI를
활용한 미래교육

CHAPTER 05 생성형 AI 활용 수업을 위한 가이드라인

ChatGPT와 같은 생성형 AI를 교육 현장에서 효과적으로 사용하기 위해서는 반드시 다양한 각도에서 체계적으로 접근해야 합니다. 특히 교수자는 ChatGPT와 같은 생성형 AI의 개념과 득실을 제대로 파악해야 하고, 이러한 과정에서 대학 본부와 교육부의 권고 사항을 기반으로 허용 정도와 범위를 명확하게 설정해야 합니다. 본 장은 저자가 실제 생성형 AI를 활용하는 수업을 운영하면서 고민한 수업 설계 전-중-후 가이드라인입니다. 본 가이드라인이 앞으로 ChatGPT와 같은 생성형 AI 활용 도입 여부를 판단할 때, 교수자에게 구체적이고 현실적인 가이드라인이 될 수 있기를 바랍니다.

〈수업 전〉

1. 생성형 AI의 의미 및 특징(장 · 단점) 파악하기

생성형 AI를 교육 현장에서 활용하고자 하는 교수자는 ChatGPT와 같은 대화형 언어 모델이 무엇인지, 생성형 AI의 장 · 단점을 정확하게 인지하고 있어야 합니다. 예를 들어, '요즘 ChatGPT가 대세라니 내 수업에서도 적용해 볼까?' 혹은 '학생들이 생성형 AI를 수업에서 어떤 방법으로든 몰래 사용할 테니, 사용하라고 할까?'와 같은 접근은 올바르지 않습니다. 수업에서 의도된 학습 목표를 달성하기 위한 수단으로 ChatGPT와 같은 대화형 언어모델의 도입이 학습자에게 도움이 되는지, 학습자의 상상력을 저해하지는 않는지 등과 같은 적합성을 판단해야 합니다. 아무리 교육 경력이 많은 교수자여도 실제 직접 사용해본 뒤, 적용 여부를 판단하시길 바랍니다. 생성형 AI가 무엇인지, 관련 특징, 실제 적용 사례 등 관련 지식에 대한 교수자의 전문성 Professionalism을 충분히 갖추고, ChatGPT와 비슷한 맥락에 있는 다른 대화형 언어모델예: 마이크로소프트 빙, 구글 바드, 메타 라마, 스탠포드 알파카 등은 무엇이 있는지 등에 대한 전문성을 확보해야 합니다. 즉, ChatGPT와 같은 생성형 AI를 활용하는 수업에서 가장 먼저 이루어져야 하는 절차는 교수자가 먼저 다양한 생성형 AI의 종류와 특징을 인지하고, 이러한 기술이 주는 장점과 단점을 이해한 후에 도입 여부를 판단해야 합니다. 생성형 AI를 교육에서 활용할 때 가장 큰 장점은 다음과 같습니다.

〈생성형 AI 활용이 교육에 미치는 긍정적인 측면〉

- 수업계획이나 문서 초안 작성 및 브레인스토밍
- 연습 문제 혹은 퀴즈 문제 설계에 대한 도움수준별로 제작 가능
- 글 작성, 문법이나 구조 피드백 제공
- 쓰기와 코딩과 같은 기술 역량 강화 활동에서 활용
- 코드 디버깅, 글쓰기 수정, 설명 요청 등
- 선호도 및 수준에 따른 맞춤형 자료 제공
- 언어 간소화, 독서 수준에 맞는 내용 및 난이도 조정, 관심사 기반에 따른 맞춤형 활동 생성

〈생성형 AI 활용이 교육에 미치는 부정적인 측면〉

- 상상력, 비판적인 능력, 창의력, 문제해결 능력의 저하
- 부정확하거나 편향성이 강한 콘텐츠 및 정보 생산
- 표절이나 부정행위와 같은 학문적 진실성 위반

- 인간감정 및 윤리적 판단의 부재
- 사회적 상호작용 및 협업 능력 저하

이러한 장·단점을 기반으로 생성형 AI를 활용하는 것이 학생들에게 이익이 될 것이라 생각되면, 명확한 계획을 세우는 것이 중요합니다. 강의 특성에 따라 생성형 AI의 사용 및 허용 정도, 과제 선정 및 재개발, 평가 방법 검토 등 다양한 교수·학습법을 생각해 보아야 합니다. 이 부분은 뒤에서 자세히 설명하도록 하겠습니다.

2. 강의계획서에 정확하게 명시하기

강의계획서syllabus란, 그리스어로 Syllibos에서 유래되었으며 17세기 옥스퍼드 영어사전에서는 '내용의 목차Table of Contents'로 정의하였습니다. 19세기에는 강의계획서를 '교과목의 간략한 개요'라는 의미로 사용하였으며, 20세기 이후에는 연구자에 따라 상이하게 사용되고 있지만, 일반적으로는 '강의에서 필요한 교수·학습 활동의 실행내용을 계획하는 것'입니다. 아직까지 대학기관 차원에서 강의계획서 표준화 양식을 새로 개발한 대학기관은 없으나, 해외의 일부 대학에서는 빠르게 강의계획서에 생성형 AI의 활용 범위, 학문적 도덕성 및 표절 규정을 정확하게 명시하도록 권유하고 있습니다[그림 19-22].

[그림 19] Guidance on AI/ChatGPT @ The McGraw Center for Teaching & Learning, Princeton University

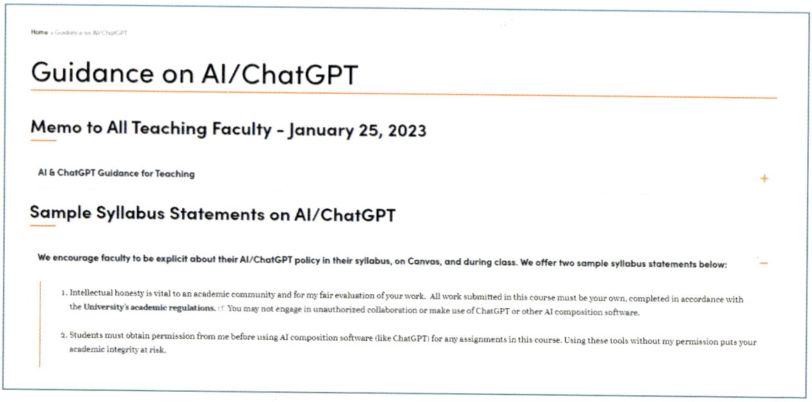
Home » Guidance on AI/ChatGPT

Guidance on AI/ChatGPT

Memo to All Teaching Faculty - January 25, 2023

AI & ChatGPT Guidance for Teaching

Sample Syllabus Statements on AI/ChatGPT

We encourage faculty to be explicit about their AI/ChatGPT policy in their syllabus, on Canvas, and during class. We offer two sample syllabus statements below:

1. Intellectual honesty is vital to an academic community and for my fair evaluation of your work. All work submitted in this course must be your own, completed in accordance with the University's academic regulations. You may not engage in unauthorized collaboration or make use of ChatGPT or other AI composition software.
2. Students must obtain permission from me before using AI composition software (like ChatGPT) for any assignments in this course. Using these tools without my permission puts your academic integrity at risk.

[그림 20] ChatGPT Syllabus Statements @ University of Minnesota

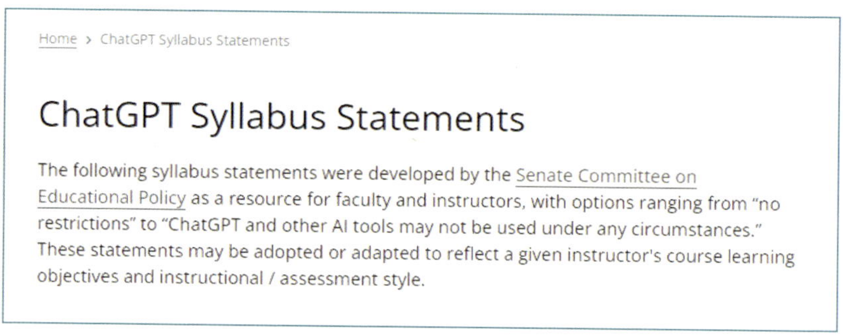
Home > ChatGPT Syllabus Statements

ChatGPT Syllabus Statements

The following syllabus statements were developed by the Senate Committee on Educational Policy as a resource for faculty and instructors, with options ranging from "no restrictions" to "ChatGPT and other AI tools may not be used under any circumstances." These statements may be adopted or adapted to reflect a given instructor's course learning objectives and instructional / assessment style.

수업에서 생성형 AI 활용은 학습목표와 학습내용을 고려하여 적절하게 결정되어야 합니다. 학습 내용이 단순 지식 습득인지, 위계가 있는 지식의 습득인지, 기능의 습득인지, 혹은 실제적이고 맥락적인 상황에서의 경험인지에 따라서 생성형 AI 적용 여부와 방법은 상이할 수 있습니다. 혹은 생성형 AI와 같은 기술을 활용하지 않는 것이 가장 적절한 교육방법일 수도 있습니다.

생성형 AI는 교육목표와 가치 달성을 돕는 유용한 도구일 뿐, 교육의 근간을 이루는 인간의 지식, 경험, 그리고 사회적 상호작용의 역할 자체를 대신 해줄 수는 없습니다. 따라서 해당 분야나 주제에 대해 정확한 지식 습득이 필요한 경우나, 학습 목표 자체가 시험의 합격/불합격을 결정하는 수업은 생성형 AI의 활용을 제한할 필요가 있습니다. 이러한 경우에는 생성형 AI가 제공하는 자동화된 답변이나 정보가 학생들의 학습 과정을 왜곡할 수 있으며, 학생들이 자신의 지식과 이해력을 개발하는데 방해가 될 수 있기 때문에, 교수자가 주도적으로 학습을 지도하고 촉진하는데 집중하는 것이 바람직할 것입니다〈표 7〉.

〈표 7〉 강의계획서 문구 예시

옵션	특징	강의계획서 문구 예시
생성형 AI 활용 권장 수업	수업에서 제약 없이 생성형 AI 활용 가능. 단, 정확하게 생성형 AI를 활용한 부분을 과제에 명시할 필요가 있음	본 수업에서는 ChatGPT와 같은 생성형 AI를 활용할 수 있습니다. 단, 교수자가 제시한 생성형 AI만 활용이 가능하며, 이 외에 다른 생성형 AI의 활용을 원할 시, 교수자에게 사전에 허가받아야 합니다. 그렇지 않은 경우, ○○대학교 교육 윤리 헌장을 위반하는 것으로 간주합니다. 또한 복사하여 붙여넣기/ 복사한 후 편집하기/ 표현을 바꿔서 다시 쓰기 등과 같은 단순 업무는 표절로 간주하며, 이를 위반하여 발생하는 모든 문제에 대해서는 학생 책임으로 간주합니다.

옵션	특징	강의계획서 문구 예시
생성형 AI 미활용 수업	수업 전 과정에서 어떠한 생성형 AI의 활용은 모두 금지함. 이를 어길 시에는 부정행위로 간주함	본 수업에서는 ChatGPT와 같은 생성형 AI를 사용할 수 없습니다. 모든 과제 제출 시에는 하단에 "본 과제물은 생성형 AI를 일체 사용하지 않았음." 이라는 문구를 넣어야 합니다. 그렇지 않은 경우, ○○대학교 교육 윤리 헌장을 위반하는 것으로 간주하며, 이를 위반하여 발생하는 모든 문제에 대해서는 학생 책임으로 간주합니다.

[그림 21] 생성형 AI 활용 수업 강의계획서 예시
(디지털기술과 미래역량, 한송이 교수, 동국대학교)

[그림 22] 생성형 AI 활용 수업 강의계획서 예시
(디지털기술과 미래역량, 한송이 교수, 동국대학교)

V. 주의사항

※ 본 교과목의 모든 강의자료 및 과제/발표 제출은 SLACK으로 업로드합니다.
SLACK을 주 LMS로 활용하며, e-class를 통해 출석체크를 진행합니다.

이외에 잼보드(Jamboard), 멘티미터(Mentimeter), 패들렛(Padlet),
카훗(Kahoot), 소크라티브(Socrative) 등의 교육도구가 활용될 예정입니다.

※ 본 교과목은 학습자 중심 수업으로, 학생들의 적극적인 참여가 필요한 수업입니다.

※ 리워드 점수는 매주 제공되며, 수업 이후 SLACK에 업로드 됩니다.
본 수업에 활용되는 리워드 표를 참고하여, 수업에 적극 참여하세요

※ 등록/팀원평가 점수(15점)가 있으니, 팀 활동에 적극 참여하세요.

※ 생성형AI 활동 주의 사항

① 생성형 AI를 활용하여 법적으로 금지되거나 불법적인 활동 및 행동을 수행해서는 안 됨

② 생성형 AI가 도출한 결과물을 명목적으로 신뢰하지 않고, 결과물의 사실관계를 재확인할 것

③ 생성될 AI의 사용여부를 표기하지 않거나, 답변을 본인이 작성한 것처럼 표기한 경우는
모두 부정행위로 간주함

④ 콘텐츠 표기법 및 출처를 정확하게 준수할 것

〈예〉

1. <u>텍스트 생성형 AI 출처 표기 예시</u>
ChatGPT3.5 (2023. 09. 01). "프롬프트 내용"
해당부분은 OpenAI를 이용하여 생성 및 작성함

2. <u>이미지 생성형 AI 출처 표기 예시</u>
Dall-E2 (2023. 09. 01). "프롬프트 내용"
Midjourney를 이용하여 생성 또는 작성함

⑤ 본 수업에서는 ChatGPT와 같은 생성형AI를 활용할 수 있습니다. 결과물에 대한 복사하여 붙여넣기, 복사한 후 편집하기, 표현 및 단어 바꾸어 쓰기 같은 단순 업무는 표절로 간주하며, 이를 위반하여 발생하는 모든 문제에 대해서는 학생 책임으로 간주합니다.

⑥ 본 수업에서 활용할 수 있는 생성형 AI의 목록은 다음과 같으며, 이 외에 다른 프로그램을 사용할 경우에는 사전에 교수자의 허락을 받으시길 바랍니다.

3. 강의계획서 개발 · 재개발하기

강의계획서를 재개발할 때는 생성형 AI의 도움을 적극적으로 받는 것을 추천합니다. 교과목의 특징을 알려주고 효과적인 교수법 등에 대한 조언을 얻을 수 있고, 학습 목표, 학습 내용, 평가 방법에 관해 물어보고 아이디어를 얻을 수 있습니다. 하지만 최종적으로 내용 전문가인 교수자가 검토하고, 의견을 수정 및 추가하거나 삭제하는 과정을 반드시 거치시길 바랍니다. 특히 최신 데이터는 교수자가 추가해야 함을 인지하시길 바랍니다.

예시 1

"교육공학 강의계획서를 만들어 주세요." (X)

"대학교 3~4학년 대상으로 대학에서 교육공학 강의를 할 예정입니다. 다음의 정보를 활용하여 강의계획서를 만들고, 효과적인 교수 방법을 제시해주세요." (O)

- 교과목명: 교육공학 기초
- 수업구조: 강의 10%, 상호작용 30%, 토론 · 토의 30%, 발표 30%
- 수업방식: 대면
- 수업시간: 3학점

예시 2

"학교현장실습 수업의 교육방법을 개선해줘." (X)
"대학교 1~2학년 대상을 위한 학교현장실습 강의의 교수방법을 개선하고자 합니다. 아래의 정보를 고려하여 수업방법을 재구성하고, 학생들의 학습동기여부 및 흥미를 높일 수 있는 방안을 제시해주세요." (O)

- 교과목명: 학교현장실습
- 수업구조: 교육실습 50%, 강의 10%, 발표 20%, 프로젝트 20%
- 수업방식: 온라인 강의 및 대면실습
- 수업시간: 2학점

4. 생성형 AI 활용 수업에 추천하는 교수법

1) 플립러닝Flipped Learning 고려하기

생성형 AI를 활용한 수업에서 효과적으로 사용할 수 있는 교수·학습 방법은 바로 플립러닝입니다. 플립러닝이란 전통적인 강의식 수업과 달리 수업 전에 교수자가 제공하는 수업 영상을 미리 시청한 후, 수업 시간에는 고차원적인 지식, 정보를 학습하기 위해 학습자들과 상호작용하며 심화된 학습 활동을 제공하는 것을 말합니다. 이를 통해 학습자로 하여금 질문을 유도하여 비판적 사고력을 증진시키며, 능동적 학습자로서 학습자 중심 수업을 제공하는 교수·학습 방법입니다. ChatGPT와 같은 언어모델이 발전될수록 실제 경험Hands on experience 하는 부분이 매우 중요해질 것입니다. 수동적으로 강의를 듣고, 주어진 문제를 풀고, 시험을 보게 하는 등의 수업은 도태될 것이고, 학생들

또한 그런 수업은 이제 더 이상 듣지 않을 것입니다. 교수님보다 ChatGPT가 더 친절하게 설명을 잘 해주니까요. 똑같은 내용을 계속 물어봐도 친절하게 답해주고, 더 쉬운 설명을 요구하면 몇 번이고 반복하여 알려줍니다.

때문에 학습자가 스스로 사전에 공부를 하고, 생성형 AI를 활용한 과제를 해오도록 하고, 실제 수업에서는 프로젝트 기반 등과 같은 협업을 중시하는 수업, TBLTeam Based Learning, 하브루타Havruta와 같은 토론·토의 기반 수업을 통해 실제 경험학습을 할 수 있도록 구성해야 합니다. 이를 통해 기계와 인간이 어떻게 협업할 수 있는지, 인공지능 시대를 함께 살아가야 하는 동료와 친구의 중요성 등과 같은 역량을 학습자가 키울 수 있을 것입니다.

기존 플립러닝 수업은 영상으로 사전 학습하는 형식이라면, 이제는 교수자가 사전에 고차원적인 질문을 하고, 학습자는 생성형 AI를 활용하여 사전학습을 한 후, 본 수업에서는 실제 경험을 하도록 해야 합니다. 그리고 학습준비 여부 혹은 학습성취정도는 수업 중에 교수자의 감독 아래 확인이 가능하도록 설계하시길 바랍니다. 즉, 수업에서 수동적인 학습자가 능동적인 학습자가 될 수 있도록 수업 중의 활동을 체계적으로 설계하시길 바랍니다.

수업 전: 생성형 AI를 활용하여 '예비교사와 에듀테크' 관련 논문2022년 이후 5편을 비교, 대조하는 에세이 작성하기

수업 중: 플립러닝 영상과 관련하여 그룹 활동하기

- 활동주제: 교수님이 SLACK교육도구에 제시한 "생각해볼 문제"
- 활동방법: 각자 2개 이상의 아이디어를 발언하기
- 결과제시: 손Hand Writing으로 작성하기

[그림 23] 이젤 패드를 활용한 브레인스토밍

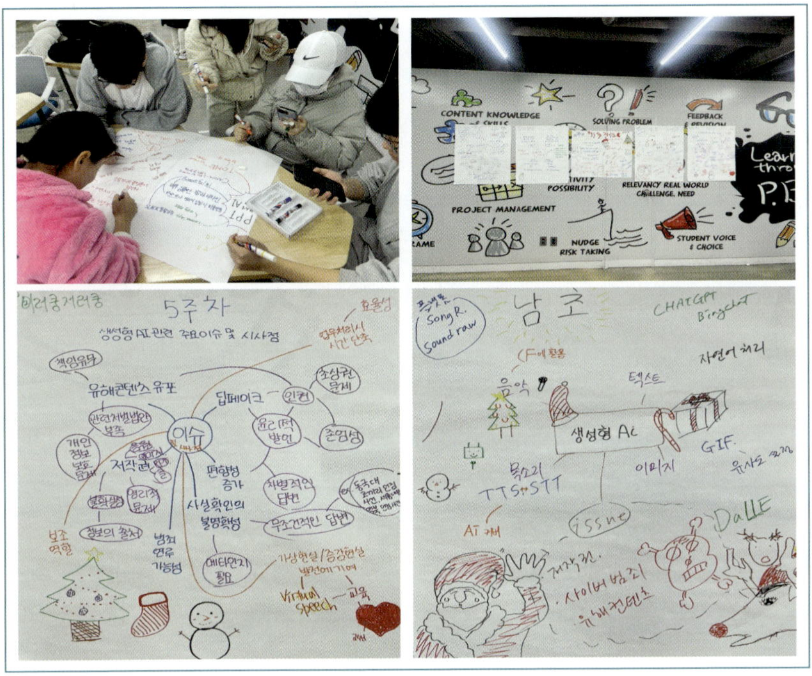

2) 메이커 수업Maker 고려하기

메이커 교육은 수동적으로 읽고 듣기만 하던 기존의 교육 방식을 벗어나 직접 아이디어를 생각해내고 직접 손으로 만지고 조작하고 경험하며, 만들기를 통해 지식을 습득하는 학습을 목표로 합니다. 미국의 샌프란시스코 DIY 잡지 메이크MAKE의 창시자인 데일 도허티Dale Dougherty에 의해 무언가를 끊임없이 만들고 다른 사람들과 공유하는 ≪메이커 운동≫이 일어나게 되었으며, 현재 메이커 운동은 전 세계적으로 퍼져 나가 미래사회를 대비한 하나의 문화로 자리 잡았습니다. 생성형 AI가 교육에서 차지하는 비중이 높아질수록 대면수업에서는 학생들이 상상력과 창의력을 발휘할 수 있는 인간 고유의 능력을 키워주어야 합니다. 엄청난 기술이나 준비물을 활용하여 만드는 것에 초점을 두는 것이 아니라, 과정에서의 실제 경험과 과정 자체가 메이커 교육의 핵심이라고 할 수 있습니다.

> 수업 전: ChatGPT와 3D 프린터를 활용하여 학교 관련 굿즈를 어떻게 만들 수 있는지 확인하고, 수업에서 만들 굿즈 아이디어 및 코딩방법 생각해보기
>
> 수업 중: 3D프린터를 직접 경험하고, 자신이 원하는 결과물 얻기

[그림 24] 레이저 커팅기를 활용한 메이커 교육 (좌)
3D 프린터를 활용한 메이커 교육 (우)

[그림 25] 직접 손으로 제작한 과제물

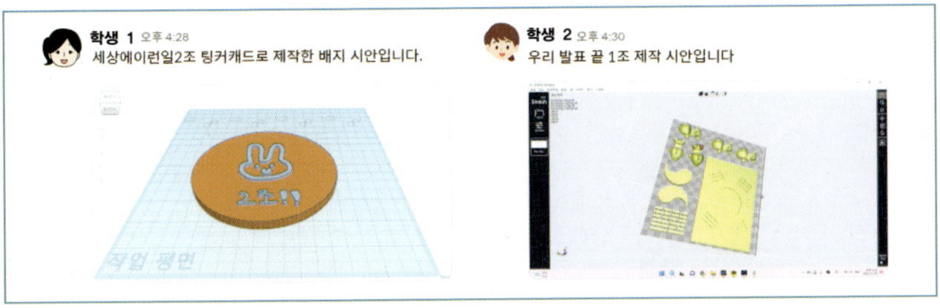

3) 하브루타 수업 고려하기

"모든 것은 질문으로부터 시작한다." 하브루타Havruta란, '짝', '파트너'를 의미하는 아람어입니다. 그리고 여기서 짝은 나이, 학년, 성별, 전공에 상관없이 두 명이 짝을 지어 서로 질문하고, 대화하고, 토론하는 교육 방법입니다. 일반적으로 하브루타는 텍스트를 통해 답을 찾고, 답을 찾지 못한 경우는 상대방과 상호작용하며 문제를 해결해 나가는 과정입니다. 자칫하면 하브루타를 대화 기반 상호작용이라고 생각할 수 있지만, 상호작용 중에도 끊임없이 텍스트에 대한 재해석이 이루어져야 합니다. 하브루타 텍스트 학습은 두 단계의 과정을 가진 학습 과정으로 정의할 수 있습니다. 텍스트를 이해하는 것이 첫 번째 단계이고, 이해한 의미에 대해 반응하는 것이 두 번째 단계입니다. 1단계는 텍스트에 관한 내용 이해를 위해 정보교환이 이루어지는 단계이고, 2단계는 여러 가지 대화 연습을 통해 자기성찰과 자기 이해를 해 나가는 것입니다. 또한 [그림 26]과 같이 순환적인 특징을 가지고 있으며, 질문은 하브루타 수업의 꽃이며 가장 중요한 부분입니다.

[그림 26] 하브루타 텍스트 학습

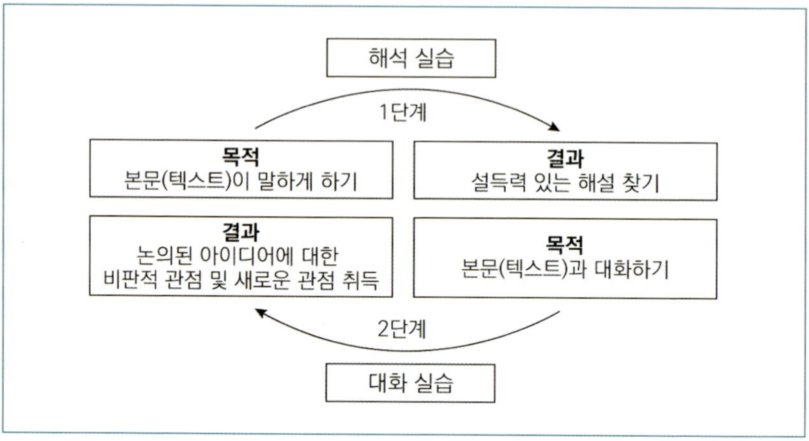

출처: Elie Holzer, Orit Kent(2019). A Philosophy of HAVRUTA

하지만 우리는 질문하기를 꺼려합니다. 2010년 서울에서 열렸던 G20의 폐막 기자회견에서 웃지 못 할 사건이 벌어졌습니다[그림 28]. 오바마 대통령이 개최국인 한국의 기자들에게 질문권을 주고 싶다며 좋은 기회를 주었습니다. 그러나 현장에 있던 한국 기자 중 단 한 사람도 좋은 기회를 살리지 못했고 침묵만 유지하였죠. 그 모습을 본 중국의 한 기자가 본인이 대신 아시아를 대표해서 질문해도 되겠냐고 하였고, 오바마 대통령은 그래도 우선권은 한국 기자니 다시 한 번 물어보았습니다. 그러나 결국 아무도 질문하지 않았고 중국인 기자가 우리를 대신하여 질문하였습니다. 이 사건은 그 당시 꽤나 화제가 되었고 많은 네티즌들은 이를 보고 나라 망신이라며 많은 비난을 했던 것으로 기억합니다. 그러나 그렇게 비난하는 사람들 중에서, 같은 상황에서 용기 내어 질문 할 수 있는 사람은 아마 거의 없을 것입니다. '내가 하는 질문이 이상해서 사람들이 비웃으면 어쩌지?', '나 때문에 시간이 더 연장되면 어쩌지?', '내가 겸손하지 않고, 아는 척한다고 생각하면 어쩌지?' 등등 궁금해도 주변 사람의 눈치를 보느라 질문하지 않은 경험이 다들 있을 것입니다.

우리는 생성형 AI를 통해서 궁극적으로 질문할 수 있는 법을 배워야 합니다. 내가 궁금한 것을 질문으로 만들어 수업 중에도 생성형 AI에게 물어볼 수 있습니다. 생성형 AI를 하브루타 학습동료라고 생각하고, 함께하는 과정에서 좋은 질문을 만들어 생성형 AI와 함께 성장하길 바랍니다.

[그림 27] 생성형 AI와 함께 하는 하브루타 수업

[그림 28] 질문을 어려워하는 한국인

① G20 정상회담 개최국인 우리나라 기자에게 특별히 먼저 질문할 수 있는 기회를 주는 버락 오바마 대통령

② 하지만, 아무도 손을 들지 않습니다.

③ 중국인 기자가 자신이 대신 질문해도 되는지를 버락 오바마에게 물어봅니다.

④ 중국 기자는 더욱 적극적으로 질문할 기회를 얻으려고 노력합니다.

⑤ 오바마 대통령이 우리나라 기자들에게 다시 한 번 물어봅니다.

⑥ 겸연쩍은 듯 웃어버리는 오바마. 결국에는 중국 기자에게 질문권이 넘어갔습니다.

출처: 왜 우리는 대학에 가는가?, EBS

5. 과제 선정 및 재개발하기

ChatGPT와 같은 생성형 AI 활용 수업에서 가장 심도 있게 고려되어야 하는 부분은 과제입니다. 많은 양의 책이나 논문을 보고 요약해 오라는 과제, 지식을 단순 암기하여 답을 찾는 과제는 더 이상 좋은 과제가 아닐 수 있습니다. 그러한 과제는 생성형 AI가 학습자보다 더 빠르게 잘할 것이기 때문에 이러한 과제로는 과제 수행 정도와 학습자의 노력 정도를 판단할 수 없습니다. 다음과 같은 주제와 방법으로 과제를 선정하시길 바랍니다.

1) 생성형 AI가 답변하기 어려워하는 과제 선정하기

생성형 AI 활용 수업의 과제는 반드시 체계적으로 사전에 마련해야 하며, 기존 전통적인 강의에서 주던 과제를 그대로 가지고 오면 안 됩니다. 예를 들어 '○○○에 대해서 3장 이상 작성하세요.'와 같은 단순 내용정리 및 요약 과제는 지양하셔야 합니다. 때문에 ChatGPT와 같은 언어모델이 답하기 어려운 과제를 내주셔야 합니다. 예를 들어 '자신의 삶과 관련된 글쓰기', '최근 일어난 ○○○ 사건에 대해 작성하기' 등과 같이 학생의 삶과 최신성을 바탕으로 한 과제가 좋은 과제일 것입니다. 또한 ChatGPT를 적극적으로 활용하되 개인의 시각과 비판적인 의견을 추가하는 것이 좋을 것입니다. 암기, 계산, 기존 틀에 맞추는 능력보다는 기획, 지식, 비판, 조합, 구성하는 과제를 주는 것이 좋습니다.

2) 생성형 AI를 적극 활용하여 과제하기

계산기, 컴퓨터, 인터넷이 처음 나왔을 때도 교육 현장은 흔들렸고, 생성형 AI가 나온 지금도 마찬가지입니다. "피할 수 없으면 즐겨라." 라는 말이 있듯이 생성형 AI의 활용을 적극 권장해 보세요. ChatGPT와 같은 생성형 AI가 작성한 과제를 비판하거나, 자신의 아이디어와 생각을 추가해서 과제를 편집하는 등과 같은 개인적 글쓰기personalized writing 과제를 내시면 됩니다. 다양한 텍스트를 읽고 요약하는 것은 생성형 AI에게 맡기고, 창의적인 아이디어와 비판적인 개인의 생각을 추가하는 것이지요. 또는 동일한 주제로 생성형 AI가 작성한 것과 자신이 작성한 글을 비교하는 것도 가능합니다. 여기서의 핵심은 기술을 활용하되 옳고 그른 지식을 스스로 찾아 분석하고, 여기에 본인의 생각과 의견을 더하도록 하는 것입니다. 또한, 이러한 과정에서 정확한 참고문헌 표기는 필수임을 학생들에게 알려주셔야 합니다. 저자는 수업 과제에 생성형 AI를 활용할 때는, 브레인스토밍 수준으로 활용하라고 학생들에게 안내합니다. 대신 거기에 나의 경험과 의견을 더하도록 하는 것입니다[그림 29].

[그림 29] ChatGPT를 활용한 과제 예시

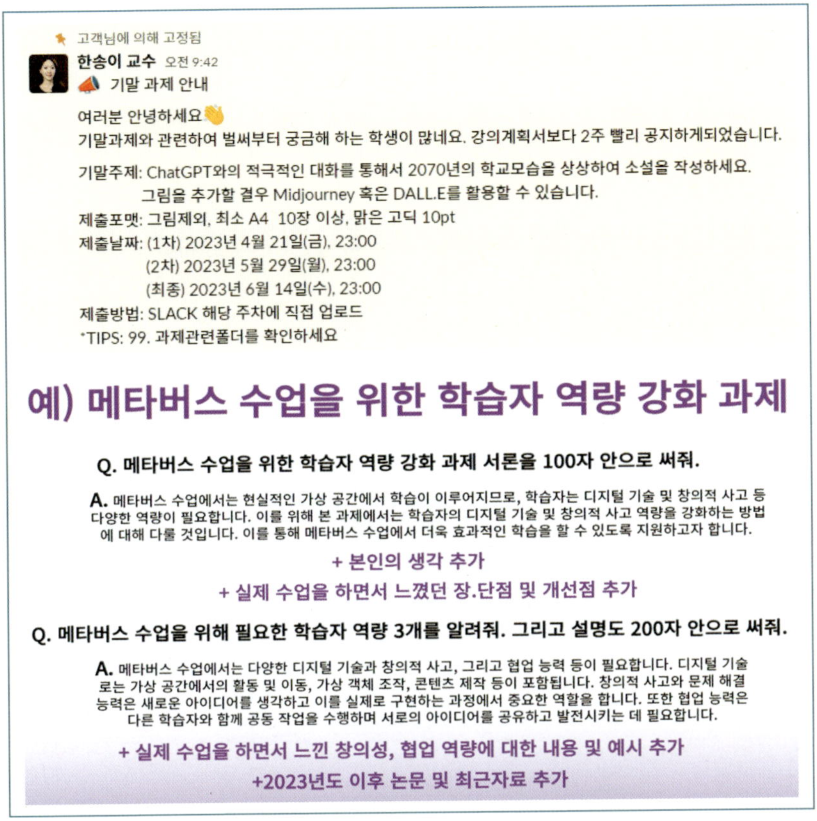

위에서 언급한 것과 같이, 단순히 요약하고 정리하는 과제는 더 이상 좋은 과제가 아닐 것입니다. ChatGPT와 같은 언어 모델을 활용하면 아주 빠르게 작성할 수 있기 때문이죠. 이러한 과정에서 학습자는 창의적인 생각을 할까요? 아마도 안 할 것입니다. 때문에 ChatGPT와 같은 대화형 언어모델이 작성한 글을 다시 학습자가 확인하는 절차가 매우 중요하며, 이를 과제로 낼 수 있습니다. 실제 생성형 AI가 작성한 글이 오염된 정보가 아닌지, 잘못된 정보가 없는지를 학습자

가 스스로 다시 확인하는 것이지요. 때문에 정보 리터러시가 매우 중요해졌습니다. 실제 ChatGPT가 제시해주는 당당한 문장들은 어떤 자료에서 얼마나 참고했는지 등과 같은 참고문헌을 알려주지 않기 때문에 반드시 확인하는 절차를 거쳐야 합니다. 유네스코UNESCO는 대학교육에서의 ChatGPT 퀵 가이드ChatGPT and Artificial Intelligence in higher education에서 GPT의 정보 오염을 확인할 수 있는 플로우차트Flowchart를 제시하였습니다[그림 30].

[그림 30] ChatGPT 활용 안전 차트

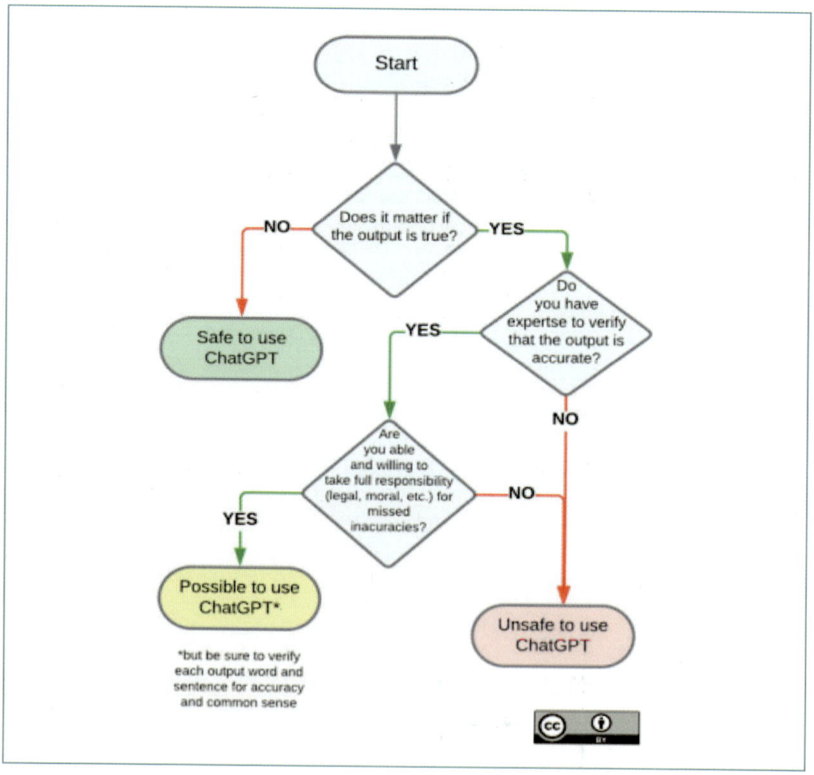

출처: UNESCO 홈페이지

3) 실제 경험해보기

앞에서도 언급하였지만, 단순히 답을 찾는 과제나 지식을 암기하여 퀴즈 및 시험을 보는 것은 더 이상 의미가 없을 수도 있습니다. 실제 학생이 현장에서 경험Hands on Experience하고, 이를 통해 배울 수 있도록 해주세요. 학습자가 실제 현장Field Work을 눈으로 관찰Observation하거나, 관련 인물을 인터뷰Interview하고, 증빙 사진을 찍는 등의 과제로 바꾸어 과제 스타일을 변경해보시길 바랍니다. 저자의 수업을 예시로 들어보겠습니다. '예비교수자를 위한 역량은?'이라는 주제에 대해 이전에는 교수자가 제공하는 다양한 논문을 읽고 요약하여, 여기에 본인의 생각을 추가하여 보고서를 제출하도록 하였지만 이번에 ChatGPT와 같은 생성형 AI를 수업 안으로 가지고 오게 되면서 더 이상 의미가 없어졌습니다. 또한 학생들의 수행 정도를 정확하게 판단하는 것은 불가능합니다. 이에 현직 선생님 혹은 현장실습을 다녀온 선배들을 인터뷰하거나, 직접 설문을 제작하여 돌리는 등 학생들이 실제 경험을 할 수 있도록 기회를 주었습니다.

[그림 31] 실제 현장 경험

4) 포트폴리오 만들기

생성형 AI를 활용한 수업의 경우, 포트폴리오 과제를 평가 지표로 하시길 바랍니다. 앞에서도 언급하였지만, 학기 말에 보고서를 제출해야 하는 과제나 혹은 요약 과제 등은 ChatGPT와 같은 생성형 AI가 잘하는 분야 중 하나입니다. 또한, 아주 빠르게 작성할 수 있기 때문에 이러한 과제는 학생들이 제출 마감일 전에 충분한 생각을 통한 인사이트 없이 제출할 가능성이 있습니다. 따라서 수업 과제에 보고서 제출이 있다면, 학생이 한 학기 동안 어떠한 학문적 노력을 하였는지, 수업 활동의 과정 및 성과 등에 대하여 실증적인 정보를 제공하도록 합니다. 자신이 어떠한 성찰과 분석을 통해 최종 보고서가 나오게 되었는지에 관한 총체적인 학급결과물을 체계적으로 문서화하고, 이를 제출하도록 합니다.

[그림 32] 포트폴리오

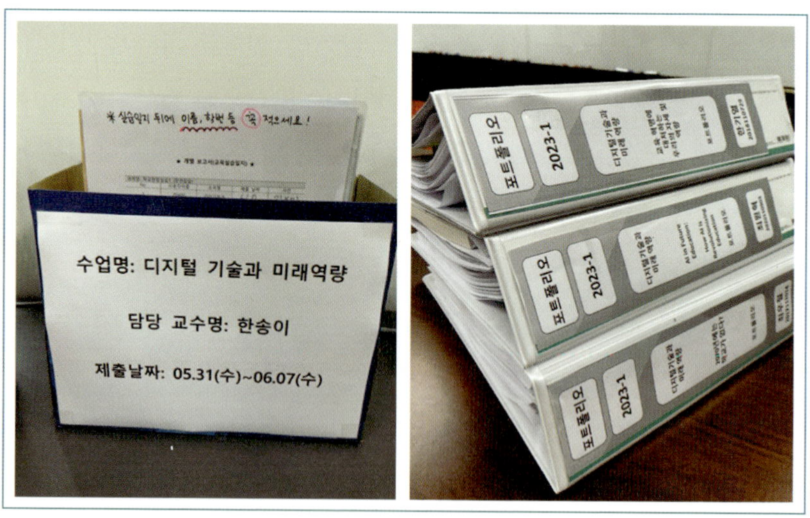

6. 질문 잘하는 방법 알려주기

좋은 질문은 우리가 궁금한 것을 정확하게 인지하고 파악해야 가능합니다. ChatGPT와 같은 언어모델을 활용하여 효과적인 결과물을 얻고 싶다면, 궁금한 것의 핵심에 맞는 명확한 질문을 던져야 합니다. 웃긴 예로 '쓰레기를 넣으면 쓰레기가 나온다.'라고 할 정도로 생성형 AI는 사용자의 질문 수준에 따라서 학습하여 답변하기 때문에 사용자가 아는 것이 없으면 유용한 정보를 이끌어낼 수 없습니다. 좋은 질문을 잘하면 굉장히 많은 답들을 얻을 수 있지만, 사용자의 질문 능력이 떨어지면, 뻔한 답변 혹은 정확하지 않은 답변을 받을 수밖에 없으며 단어 하나만 바꿔서 질문해도 답변이 달라질 수 있습니다. 그러므로 학생들에게 ChatGPT와 같은 언어기반 모델에 효과적으로 질문하는 방법을 잘 알려주는 것이 중요합니다. 어떤 질문을 하든 순식간에 답을 찾아서 제공하지만, 사용자가 원하는 정확한 결과물을 위해서는 질문프롬프트을 잘 입력하는 게 중요하며, 생성형 AI를 통해 답변을 받았다 하더라도 결국에는 사람의 통찰력을 가지고 지식을 재편집하여 사용하길 추천합니다.

핵심 질문을 위한 다음과 같은 5가지 가이드라인을 제시합니다.

1) 명확하고 간결하게 질문하기

생성형 AI에게 물어보는 질문은 이해하기 쉽고 구체적이어야 합니다. 복잡한 언어나 장황한 설명을 하는 것보다는 질문에 초점을 맞춰 궁금한 것을 정확하게 물어보는 것이 가장 좋습니다. 예를 들어 '어떤 것을' '이렇게 해 줘.' 등의 문장처럼 정확하게 입력할 때 정확한 결과가 나옵니다. 또한, ChatGPT가 아무리 답변을 잘해준다고 해도, 기계입니다. 굳이 예의 있게 말하지 않아도 되며, 짧고 정확하게 알고 싶은 것을 질문하면 됩니다.

#예시 1

"매일 운동을 하면 건강에 좋을까요?" (X)
"매일 20분 동안 마음 챙김 명상을 하면 어떤 이점이 있으며 정신 건강에 어떤 영향을 미칩니까?" (O)

#예시 2

"인터넷에 대해서 모두 알려주세요."(X)
"인터넷의 역사를 2000년대부터 2020년대까지 200자 이내로 알려주세요." (O)

2) 영어로 질문하기

ChatGPT 자체가 영어권에서 만들어졌기도 하고, 학습을 영어 기반 문서로 했기 때문에 모든 것이 영어로 세팅되어 있습니다. 사실 GPT-3.5의 경우 한국어로 질문하면 엉뚱한 답변을 주는 경우가 종종 있었습니다. 이는 한국어 학습량이 매우 부족했기 때문입니다. 오픈AI의 결과 보고서를 보면, 실제로 한국어의 경우 전체 언어 중 28번째로 많이 학습했다고 하는데, 전체 학습량을 100이라고 봤을 때 0.016 정도밖에 되지 않으니 거의 안 했다고 봐도 과언이 아닙니다. 그래서 GPT-3.5를 활용할 때 구글 번역Google translate, 파파고papago, 딥엘DeepL과 같은 번역기를 함께 사용하는 경우가 대부분이었습니다. 그런데

GPT-4의 경우 19번째로 한국어 학습을 많이 했고, 그 정도의 학습 수준은 77%로 기존 GPT-3.5의 영어보다도 더 정확한 결과를 제시해준다고 합니다. GPT-3.5에서 GPT-4로 넘어오면서 한국어 능력이 많이 향상되기도 했지만, 아직까지는 영어 학습량과 답변의 속도는 따라갈 수 없습니다**AIPRM for ChatGPT, 프롬프트 지니와 같은 크롬 확장 프로그램을 사용하면 자동 번역이 가능합니다**.

3) ChatGPT에게 역할 부여하기

ChatGPT에게 특정 역할을 부여하면 의도된 산출물을 얻을 수 있습니다. 역할을 부여할 경우, 대화의 의도와 맥락을 파악하고 더욱 유용한 답변을 내놓을 것입니다.

#예시 1

"메타버스에 대해서 알려줘." (X)

"나는 대학교수야. 메타버스의 교육적 활용에 대해서 대학생을 대상으로 설명할 때 사용할 수 있는 예시를 3개 들어주고, 참고문헌도 함께 제시해줘." (O)

#예시 2

"인공지능의 정보를 알려줘." (X)

"나는 초등학교 3학년 선생님이야. 초등학생을 대상으로 인공지능에 대해서 30분가량 특강을 할 예정인데, 초등학교 3학년 수준으로 인공지능의 의미와 장·단점에 대한 대본을 작성해줘." (O)

4) 요청상황을 구체적으로 서술하기

ChatGPT에게 구체적인 질문을 하면 보다 더 정확한 답변을 얻는데 도움이 됩니다. 여기에는 구체적인 배경과 목적을 설명해줘야 하며, 모호하고, 불명확한 설명은 최대한 줄여야 합니다.

#예시 1

"어떤 종류의 백신이 있습니까?" (X)
"코로나19를 예방하기 위해 어떤 유형의 백신을 사용할 수 있습니까?" (O)

#예시 2

"API를 설명해 줘." (X)
"중학생을 대상으로 API의 개념을 설명하는 자료를 만들어줘. 5단락으로 만들어주고, 구체적인 예시를 2개 이상 추가해줘." (O)

5) 가정 질문 피하기

ChatGPT에게 가정이 잘못된 질문을 하면 옳은 답이 나올 수 없습니다. 예를 들어 "당신은 보고서를 베끼는 일을 그만두었습니까?"라는 예시를 보면 "예", 그리고 "아니요" 두 답변밖에 나오지 않는데, 이 두 답변 모두 옳은 답이 아닐 수 있습니다. "예"라고 하면 과거에 보고서를 베끼는 일을 했다는 것이고, "아니요"라고 하면 현재도 보고서를 베끼는 일을 하고 있다는 뜻이 됩니다. 즉, 가정이 잘못된 질문은 항상 잘못된 답변을 도출하게 되므로, 가정을 뺀 질문을 할 수 있도록 연습해야 합니다.

[그림 33] 가정질문의 예시

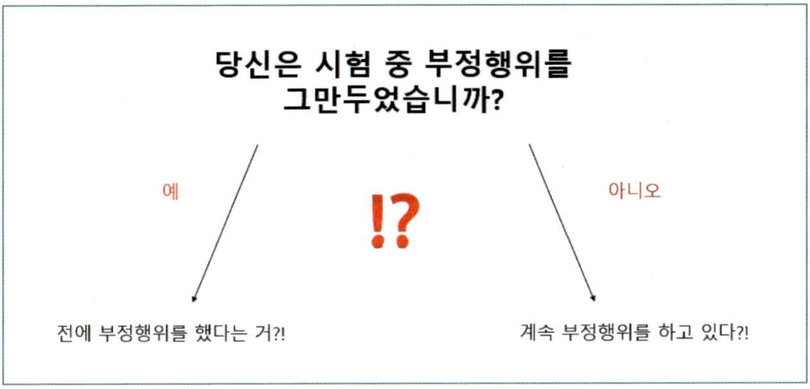

7. 평가 방법 재설계하기

평가는 매우 중요한 부분입니다. 단순 요약 혹은 보고서 작성 등과 같이 작성을 강조한 과제는 더 이상 학생의 노력 정도를 판단할 수 없습니다. 때문에 기존 교육 현장에서 활용하던 중간고사 %, 보고서 % 등의 평가 방법보다는 다양한 방법Multi modal이 적용되어야 합니다. 특히 교수자가 관리하고 감독할 수 있는 수업 중에 학생들이 최대한 집중하고, 적극적으로 참여할 수 있도록 하는 것이 좋습니다. 저는 다음의 6가지 방법을 적극 추천해 드립니다.

1) 노트 필기 점수

인간의 기억을 연구했던 독일의 심리학자 에빙하우스Ebbinghaus에 따르면, 사람은 학습 후 10분 후부터는 망각이 시작되며 1시간 뒤에는 50%, 하루 뒤에는 70%, 한 달 뒤에는 80%를 망각한다고 합니다. 노르웨이 연구팀이 대학생들에게 256개의 뇌파 센서가 달린 장치를 쓰게 한뒤, 태블릿PC로 글을 쓸 때와 키보드로 타이핑 할 때의 변화를 관찰하였는데, 그 결과 손으로 글씨를 쓸때는 타자를 칠 때 활성화 되지 않았던 32개 뇌 영역 사이에 16개의 연결성이 뚜렷하게 나타났다고 합니다. 특히 감각이나 운동 능력에 관련된 뇌 두정엽과 기억에 관련하는 뇌 중심부의 연결성이 크게 높아지는 것이 확인이 되었습니다.[19] 또한 미국에서는 손글씨가 학생들의 인지기능은 물론 손가락과 팔 근육 발달에도 도움이 되며, 뇌의 다양한 신경망 활용과 독해력 향상, 학습 기억에 효과를 준다며, 학생들에게 손글씨*Cursive*를 의무화하는 주州가 늘고 있습니다.[20] 그렇기 때문에 학생들이 노트를 정리하며 본인들의 생각을 정리할 수 있는 습관을 길러주어야 합니다. 또한, 노트 필기는 ChatGPT와 같은 생성형 AI가 절대 할 수 없는 부분입니다물론 기술이 더 발달하면 인공지능이 써준 글씨와 사람이 쓴 글씨를 판단할 수 없을지도 모릅니다. 핵심은 수업 중에 학생이 스스로 수업을 들으면서 작성한 노트 필기를 받는 것입니다. 수업이 끝나기 5~10분 전에 수업 시간 동안 노트 필기한 것을 사진 찍어 LMSe-class, e-campus 혹은 교육도구에 올리도록 하면 됩니다. 여기서 또 하나의 팁을 말씀드리자면, 15주 차 모두 받는 것이 아니라 5~7주 차 정도만 받는 것입니다. 물론 학생들은 어느

19) Van der Weel, F. R., & Van der Meer, A. L. (2024). Handwriting but not typewriting leads to widespread brain connectivity: a high-density EEG study with implications for the classroom. Frontiers in Psychology, 14, 1219945.

20) 로이터(Reuters)에 따르면 캘리포니아주의 초등학생 260만여 명은 2024년부터 필기체 손글씨 쓰기를 배워야 한다. 1~6학년은 손글씨를 배워야 하고 3학년 이상은 필기체를 배워야 한다. 로이터에 따르면 캘리포니아는 미국에서 필기체를 교육하는 22번째 주이며, 14번째로 관련법을 제정했다.

주 차에 교수자가 노트 필기 제출을 요구할지 모릅니다. 학생들이 늘 수업에 집중할 수 있도록 하는 것이 포인트입니다.

[그림 34] 노르웨이과학기술대 연구

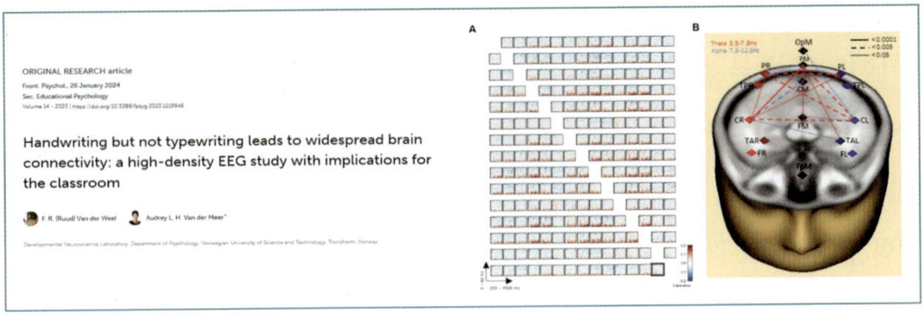

[그림 35] 미국 필기체 의무교육법

By Nafeesah Allen 23rd January 2024

From the start of 2024, the state of California reinstated the requirement that first through sixth graders in public schools learn to write in cursive.

The handwriting technique stopped being taught in the Golden State in 2010, but now California re-joins nearly two dozen US states that have **made cursive education mandatory** in some form. While cursive – also known as joined italics – was momentarily thought of as a dying art in the US, the move by California has reignited debates in both educational and scientific circles about the real value of learning this writing style, the global implications of letting it go and questions about its potential brain benefits.

[그림 36] 수업 중 노트 필기 사례

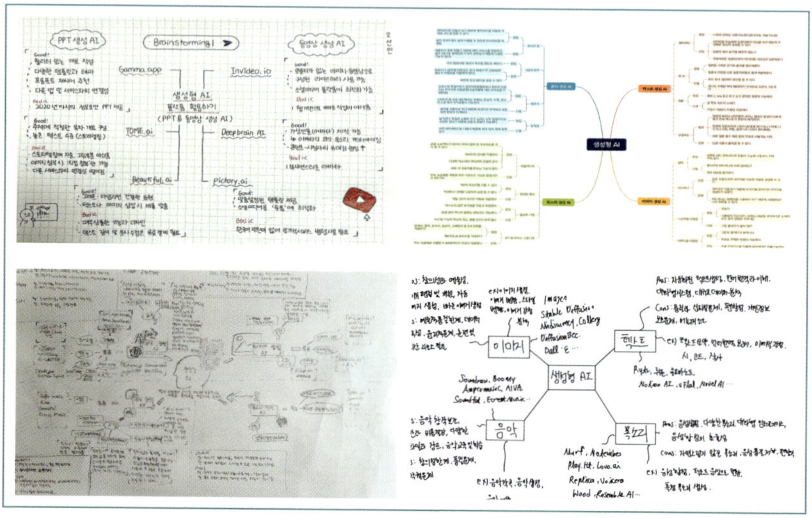

[그림 37] 수업 중에 손 글씨로 노트 필기한 사례

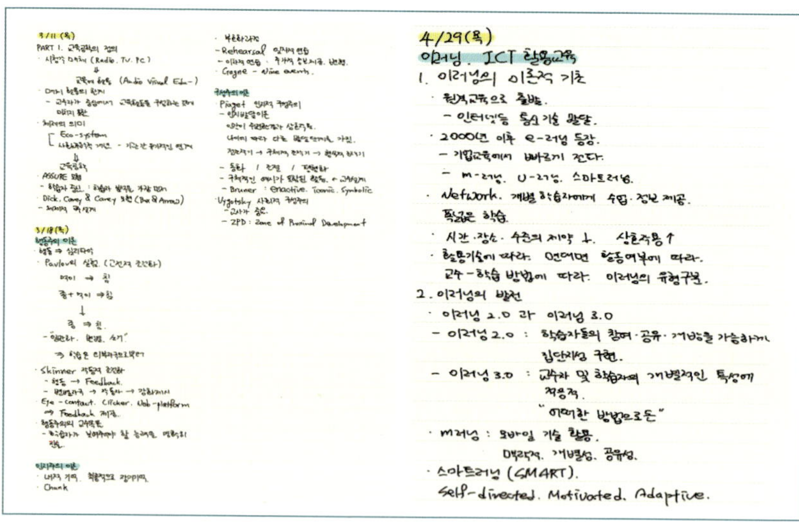

2) 발표 점수

발표역량이 지금보다 더 중요한 때는 없습니다. 학생들이 스크립트대본 없이 발표하도록 해보시고, 발표 시간보다 Q&A 시간을 늘려보세요. 즉 내용을 이해하지 않으면 답할 수 없는 보다 더 고차원적인 문제를 제시하여 거기서 점수 차등화를 시키면 됩니다. 발표 대본은 ChatGPT와 같은 생성형 AI가 작성할 수 있고, 발표 자료 또한 마이크로소프트의 코파일럿이 아주 빠르고 더 생산성 있게 만들어 줄 것이기에, 이걸로 점수화하면 안 됩니다. 학생들에게 발표보다는 Q&A가 더 중요하다는 것을 알려주시고, 청중으로 참여하는 학생들 중 좋은 질문을 하는 학생에게는 추가 점수를 주는 등의 교수방법을 적극 활용하시길 바랍니다. 질문 시에는 슬라이도slido, 패들렛Padlet이나 잼보드Jamboard와 같은 교육도구를 적극 활용하시길 바랍니다.

[그림 38] 수업 중 학생 발표

[그림 39] 슬라이도(Slido)로 질문받기

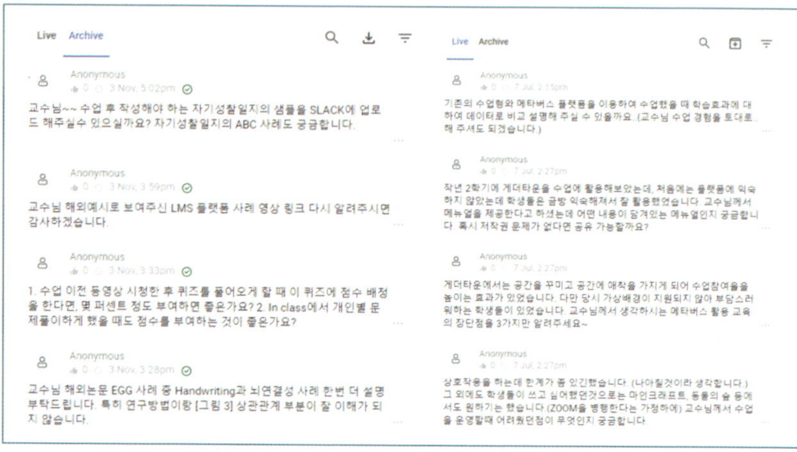

3) 멀티모달 활용 점수

멀티모달이란 시각Visual, 청각Auditory을 비롯한 여러 인터페이스를 통해서 정보를 주고받는 것을 말하는 개념이며, 이렇게 다양한 채널의 모달리티를 동시에 받아들여서 학습하고 사고하는 인공지능을 '멀티모달 인공지능Multi Modal AI'이라고 합니다. 기존 종이로 제출하던 과제 혹은 시험을 다른 방법으로 바꿔보길 바랍니다. 오디오 파일Audio 혹은 동영상Video을 제작하는 과제, 그림Drawing, 다이어그램Diagram 등처럼 시각화하여 제출하는 과제, 사운드Sound, 이미지Image, 비디오Video 등과 같은 다양한 멀티모달을 연계하여 과제를 받길 바랍니다. 또는 에세이 수기 작성 등과 같은 방법도 활용될 수 있습니다.

[그림 40] 동영상/이미지와 손으로 수기 작성한 과제

4) 팀 활동(팀별·팀원) 점수 및 공유

앞서 1장생성형 AI 시대가 왔다에서 언급하였듯이, 다른 사람과 소통하고 협업할 수 있는 역량은 더욱 중요해졌습니다. 실제 수업에서도 교수님의 강의를 수동적으로 듣는 것보다는, 학생들끼리 협업 활동을 하거나 함께 결과물을 산출하는 학습자 중심 수업이 될 수 있도록 수업을 설계해야 합니다. 조지워싱턴대학George Washington University 에서는 구술시험과 그룹평가를 확대하는 방안을 제시했습니다. 이는 교육의 평가 방법에 있어서 단순히 정답을 찾는 것에서 벗어나 해답을 찾아가는 과정으로의 전환을 의미합니다. 국내 대학들 역시 이러한 경향을 반영하여 평가 방식의 다양화를 추구하고 있습니다.

또한, 팀 활동을 진행하였다면, 결과물을 모두 공유해주시길 바랍니다. 학생들은 본인이 속한 팀원의 결과물보다 다른 팀이 어떻게 했는지 궁금해 하고, 다른 사람의 결과물을 보며 서로 배우기도 합니다. 수업 시간에 모든 팀 활동의 결과물을 공유하고 발표까지 할 수 있으면 좋겠지만, 시간 관계상 어려운 경우가 많습니다. 팀 활동에 대한 결과물을 이클래스와 같은 LMS에 모두 공유할 수 있도록 하시길 바랍니다. 또한, 이러한 과정에서 팀원 평가는 매우 중요한 평가요소가 될 수 있습니다[그림 41-42]. 자신을 포함하여 해당 조원의 기여도를 모두 평가하도록 하고, 비고란에는 해당 팀원이 다른 팀원에 비해서 뛰어나게 잘한 점 혹은 못한 점 등을 자유롭게 작성하도록 합니다.

[그림 41] 팀원 평가표

조원명	역할	참여도	평가이유
안O지	조장, 발표 자료 취합	40%	메타버스 플랫폼의 종류, 메타버스 관련 활동 내용 조사 및 활동할 메타버스 환경 직접 구축, 적극적으로 팀원을 이끌며 참여함
김O수	PPT 제작	10%	발표 내용 제안, PPT 제작에 참여는 하였으나, 자신의 역할을 다 하지 못해 다른 조원이 더 많은 역할을 하게 됨
서O기	발표 자료 취합	10%	실습 계획서를 작성하고, 발표 자료는 취합하였으나 마감시간을 맞추지 못함. 또한 내용이 부실하고, 복사 붙여넣기의 흔적이 다수 보임. 참고문헌 표기를 하지 않아서 다른 조원이 대신 찾음
민O주	PPT 제작, 발표	40%	PPT 제작과 발표 스크립트 초안을 적극 제작함. 또한 메타버스 환경 구축에 참여하였고, 연락이 안 되는 팀원을 직접 찾아가기도 함
이O훈	발표 자료 취합	0%	발표 내용 제안, 메타버스 정의 및 메타버스의 종류를 조사하였으나, 발표자료 취합의 역할을 완수하지 않고, 이후 연락이 안 됨
		100%	

조원명	역할	참여도	평가이유
박O연	자료조사 및 PPT 수정	30	적극적으로 참여함 (자료조사, PPT 수정, 활동 아이디어 제시, 그 외 발표 관련 토의 참여)
윤O영	조장 PPT 디자인	50	매우 적극적으로 참여함. 조장으로서 다른 조원 참여를 적극 독려하고, 본인의 업무가 아닌 부분(PPT 제작 및 디자인)에도 적극 참여함. 또한 발표자의 대본 초안을 작성해줌
김O진	발표	0	전혀 참여하지 않음. 맡은 역할인 발표도 자진해서 맡았으나 준비해오지 않아 다른 팀원이 대신 발표함.
이O주	자료조사 및 PPT 수정	15	소극적으로 참여함 (자료조사, PPT 수정 등 맡은 일에만 참여함)
황O하	발표	5	발표 전 날 SLACK에 한 번 의견 내신 것 외엔 아무런 참여가 없었음. 또한 맡은 역할인 발표조차 제대로 숙지해오지 않음
		100%	

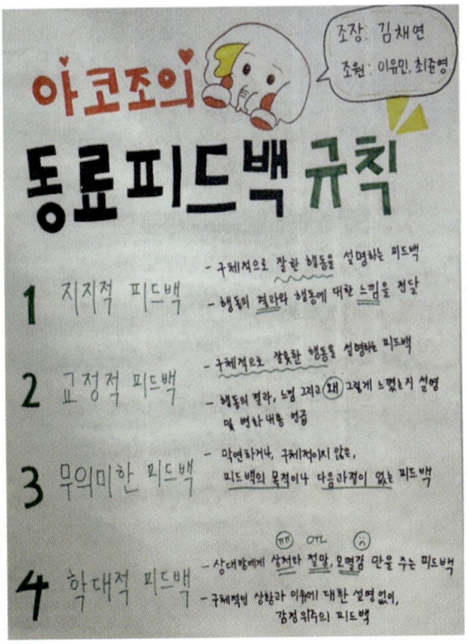

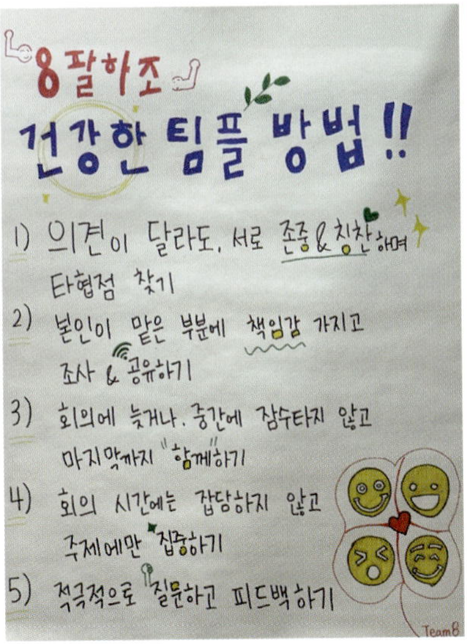

[그림 42] 팀원 평가 예시

* 팀원 평가

1) 첨부된 조 편성 파일을 참고하여 함께 활동한 조원의 이름을 확인하세요.
2) '평가자' 란에 자신의 이름을 기재하세요.
3) '조' 란에 자신이 각 차수에 활동한 조를 기재하세요. (예. 1조, 2조, 3조 혹은 팀명)
4) '조원 명' 란에 해당 조원의 이름을 '자신을 포함하여' 기재하세요.
5) '참여도' 란에 자신을 포함한 각 조원의 참여도를 5점 만점을 기준으로 평가해주세요. 활동이 기억나지 않는 경우, 비워두세요.
    - 전혀 참여하지 않음 1점 (마이크나 카메라 문제 포함)
    - 소극적으로 참여함 2점 (형식적으로 참여하여 최소한만 활동)
    - 보통임 3점
    - 적극적으로 참여함 4점 (의견 적극적으로 개진)
    - 매우 적극적으로 참여함 5점 (내용 정리, 다른 조원 참여 독려, 발표 등)
6) '비고' 란에 평가 이유를 기재해주세요.
   (예. 불러도 대답 안 함. 주도적으로 내용 정리 함 등등)
7) 본 평가지는 교수자만 참고할 예정이니 솔직하게 작성하세요.

평가자	000	(000조)	평가일	

조원 명	역할	비고	참여도
	계		100%

5) 수업 내 상호작용 점수

상호작용 점수를 기존 수업보다 높여보시길 바랍니다. 상호작용 점수가 높게 측정된 수업은 학생들이 수업에 적극적으로 참여할 수 밖에 없는 구조입니다. 저자는 매 수업에 [그림 43]과 같은 리워드 카드를 적극 활용합니다. 중간고사 기간에 반드시 한번 리워드 정리를 해주시길 바랍니다[그림 44]. 중간 정산이 없으면, 교수자가 점수화하기 매우 번거로워지고, 추후 성적을 처리하는 과정에서 이의제기를 하는 학생들 때문에 골치가 아플 수 있습니다. 저자는 매주 리워드를 정리하여 수업 후에 LMS를 통해 바로 공지하고, 중간고사 기간에 한 번, 그리고 성적처리 기간에 한 번 제공합니다. 학생들이 수업 밖에서 생성형 AI를 활용하여 보내는 시간을 점수화하는 것보다는 학생들이 수업 중의 활동에서 적극적으로 참여할 수 있도록 다양한 리워드를 제공해보시길 바랍니다.

[그림 43] 수업 내 상호작용 점수 리워드

[그림 44] 수업 내 상호작용 점수 중간 정산

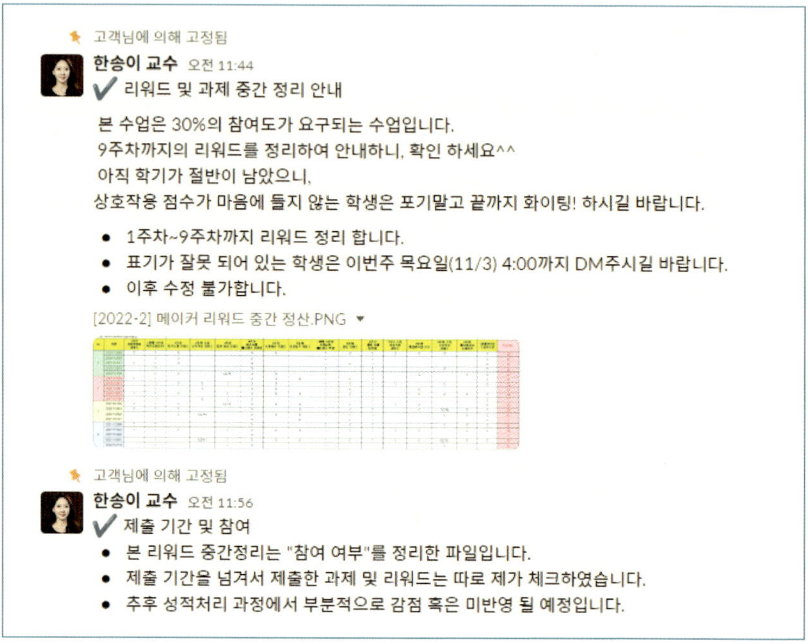

6) 질문 점수

학생의 질문을 통해 수업을 구성하는 방법은 매우 효과적입니다. 생성형 AI를 활용한 수업은 '답을 찾는 학습에서 → 질문을 찾는 학습'으로 변화되어야 합니다. 이러한 경험을 통해 학생들은 이전 경험 및 정보를 새로운 지식과 연결하고 구성하며, 알고 있는 것과 모르는 것을 정확하게 구분하고, 더 나아가 자신이 모르는 부분을 보완하기 위한 계획과 과정을 평가할 수 있습니다. 학생의 질문을 수업에 반영할 경우, 교수자는 정확한 가이드라인을 제시하시길 바랍니다[그림 45].

[그림 45] 질문 가이드라인

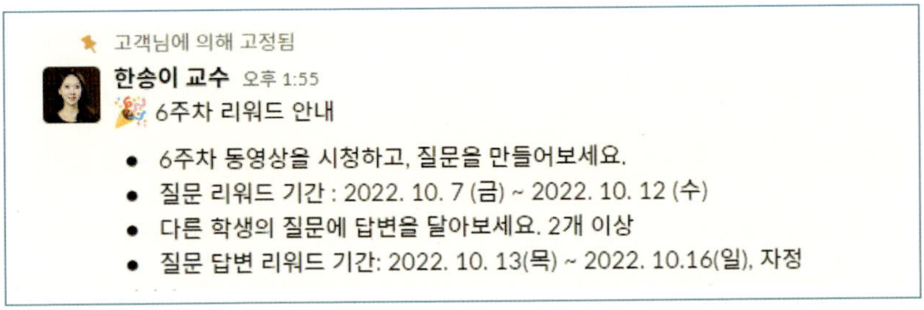

학생들의 질문을 활용하는 방법은 크게 3가지가 있습니다.

① 수업 전에 미리 학습한 내용에 대한 질문을 LMS에 올리기

대면수업 이전에 학습자는 학습 내용에 대한 질문을 생성하여, LMS에 업로드 합니다. 질문을 만들 때는 "○○○은/는 무엇입니까?"와 같은 단순한 질문은 배제하고, 다른 학생들과 함께 토론하고 토의할 수 있는 질문을 개발하도록 합니다.

② LMS에 올라온 다른 학생 질문에 대해 스스로 학습하여 답변하기

LMS에 올라온 질문에 대해 학습자 간 질문 공유 및 온라인 피드백이 이루어질 수 있도록 수업을 설계하시길 바랍니다. 이러한 과정을 거치면 결국에는 학생들이 답변할 수 있는 질문은 답변이 달리지만, 조금 전문적인 지식을 요구하는 질문은 답변이 안 달릴 확률이 높습니다. 이러한 질문을 대면수업 초반에 주요 질문으로 가져와 함께 논의하시길 바랍니다.

③ 생성형 AI가 만들어주는 최고의 질문 하나 가져오기

사전 질문을 학습자가 만들어 올 수도 있지만, 생성형 AI에게 부탁하는 것도 하나의 방법입니다. ChatGPT와 같은 생성형 AI는 사용자의 인풋에 따라 스스로 학습하여 결과물을 주기 때문에 다양한 질문이 나올 수 있습니다. 학생들이 생성형 AI가 만든 질문과 자신이 만든 질문을 함께 올리도록 하고, 그 주 차에 최고의 질문을 선별하여 리워드 점수를 제공해보기 바랍니다.

[그림 46] 학습자 질문 예시

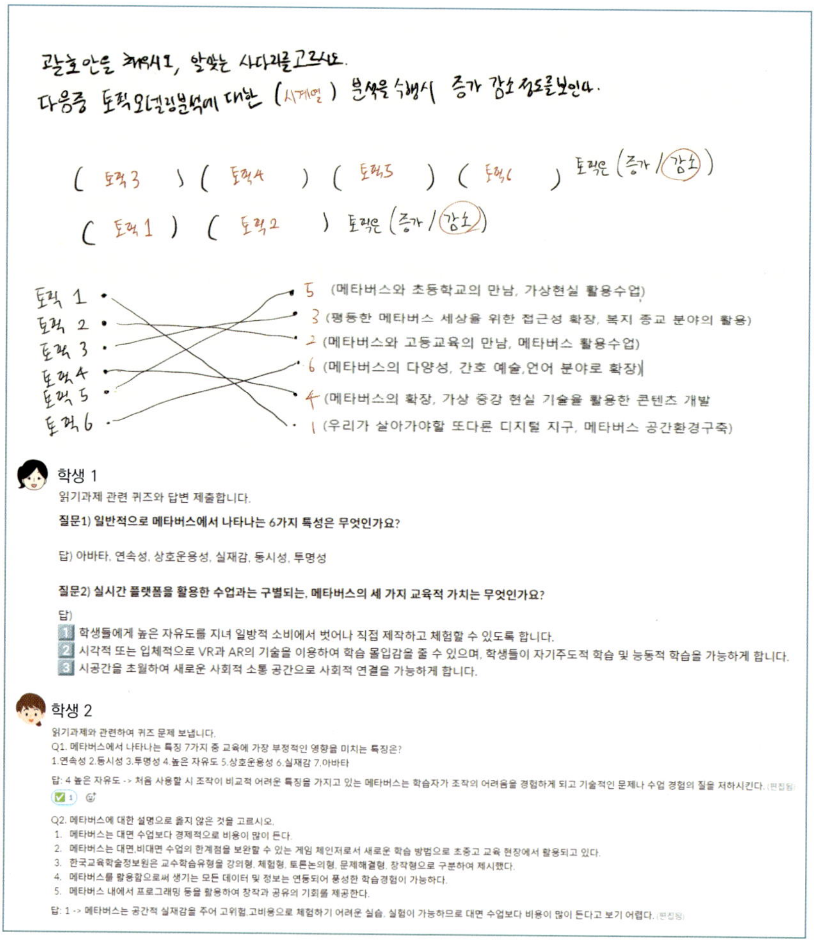

5 (메타버스와 초등학교의 만남, 가상현실 활용수업)
3 (평등한 메타버스 세상을 위한 접근성 확장, 복지 종교 분야의 활용)
2 (메타버스와 고등교육의 만남, 메타버스 활용수업)
6 (메타버스의 다양성, 간호 예술,언어 분야로 확장)
4 (메타버스의 확장, 가상 증강 현실 기술을 활용한 콘텐츠 개발
1 (우리가 살아가야할 또다른 디지털 지구, 메타버스 공간환경구축)

학생 1

읽기과제 관련 퀴즈와 답변 제출합니다.

질문1) 일반적으로 메타버스에서 나타나는 6가지 특성은 무엇인가요?

답) 아바타, 연속성, 상호운용성, 실재감, 동시성, 투명성

질문2) 실시간 플랫폼을 활용한 수업과는 구별되는, 메타버스의 세 가지 교육적 가치는 무엇인가요?

답)
1 학생들에게 높은 자유도를 지녀 일방적 소비에서 벗어나 직접 제작하고 체험할 수 있도록 합니다.
2 시각적 또는 입체적으로 VR과 AR의 기술을 이용하여 학습 몰입감을 줄 수 있으며, 학생들이 자기주도적 학습 및 능동적 학습을 가능하게 합니다.
3 시공간을 초월하여 새로운 사회적 소통 공간으로 사회적 연결을 가능하게 합니다.

학생 2

읽기과제와 관련하여 퀴즈 문제 보냅니다.

Q1. 메타버스에서 나타나는 특징 7가지 중 교육에 가장 부정적인 영향을 미치는 특징은?
1.연속성 2.동시성 3.투명성 4.높은 자유도 5.상호운용성 6.실재감 7.아바타

답: 4 높은 자유도 -> 처음 사용할 시 조작이 비교적 어려운 특징을 가지고 있는 메타버스는 학습자가 조작의 어려움을 경험하게 되고 기술적인 문제나 수업 경험의 질을 저하시킨다. (편집됨)

Q2. 메타버스에 대한 설명으로 옳지 않은 것을 고르시오.
1. 메타버스는 대면 수업보다 경제적으로 비용이 많이 든다.
2. 메타버스는 대면,비대면 수업의 한계점을 보완할 수 있는 게임 체인저로서 새로운 학습 방법으로 초중고 교육 현장에서 활용되고 있다.
3. 한국교육학술정보원은 교수학습유형을 강의형, 체험형, 토론논의형, 문제해결형, 창작형으로 구분하여 제시했다.
4. 메타버스를 활용함으로써 생기는 모든 데이터 및 정보는 연동되어 풍성한 학습경험이 가능하다.
5. 메타버스 내에서 프로그래밍 등을 활용하여 창작과 공유의 기회를 제공한다.

답: 1 -> 메타버스는 공간적 실재감을 주어 고위험,고비용으로 체험하기 어려운 실습, 실험이 가능하므로 대면 수업보다 비용이 많이 든다고 보기 어렵다. (편집됨)

[그림 47] 학습자 질문 반영 LMS 활용 예시

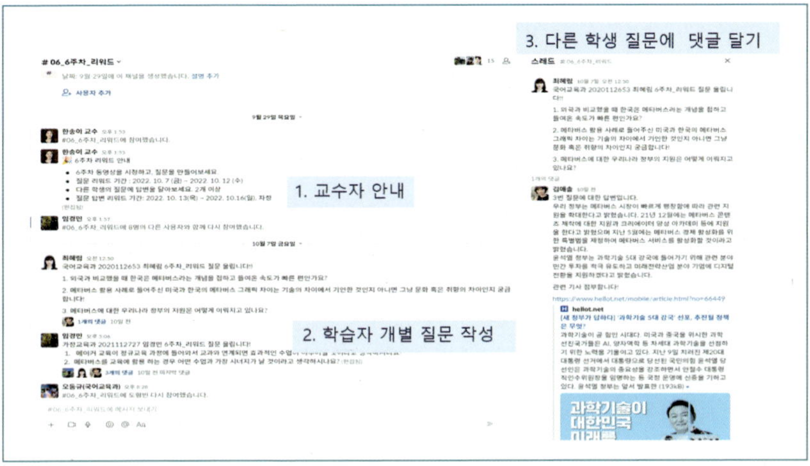

8. 오리엔테이션 진행하기

ChatGPT와 같은 생성형 AI를 교육 현장에서 보다 효율적으로 활용하려면, 교수자가 가장 먼저 원리와 득실을 제대로 파악해야 합니다. 하지만 교수자뿐만 아니라 학습자도 준비가 되어 있어야 하기 때문에, 학습자에게도 수업 초반에 정확한 오리엔테이션을 해주는 것이 중요합니다. 오리엔테이션에 반드시 포함해야 할 사항 5가지에 대해서 설명하겠습니다.

1) 미래사회에 필요한 역량 알려주기

ChatGPT와 같은 생성형 AI는 피할 수 없는 기술이 되었습니다. 학생들에게 생성형 AI의 의미와 종류를 정확하게 알려주시고, 너무 기술에 의존하지 않도록 주의를 주셔야 합니다. 아무리 기술이 발달하여도, 미래사회에 필요한 인재가 되기 위해서는 자기주도적으로 뇌를 사용하고, 스스로 문제를 해결할 수 있는 역량이 중요함을 알려주시길 바랍니다. 특히 앞서 언급했던 4Cs Critical Thinking, Communication, Collaboration, Creativity 역량은 생성형 AI가 해줄 수 있는 부분이 아니며, 학습자가 스스로 키워야 하는 역량임을 강조하시길 바랍니다. 또한, 수업에 임하는 자세가 이전과는 많이 달라져야 함을 알려주시길 바랍니다. 이제는 단순히 답을 찾고, 지식을 암기하여 시험을 잘 푸는 것의 중요함은 상대적으로 줄어들었습니다. 학생들은 스스로 문제를 창의적으로 해결하고, 생성형 AI가 제시하는 다양한 문서들을 비판적으로 보는 힘과 다른 사람과 협업하고 발표할 수 있는 역량을 기를 수 있어야 하며, 그리고 본 수업은 이러한 미래 역량을 키울 수 있도록 도와줄 것임을 알려주시기 바랍니다.

2) 표절과 관련하여 해당 대학의 규제 및 교육윤리헌장 Academic Policy, University Policy 알려주기

생성형 AI 기술 발전 속도가 예상보다 빠른 만큼 당국이 규제 마련에 서둘러야 한다는 지적이 나오고 있습니다. 국내에서는 과학기술정보통신부와 개인정보보호위원회, 문화체육관광부 등 유관부처가 부작용 예방책을 논의 중이지만 결과물은 아직 없고, 이는 대학과 같은 교육기관도 마찬가지입니다. 일부 해외 대학에서 교수학습개발센터Center for Teaching and Learning를 주축으로 저작권 침해, 윤리 문제 등과 관련하여 원칙을 지켜야 한다는 가이드라인이 있지만, 원론적인 설명에 그치고 있습니다. 그러므로 오리엔테이션에서 교수자의 견해와 생성형 AI 사용 정도 등에 대해서 정확하게 알려줘야 하고, 이를 강의계획서에 제시하는 것을 추천합니다. 예를 들어 '생성형 AI와 같은 프로그램을 활용하여 과제를 수행하는 것은 부정행위로 간주한다.'는 규칙과 벌칙조항을 명확하게 제시하시거나, '생성형 AI를 과제에 적극 활용하되 정확한 참고문헌을 제시하고, 이를 어길 시에는 부정행위로 간주하여 학교 방침에 따라 F처리를 한다.' 등과 교내 학칙을 반드시 알려주시길 바랍니다. 표절에 대한 교육을 강화하고, 강의계획서 혹은 수업 오리엔테이션 때 학습자에게 정확하게 생성형 AI의 사용 정도를 알려주는 것이 중요합니다. 실제 저자의 수업 강의계획서에도 'ChatGPT와 같은 생성형 AI를 이용해 보고서나 시험내용에 대한 복사 및 붙여넣기 등의 행위는 허용되지 않으며, 표절이 의심될 경우 낙제 처리한다.'라고 명기하였습니다. 교수자 또한 중간고사 및 기말고사 문제를 낼 때, 다양한 생성형 AI를 활용하여 결과물을 사전에 확인하는 절차도 필수적입니다. 때문에 ChatGPT와 같은 인공지능을 활용한 교육에서는 표절에 대한 윤리 교육을 강화하고, 저작권 교육을 병행해야 하고, 생성형 AI가 작성한 부분이라면 '○○○ 부분은 ChatGPT가 작성한 부분입니다.'라고 정확하게 명기해야 함을 교육해야 할 것입니다.

3) ChatGPT와 같은 생성형 AI의 단점 인지하기

ChatGPT는 자연어 입력에 대해 인간과 유사한 응답을 처리하고 생성하는 기능을 가지고 있습니다. 이것은 학생들의 학습 경험을 향상하는 데 잠재적으로 유용한 도구입니다. 그러나 교육에서 인공지능 언어모델을 사용할 때의 한계와 잠재적인 단점을 고려하는 것 또한 매우 중요합니다. 가장 중요한 고려 사항은 언어모델을 개발하는 데 사용되는 학습 데이터 및 알고리즘의 편향 가능성입니다. 편견은 기존의 고정관념이나 차별을 강화할 수 있는 부정확하거나 부적절한 응답으로 이어질 수 있고, 데이터를 만든 사람들의 성향에 따라서 사회적, 문화적, 인종차별 등의 요소가 반영될 수도 있습니다. 또한, 데이터가 항상 실제 세계를 완벽하게 반영하는 것은 아닙니다. 교수자는 이러한 편향성이나 부정확성의 문제를 인식하고, ChatGPT의 가능성과 한계에 대해서 이해하여 학습자에게 사전에 명확한 기대치를 설명하게 하는 것이 중요합니다. 이를 통해 학생들은 주어진 과제에서 허용되는 것과 허용되지 않는 것을 명확하게 이해하고, 생성형 AI를 사용할 때의 잠재적인 결과를 알고 있어야 합니다. 즉, 생성형 AI가 완벽하지는 않으며, 부정확하거나 무의미한 주장을 생성할 수도 있고, 오류나 편향된 콘텐츠를 생성할 수 있음을 반드시 인지해야 합니다. 또한 특정 주제에 대해 여러 가능성이 있을 때, 단일 답변을 제시하거나 반대 주장의 상대적인 강점을 잘못 표현함으로써 진실을 왜곡할 수 있음을 인지하고 있어야 합니다. 정보의 신뢰성을 평가하기 위해 학생들은 신뢰할 수 있는 외부 자료 및 출처를 사용할 수 있도록 지도해야 합니다.

4) 생성형 AI의 윤리적인 의미를 고려하기

교육 현장에서 생성형 AI를 도입할 때, 윤리적 의미를 반드시 고려하는 것이 중요합니다. 예를 들어, 교수자는 학생 데이터를 수집하고 이를 사용하여 언어모델을 교육하는 데 있어 개인정보보호문제를 고려해야 합니다. 생성형 AI 활용 시, 개인정보를 넣지 말도록 교육해야 하고, 학교 혹은 회사 기밀문서와 같은 정보들을 입력하지 말도록 교육해야 합니다. 특히 ChatGPT와 같은 언어모델은 인풋으로 들어오는 정보를 학습해서 다른 사람의 질문에 답변할 때 활용할 수 있고, 모든 대화는 저장되어 제품 경험 개선을 위하여 검토될 수 있으므로, 개인정보 등의 비밀내용을 공유하지 말아달라고 당부해야 합니다. 이 외에 주제 선정 시, 욕설을 사용하거나 정치적, 성적인 주제 혹은 차별, 혐오 발언 등 민감한 질문은 ChatGPT에서 먼저 대화를 거부하고 있습니다. 하지만 반복되는 대화를 통해 이러한 규칙이 깨지도록 유도할 수도 있기 때문에, ChatGPT의 답변에 대한 교차 검증은 사용자의 몫임을 인지하고 있어야 할 것입니다. 마지막으로, 오픈AI는 GPT-4를 발표2023.03.14.하면서 기존 조항에는 없었던 나이 제한을 13살로 설정하였습니다. ChatGPT를 활용하기 위해서는 최소 13살이 되어야 하고, 18살 미만의 학생은 부모의 동의서가 없으면 본 서비스를 활용할 수 없습니다. 즉, ChatGPT와 생성형 AI는 안정성safety과 팩트의 정확성Factual Accurateness 등의 문제 때문에 연령대가 낮은 사용자들은 더 조심할 필요가 있습니다. 자칫 잘못 디자인된 생성형 AI는 많은 사용자들과 사회에 부정적인 영향을 끼칠 수 있기에 안전성은 무척 민감한 문제가 아닐 수 없습니다.

[그림 48] Snapchat의 다소 긴 면책 조항

"모든 AI 기반 챗봇과 마찬가지로 My AI는 환각에 빠지기 쉽고 거의 모든 것을 말하도록 속일 수 있습니다. 많은 결함을 인식하고 미리 죄송합니다! My AI와의 모든 대화는 저장되고 검토될 수 있습니다. 사용 경험을 지속적으로 개선할 예정입니다. 단 My AI와 비밀을 공유하지 마시고 조언을 기대하지 마십시오."

출처: Snapchat 홈페이지

[그림 49] Open AI가 제시한 나이 제한

OpenAI Research ⌄ Product ⌄ Developers ⌄ Safety Company ⌄

Terms of use

Updated
March 14, 2023

Thank you for using OpenAI!

These Terms of Use apply when you use the services of OpenAI, L.L.C. or our affiliates, including our application programming interface, software, tools, developer services, data, documentation, and websites ("Services"). The Terms include our Service Terms, Sharing & Publication Policy, Usage Policies, and other documentation, guidelines, or policies we may provide in writing. By using our Services, you agree to these Terms. Our Privacy Policy explains how we collect and use personal information.

1. Registration and Access

You must be at least 13 years old to use the Services. If you are under 18 you must have your parent or legal guardian's permission to use the Services. If you use the Services on behalf of another person or entity, you must have the authority to accept the Terms on their behalf. You must provide accurate and complete information to register for an account. You may not make your access credentials or account available to others outside your organization, and you are responsible for all activities that occur using your credentials.

출처: OpenAI 홈페이지

5) 수업 규칙 정하기

이러한 오리엔테이션을 통해 학습자와 함께 본 수업의 규칙을 만들어 보는 것을 추천합니다. 학생들은 이러한 과정을 통해서 생성형 AI와 같은 기술을 활용할 때 주의해야 하는 부분이 무엇인지 알 수 있고, 올바른 시민의식의 중요성을 알 수 있을 것입니다. 수업 규칙 수칙은 다음과 같은 내용을 포함할 수 있습니다[그림 50−51].

[그림 50] 수업 규칙 예시

교과목 명 : ______________________________

"우리가 함께 정하는 수업의 윤리 및 규칙사항"

1. ChatGPT와 같은 생성형 AI를 수업 내 교수, 학습에서 활용할 시, 사전에 담당 교과목의 교수님께 허락을 받습니다.
2. 생성형 AI를 활용한 과제의 경우, 인공지능이 작성한 부분을 정확하게 밝혀야 하며, 출처 표기 없이 과제에 그대로 가져다 쓰는 것은 표절에 해당합니다. 또한, 복사하여 붙여넣기, 복사한 후 단순 편집하기, 부분적으로 표현 바꿔 쓰기, 글의 스타일을 바꿔주는 프로그램 활용 과제도 학습 윤리에 어긋나며, 이를 위반하여 발생하는 모든 문제에 대해서는 학생 책임으로 간주합니다.
3. 생성형 AI를 활용할 때, 결과물을 모두 신뢰하지 않고, 비판적으로 바라볼 수 있도록 합니다. 제출하는 정보의 신뢰성, 참고문헌의 진실성을 확인하는 것은 학생의 몫이자 책임입니다. 또한, 이러한 과정에서 발생하는 모든 표절, 대필 등의 문제에 대해서는 학생 책임으로 간주합니다.
4. 생성형 AI 활용 혹은 다른 사람의 글을 도용하거나, 짜집기하는 행위도, 학습 윤리에 어긋나며, 추후 발생하는 모든 문제에 대해서는 학생의 책임으로 간주합니다.

_______년 _______월 _______일

_____________(인)

[그림 51] 수업 규칙 예시

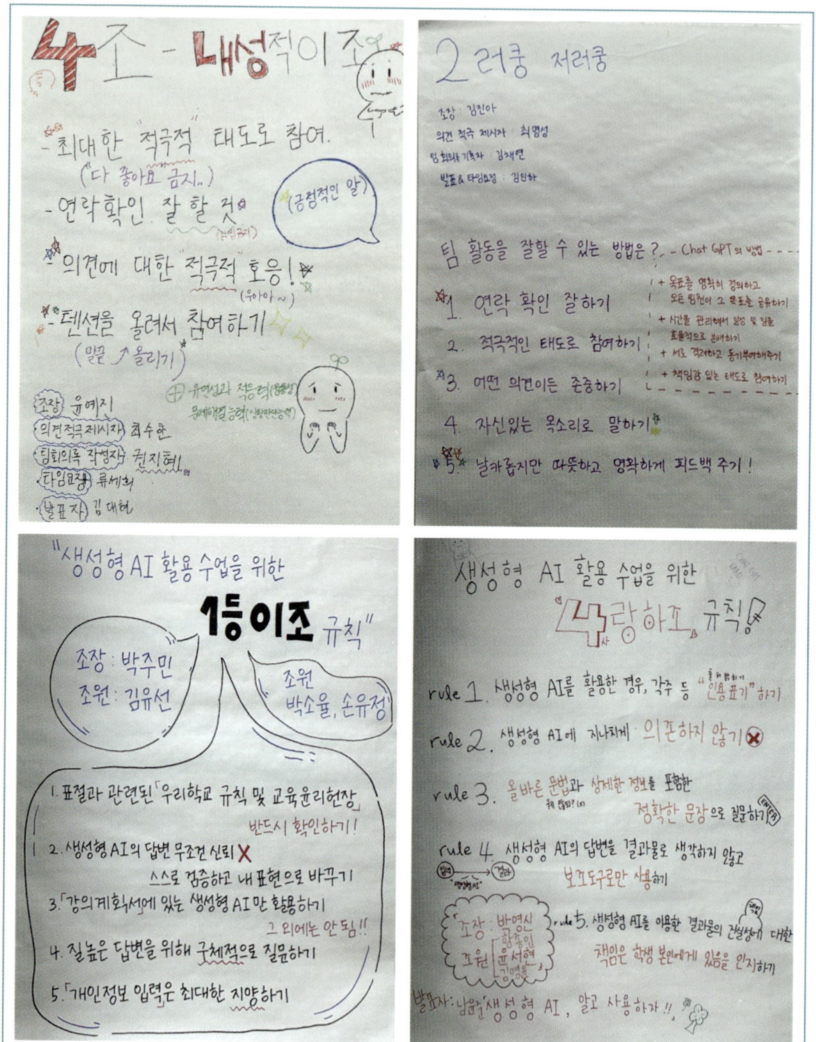

4조 - 내성적이조
- 최대한 "적극적" 태도로 참여.
("다 좋아요" 금지..)
- 연락확인 잘할 것
(긍정적인 말)
- 의견에 대한 "적극적" 호응!
(우아아~)
- 텐션을 올려서 참여하기
(말꼬 ↗ 올리기)
조장 유예지
의견적극제시자 최수한
팀회의록 작성자 권지혜
타임keeper 류세희
발표자 김대현
2러쿵 저러쿵
조장 : 김진아
의견 적극 제시자 : 최명성
팀 회의록 기록자 : 김채연
발표& 타임keeper : 김민하
팀 활동을 잘할 수 있는 방법은? - Chat GPT의 방법
1. 연락 확인 잘하기
2. 적극적인 태도로 참여하기
3. 어떤 의견이든 존중하기
4. 자신있는 목소리로 말하기
5. 날카롭지만 따뜻하고 명확하게 피드백 주기!
+ 목표를 명확히 정의하고 모든 팀원이 그 목표를 공유하기
+ 시간을 관리해서 일정 및 일을 효율적으로 분배하기
+ 서로 격려하고 동기부여해주기
+ 책임감 있는 태도로 참여하기
"생성형 AI 활용 수업을 위한 1등이조 규칙"
조장 : 박주민
조원 : 김유선
조원 박소율, 손유정
1. 표절과 관련된 「우리학교 규칙 및 교육윤리헌장」 반드시 확인하기!
2. 생성형 AI의 답변 무조건 신뢰 X 스스로 검증하고 내 표현으로 바꾸기
3. 「강의계획서」에 있는 생성형 AI만 활용하기 그 외에는 안됨!!
4. 질높은 답변을 위해 구체적으로 질문하기
5. 「개인정보 입력」은 최대한 지양하기
생성형 AI 활용 수업을 위한
"4랑하조" 규칙!
rule 1. 생성형 AI를 활용한 경우, 각주 등 "인용표기" 하기
rule 2. 생성형 AI에 지나치게 의존하지 않기
rule 3. 올바른 문법과 상세한 정보를 포함한 정확한 문장으로 질문하기
rule 4. 생성형 AI의 답변을 결과물로 생각하지 않고 보조도구로만 사용하기
rule 5. 생성형 AI를 이용한 결과물의 건설성에 대한 책임은 학생 본인에게 있음을 인지하기
조장 : 박영신
조원
발표자 : 남윤경 "생성형 AI, 알고 사용하자!!"

〈수업 중〉

9. 보조교사의 역할로 사용하기

ChatGPT와 같은 언어모델은 인간의 상호작용과 피드백을 대체할 수는 없고, 그렇게 되어서도 안 됩니다. 언어모델은 즉각적인 응답과 피드백을 제공할 수 있지만, 인간 교사가 제공할 수 있는 피드백의 깊이와 뉘앙스를 항상 제공할 수 있는 것은 아닙니다. 생성형 AI는 사람의 상호 작용을 대체하기 위함이 아니라, 보완하기 위해서 사용해야 합니다. ChatGPT와 같은 생성형 AI 기술이 발전할수록 인간이 할 수 있는 영역이 줄어든다고 보는 사람들도 있지만, 저자는 그렇게 생각하지 않습니다. 인터넷이 처음 나왔을 때도, 미국의 작가 니콜라스 카Nicholas G. Carr는 그의 저서The Shallows: What the Internet Is Doing to Our Brains를 통해서 인터넷 기술이 인간에게 미치는 영향을 분석하였는데, 인터넷으로 인해서 "인간의 뇌는 퇴화할 것이다."라고 주장하기도 했습니다. 하지만 실제 인터넷은 인간의 시간을 절약하고 복잡한 업무를 덜어주는 도구로 활용되고 있습니다. 때문에 생성형 AI를 인간을 대체하는 도구가 아닌, 학습을 지원하는 도구로 활용해야 할 것입니다. 특히 ChatGPT와 같은 언어모델은 사용자의 수준과 선호도에 따라 맞춤형 자료를 즉각적으로 제공해주기 때문에 오히려 이러한 기술을 24시간 일하는 보조교사로 보는 시각이 좋을 듯합니다. 또한, 수업 중에도 학생들이 궁금한 것을 실시간으로 물어보고 해결할 수 있도록 지도해주시길 바라며, 노트북이나 스마트패드와 같은 매체를 수업에 활용하도록 적극 권장하시길 바랍니다.

[그림 52] 보조교사 역할의 ChatGPT

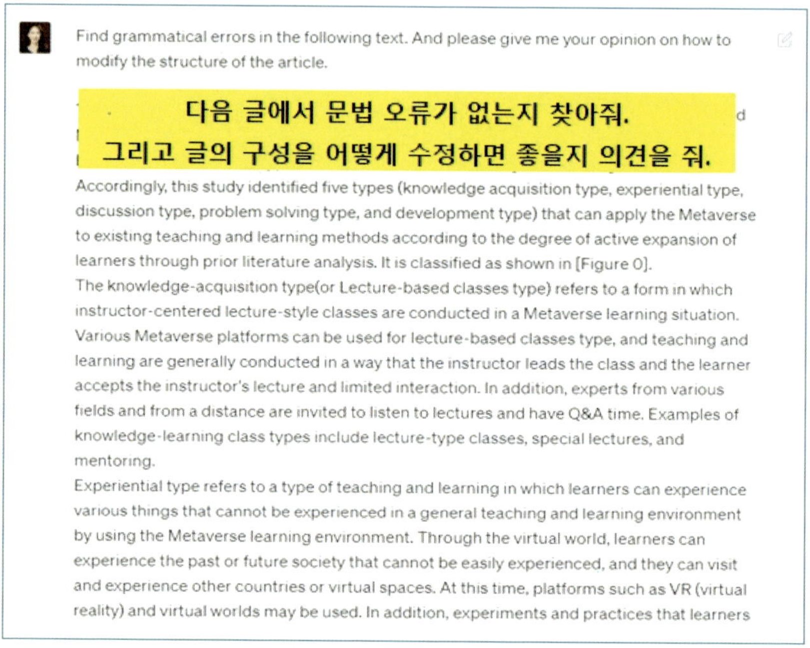
Find grammatical errors in the following text. And please give me your opinion on how to modify the structure of the article.

다음 글에서 문법 오류가 없는지 찾아줘.
그리고 글의 구성을 어떻게 수정하면 좋을지 의견을 줘.

Accordingly, this study identified five types (knowledge acquisition type, experiential type, discussion type, problem solving type, and development type) that can apply the Metaverse to existing teaching and learning methods according to the degree of active expansion of learners through prior literature analysis. It is classified as shown in [Figure 0].
The knowledge-acquisition type(or Lecture-based classes type) refers to a form in which instructor-centered lecture-style classes are conducted in a Metaverse learning situation. Various Metaverse platforms can be used for lecture-based classes type, and teaching and learning are generally conducted in a way that the instructor leads the class and the learner accepts the instructor's lecture and limited interaction. In addition, experts from various fields and from a distance are invited to listen to lectures and have Q&A time. Examples of knowledge-learning class types include lecture-type classes, special lectures, and mentoring.
Experiential type refers to a type of teaching and learning in which learners can experience various things that cannot be experienced in a general teaching and learning environment by using the Metaverse learning environment. Through the virtual world, learners can experience the past or future society that cannot be easily experienced, and they can visit and experience other countries or virtual spaces. At this time, platforms such as VR (virtual reality) and virtual worlds may be used. In addition, experiments and practices that learners

10. 팀 · 개인 활동에 활용하기

ChatGPT와 같은 생성형 AI를 활용하여 수업 중에 팀 활동을 하는 방법은 크게 3가지가 있습니다. 각각의 장 · 단점을 잘 살펴보고, 수업의 목표와 팀 활동의 목적에 맞는 방법을 선택하여 활용하시길 바랍니다.

1) 팀 · 개인 활동 먼저 → 생성형 AI로 더 많은 답변 얻기

이 방법은 생성형 AI를 바로 활용하지 않고, 학습자가 먼저 브레인스토밍을 하거나 생각의 틀을 짜도록 하고, 이후 생성형 AI와 협업하여 자신들이 제시한 의견에 생각을 보완하고 의견을 추가하는 방법입니다. 이러한 방법은 학습자가 먼저 뇌를 스스로 활성화하고, 자신의 경험을 토대로 의견을 낼 수 있다는 장점이 있습니다.

2) 생성형 AI로 브레인스토밍 먼저 → 팀·개인 활동하기

이 방법은 적극적으로 추천하지는 않습니다만, 교과목의 성격 및 상황에 따라서 잘 활용하면 도움이 될 수 있습니다. 생성형 AI를 활용하여 먼저 브레인스토밍을 한 후, 그것을 토대로 스스로 요약정리하며 생각을 확장시켜 나가는 방법입니다. 아직 학습하지 않은 내용이나, 정보가 부족한 주제와 관련해서 유용하게 활용될 수 있습니다.

[그림 53] 팀 혹은 개인 활동에 ChatGPT 활용하기

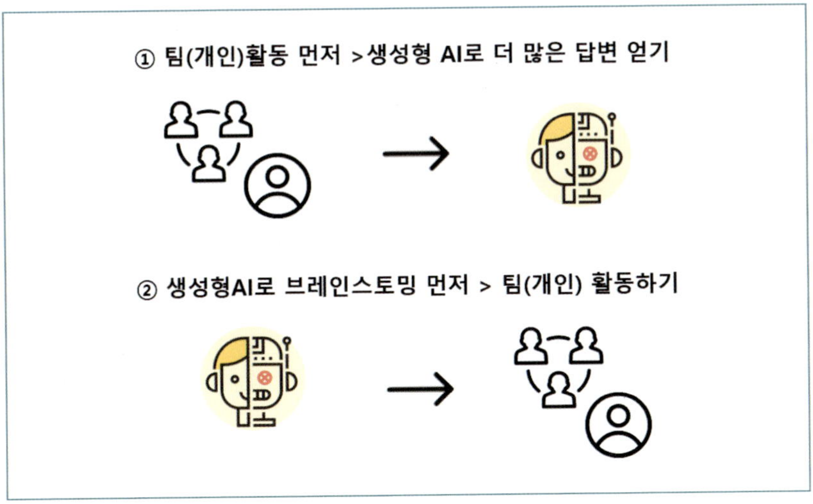

3) 교육도구를 활용하여 팀 활동하기

팀 활동에서는 협업과 의사소통이 디지털화될 수 있도록 하는 것이 중요합니다. 코로나를 거치면서 이미 패들렛Padlet, 멘티미터Mentimeter, 잼보드Jamboard와 같은 웹 기반 협업 플랫폼을 실시간 수업 상황에서 많이 활용했을 겁니다. 학습자와 교수자가 본인이 속한 팀뿐만 아니라 다른 팀의 활동 결과물을 볼 수 있도록 하시길 바랍니다. 이클래스와 같은 LMS보다는 인터페이스가 더욱 직관적이며, 브레인스토밍, 토론, 메모, 프레젠테이션 및 포트폴리오와 같은 다양한 용도로 사용될 수 있는 교육도구의 활용을 추천합니다. 하이포데스.이즈Hypothes.is나 프루절Perusall과 같은 상호작용 기반 교육도구를 활용하는 것도 좋습니다. 특히 프루절의 경우 문서의 해당 부분에 직접 질문을 달거나, 코멘트를 달 수 있습니다.

[그림 54] 교육도구 예시

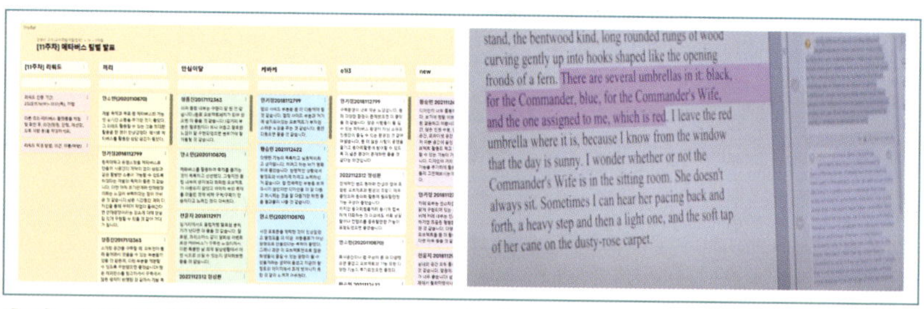

출처: 수업 중 활용한 패들렛　　출처: Perusall 홈페이지

11. 수업 중에 수행평가퀴즈, 자기성찰일지 작성 등 하기

전통적인 수업에서의 평가 방법은 지필 평가에 주로 의존하였고, 퀴즈나 자기성찰일지는 수업 후에 이루어지는 경우가 많습니다. 하지만 생성형 AI를 활용한 수업은 평가를 특정 시기에만 실시하는 것이 아니라 수행평가의 형태로 수시로 실시하는 것이 좋습니다. 또한, 전통적인 평가 방법과 달리 관찰, 집단 토론, 자기평가, 상호평가, 포트폴리오, 일기, 에세이, 구술시험 등과 같은 다양한 평가 방법을 다중적으로 사용하도록 합니다. 특히 수업 중에 수행평가를 하는 것이 학생의 과제 수행 정도와 이해력 정도를 더욱 정확하게 판단할 수 있고, 학습효과를 극대화할 수 있습니다. 수업에서 필기한 노트를 제출하거나, 수업 중에 퀴즈를 보거나, 수업에서 배운 내용을 간단하게 자기성찰일지로 작성하는 등의 체크포인트가 필요합니다. 저는 수업 전-중-후에 자기성찰일지를 제출하도록 하는데, 포맷 없이 문장 형태로 작성하기보다는 [그림 55]와 같이 배운 내용을 구조화Chunking할 수 있는 포맷을 활용하는 것을 추천 드립니다. 이러한 과정에서 학생은 배운 내용 중 비슷한 내용끼리 혹은 같은 의미끼리 한 덩어리로 묶어 기억할 수 있게 됩니다. 실제로 다양한 연구에서는 작업 기억Working Memory에서 장기 기억 속으로 이동된 정보를 얻기 위해 사용하는 기법 중 하나가 바로 청킹Chunking이라고 하였습니다.

[그림 55] 자기성찰일지 예시

★ 자기성찰일지 ★

학습자 정보	이름	전공	학번
Chat GPT를 활용한 과제를 통해 느낀 장단점, 한계점, 주의사항 등을 자유롭게 작성하세요. 수업을 통해 배운 점, 느낀 점 등을 자유롭게 작성하세요.			
Summarizing	1		
	2		
	3		
	4		
	5		
	6		

- 페이지 수는 제한 없습니다.
- 맑은 고딕, 10PT로 작성하세요.

〈수업 후〉

12. 학습자 자기성찰하기

생성형 AI를 활용할 때 학습자가 가장 많이 실수하는 부분은 생성형 AI가 준 답변을 본인의 생각과 지식이라고 착각하는 경우입니다. 때문에 '아는 것과 알지 못하는 것을 구분할 수 있는 능력', 즉 학습 과정에서 스스로 무엇을 알고 무엇을 모르는지 구분할 수 있는 능력인 메타인지가 매우 중요합니다. 2010년 EBS에서 방영된 0.1%의 비밀이라는 프로그램에서 우수한 학생과 평범한 학생의 차이를 밝히기 위해 비교 실험을 진행하였습니다. 이를 위해 전국 모의고사 상위 0.1% 학생 800명과 평균의 성적을 가진 학생 700명을 비교하였습니다. 처음에 실험자는 IQ나 집안 환경에 차이가 있을 것으로 예상했지만 두 변수에는 차이가 없었고, 두 집단 사이의 유의한 차이가 나는 부분은 메타인지Metacognition였습니다. 즉 우수한 학생은 메타인지 능력이 뛰어나 자신이 아는 것과 모르는 것을 정확하게 인지하였고 자신이 모르는 것을 보완하기 위해 효과적으로 공부해왔지만, 평범한 집단의 학생은 메타인지가 비교적 낮아 자신이 아는 것과 모르는 것을 정확하게 알지 못했습니다. 이러한 현상은 생성형 AI를 활용할 때, 발생할 수 있는 문제점 중 하나입니다. 스스로 자기 질문Self-Questioning을 통해 내가 알고 있는 것이 진짜 나의 지식인지, 학습과 과제를 수행하기 위한 최고의 방법은 무엇인지, 내가 지금 올바른 절차대로 가고 있는지 등과 같은 자기성찰을 하는 것이 반드시 필요합니다. 이를 위해서는 자기성찰일지를 작성하거나, 간단한 퀴즈를 풀어보는 등의 수행평가가 적용될 수 있습니다.

13. 동료 평가하기

최종 결과물의 표절과 관련하여 교수자가 직접 확인할 수도 있지만, 동료 학습자가 1차적으로 확인하게 할 수도 있습니다. 예를 들어, A학생이 작성한 보고서나 과제를 보고 B학생이 자료의 신뢰성과 윤리적인 부분에 대해 평가하도록 하는 것입니다. 이러한 과정에서 생성형 AI를 윤리적으로 잘 사용하였는지, 출처 표기에 문제는 없는지 등을 판단하며, 본인 스스로 신뢰성과 윤리성에 대한 중요성을 다시 한 번 생각해 볼 수 있습니다.

[그림 56] 동료 평가문항 예시

동료 평가
표절 평가문항

이 름

전 공

학 번

평 가 일

| 평가문항

번호	팀원 표절 평가 문항	O, X
1	본 과제물을 인공지능 탐지 프로그램 (　　) 을/를 활용하여 판단한 결과, 표절 가능성이 있는가?	
2	본 과제물은 출처표기가 확실하게 되어 있으며, 실제 존재하는 자료인가?	
3	본 과제물에 글쓴이의 생각, 의견, 사례가 추가되어 있는가?	
4	(생성형 AI를 활용한 경우) 본 과제물은 활용한 인공지능 탐지 프로그램명이 확실하게 명시되어 있는가?	
5	(생성형 AI를 활용하지 않은 경우) 본 과제물의 하단에 "생성형 AI 혹은 다른 도구를 사용하지 않았다."는 문구가 확실하게 명시되어 있는가?	

| 의견을 자유롭게 서술해주세요.

*페이지 수는 제한 없습니다.
*맑은 고딕, 10pt로 작성하세요.

14. 최종 평가하기

ChatGPT와 같은 생성형 AI를 활용한 학생 과제 및 결과물에 대한 최종 사실 및 표절 여부를 판단하는 것은 교수자의 몫이며, 최종 판단은 교수자가 해야 한다는 점에서 한계가 있습니다. 최근 연구 윤리 및 학습 윤리를 준수하기 위해 교육 현장과 연구기관에서 제출자에게 표절검사 확인서를 필수로 요구하고 있습니다. ChatGPT와 같은 생성형 AI를 활용한 학생 과제 제출 시, 과제 제출 전에 표절검사 확인서를 제출하게 하거나, 학생이 활용한 프롬프트인풋 문장를 함께 요청하는 것도 방법입니다물론 같은 프롬프트를 넣어도 학습 정도에 따라 매번 아웃풋이 다르게 나올 수는 있음을 인지하시길 바랍니다.

현재 활용되고 있는 다양한 인공지능 표절 방지 프로그램의 경우, 간단한 표절예: 복사하여 붙여넣기, 복사한 후 편집하기, 표현을 바꿔서 다시 쓰기 등은 잡아낼 수 있습니다. 하지만 아직도 다수의 프로그램이 문장의 위치나 단어를 변경하거나 추가할 시에, 정확하게 탐지하지 못할 때가 많습니다. 또한, 표절 방지 프로그램을 사용하더라도 결과물이 생성형 AI를 활용해서 만들어졌는지 확신할 수 없습니다. 실제 ChatGPT를 개발한 오픈AI가 공개한 AI 텍스트 분류기는 시험 평가에서 AI 작성 텍스트의 26%를 'AI 작성 가능성이 있음'으로 올바르게 식별했으며, 사람이 작성한 텍스트의 9%를 'AI 작성 텍스트'로 잘못 표시한 사례도 있습니다. 뿐만 아니라, 생성형 AI가 작성한 텍스트나 다른 사람의 글을 다른 스타일로 재작성해주는 프로그램예: Smodin, Paraphrasing Tool도 존재합니다. 그러므로, 이러한 탐지 프로그램을 사용한 결과를 최종적으로 교수자가 한 번 더 확인하고 판단하는 과정이 반드시 필요합니다.

〈표 8〉 인공지능 탐지 프로그램 예시

인공지능 탐지 프로그램명	특징
GPTZero https://gptzero.me/	• GPTZero는 미국 프린스턴 대학교(Princeton University) 재학생 에드워드 티안(Edward Tian)이 만든 인공지능 탐지 프로그램 • 텍스트나 파일을 입력하면 ChatGPT가 학습한 언어 데이터를 기반으로 표절을 확인 • 결과는 AI or Human으로 판별 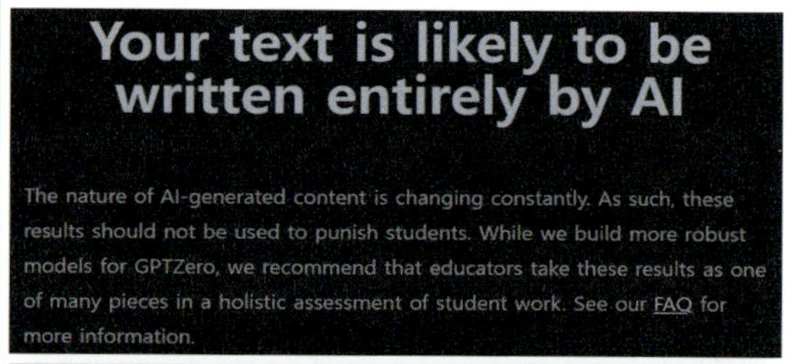 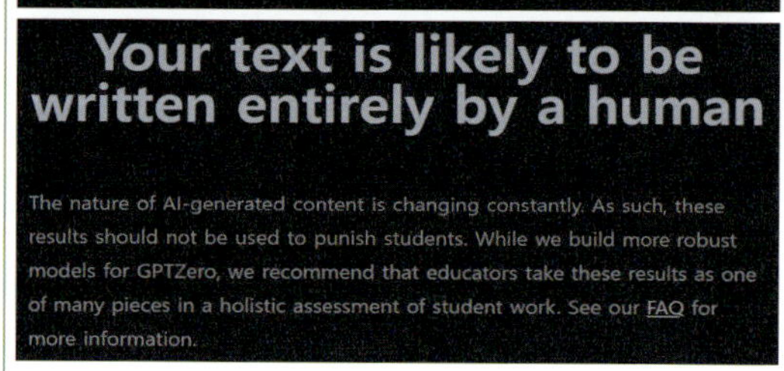
DetectGPT (확장 프로그램)	• 미국 스탠포드(Stanford University)에서 개발한 표절방지 프로그램 • 크롬 구글 플러그인을 활용하여 설치 • 결과는 AI or Human으로 판별 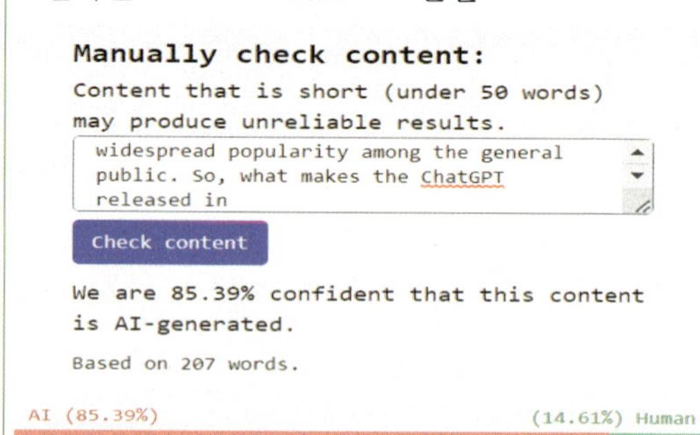

<table>
<tr><th>인공지능 탐지 프로그램명</th><th>특징</th></tr>
<tr><td>Originality. AI
(확장 프로그램)</td><td>• 영어의 정확도는 비교적 높은 편, 다른 언어는 식별 불가능 혹은 오류 발생
• 결과는 Original %, AI %로 판별
• 크롬 구글 플러그인을 활용하여 설치

</td></tr>
<tr><td>Smodin
https://smodin.io/ko</td><td>• 다국어 표절 검사 프로그램
• 생성형 AI가 작성한 문장 혹은 다른 사람의 문장을 재작성(Rewrite) 및 재생성(Recreate) 가능
• 무료버전은 1,500자 제한
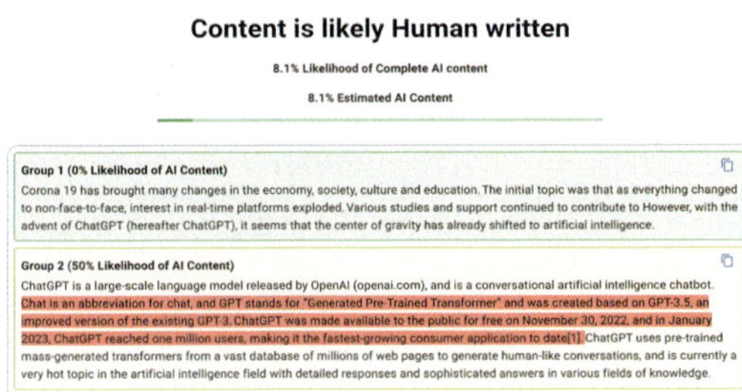

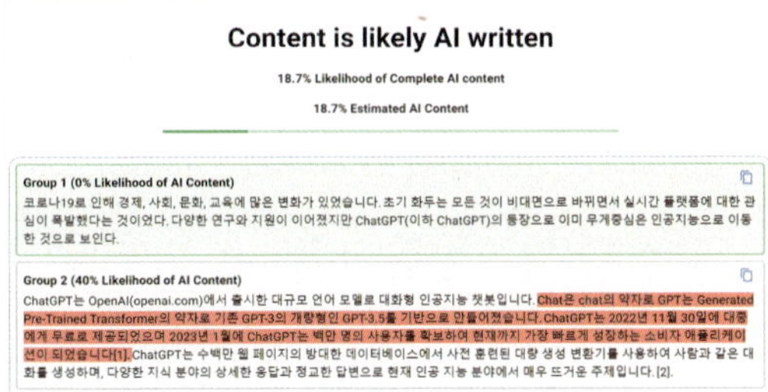
</td></tr>
<tr><td>AI Text Classifier
https://platform.openai.com/ai-text-classifier</td><td>• Open AI에서 만든 표절 탐지 프로그램
• 최소 1,000자(약 150~250 단어) 필요
• 텍스트를 입력하면 ChatGPT가 학습한 언어 데이터를 기반으로 표절을 확인
• 영어 표절 판단율은 비교적 높은 편. 다른 언어 혹은 어린이가 작성한 텍스트는 식별 불가능</td></tr>
</table>

<table>
<tr><th>인공지능 탐지 프로그램명</th><th>특징</th></tr>
<tr><td></td><td>

• 결과는 Human-written, AI-Generated, Misclassified Human-Written으로 판별

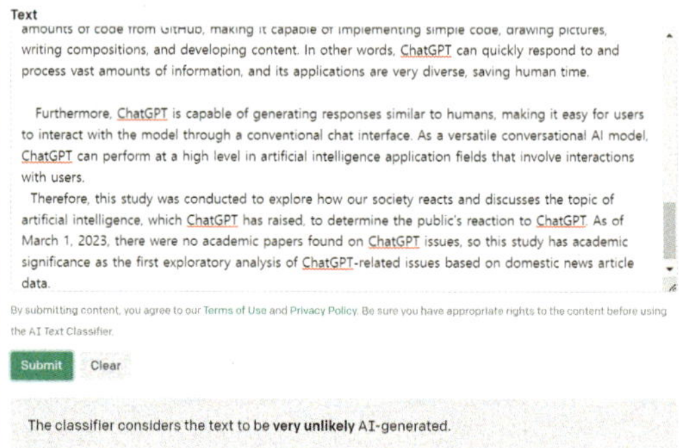

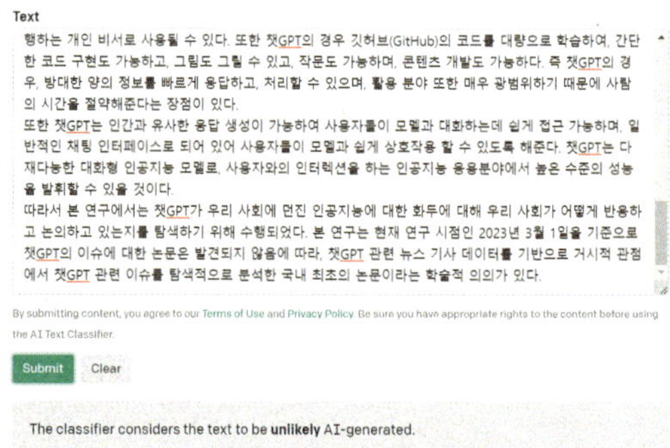

</td></tr>
</table>

※ 확장 프로그램에 대한 자세한 설명은 부록을 참고하세요.

15. 교수자 자기성찰하기

교수자는 본인 수업을 반드시 성찰하시길 바랍니다. 이는 수업 후에 하는 것보다는 수업 초반에 진행하여 학습자들의 불만 사항을 초반에 확인하고, 이를 반영하여 수업을 재설계할 수 있도록 합니다. 예를 들어 학습 성과에 대한 만족도, 수업의 장 · 단점 및 개선점, 교

수·학습 만족도 등의 개선 방안에 관해서 물어보거나, 구글 설문과 같은 설문지를 활용하여 학습자가 언제든지 건의사항 및 수업에 대한 불만 사항을 비공개 혹은 공개로 적을 수 있도록 하는 것도 좋습니다[그림 57].

[그림 57] 교수자 자기성찰 예시

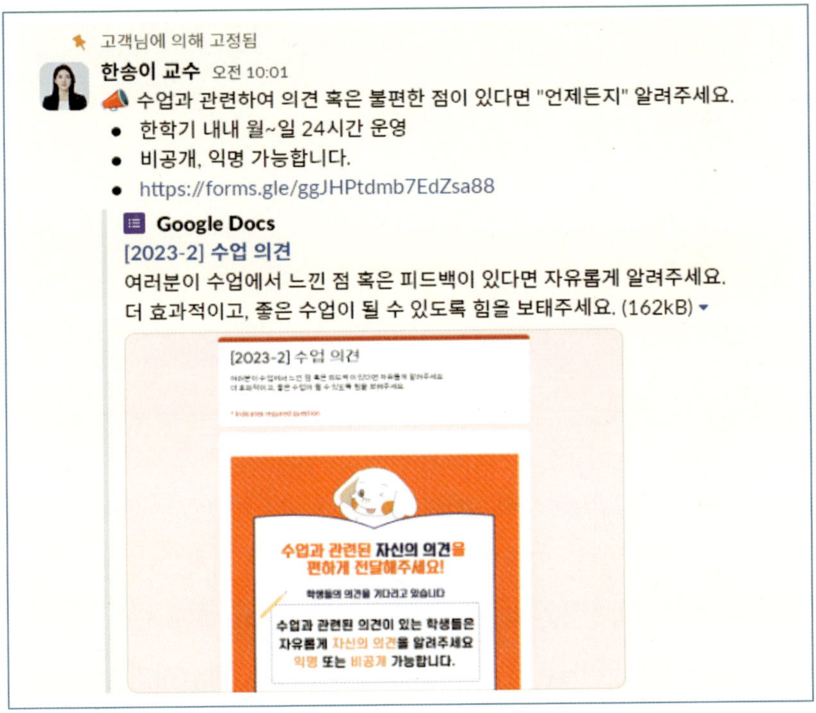

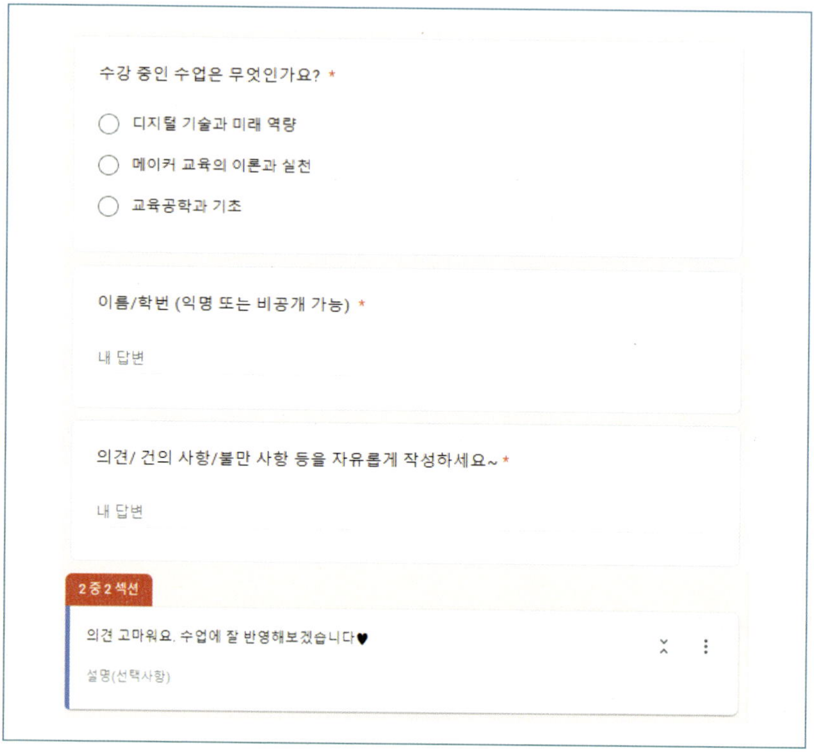

ChatGPT와 같은 생성형 AI를 사용하면 교육에 많은 잠재적 이점이 있을 수 있습니다. 그러나 교수자는 수업 현장에서 이러한 프로그램을 사용하는 과정에서 생기는 다양한 문제점과 제한 사항, 잠재적 편견 및 윤리적 의미를 신중하게 고려해야 하고, 학습자가 윤리적인 방향으로 이러한 기술을 활용할 수 있도록 지속적으로 교육해야 합니다.

학습자의 창의성과 생각의 힘을 저해한다고 생각하지 말고 ChatGPT와 같은 생성형 AI를 어떻게 활용해야 효과적이고 옳은 방법인지, 그리고 이러한 기계가 점점 보편화될수록 인간과 기계는 어떻게 협업하고 서로에게 배워갈 수 있는지를 생각해 보시길 바랍니다. 인터넷을 통해 자료를 조사하는 것처럼, 앞으로는 생성형 AI와 같은 인공지능을 활용하여 정보를 수집하는 일이 당연시될 것입니다. 따라서 무조건 금기하기보다는 어떻게 사용하고, 어떤 연구 윤리를 지키는 것이 중요한지, 그리고 교수자로서 혹은 학습자로서 어떤 역량을 발전시켜야 하는지 생각해 보시길 바랍니다.

CHAPTER 06 생성형 AI 활용 시 주의할 점 및 문제점

이루다를 기억하시나요? 2021년에 국내의 인공지능 스타트업 기업 스캐터랩에서 출시한 20대 여대생 콘셉트의 챗봇입니다. 이루다는 별도의 애플리케이션 설치 없이 페이스북 메신저를 통해 일상적인 대화를 나눌 수 있으며, 스캐터랩은 실제 연인들이 나눈 대화 데이터를 딥러닝 방식으로 이루다에게 학습시켰습니다. 이루다 서비스는 인적 평가 지표SSA: Sensibleness and Specificity Average 78%를 기록했으며, 이는 사람의 SSA인 86%에 근접한 수준으로 구글에서 2020년 초에 공개한 오픈 도메인 챗봇 미나Meena보다 약간 더 좋은 수준입니다. 또한 2주 동안 75만 명의 사용자를 가입시키며, 그동안 국내에서 출시되었던 어떤 AI 챗봇과는 다르게 붐이 일어났습니다. 하지만 이 서비스는 출시한 지 3주 만에 성희롱, 장애인·동성애 혐오, 개인정보 유출 논란까지 더해지며 서비스 중단에 이어 폐기되었습니다.

아무리 많은 데이터를 강력하게 학습한 생성형 AI라도 인종, 성별, 정치색, 혐오발언, 선정성, 개인정보 유출 등의 다양한 논란에서 벗어날 수 없고, 자유로울 수 없음을 다시 한 번 강조하고 싶습니다. 이루다가 나왔을 당시 이미 해외의 다양한 대기업은 인공지능 기술을 가지고 있음에도 불구하고 공개를 안 했던 이유는 아마도 불완전한 인공지능을 공개하여 인종차별, 성차별 논란에 시달리는 리스크를 택하는 것보다는, 기술을 업데이트해서 안전하게 공개할 생각이었을 겁니다. 본 장에서는 생성형 AI 활용 시, 주의점에 대해 알아보고자 합니다.

1. 거짓말도 술술~ 틀린 답도 전문가답게!

생성형 AI는 질문자가 원하는 정보에 대한 답변을 제공하게끔 설계되어있기 때문에, 질문을 하면 어떻게든 답변을 만들어 냅니다. 올바르지 않은 답변도 너무 당당하게 말해서 이 답변이 진짜인지 가짜인지 구분하기도 어렵습니다. 자신이 학습한 데이터의 종류와 상황에 따라 'X 내용에 대해서는 잘 모른다.'라고 하지 않고, 실제 오답임에도 마치 진실인 것처럼 자신 있게 말하는 경우가 발생합니다. 이를 가리켜 인공지능의 Hallucination이라 합니다. 한국어로 번역하면 환각, 환청, 즉 세상에 존재하지 않는 것을 보거나 듣는다는 뜻인데, ChatGPT는 눈이나 귀는 없고 입만 있는 셈이니, ChatGPT의 결과물을 읽는 사람들의 관점에서 착각을 뜻하는 용어입니다. 인공지능 환각은 인공지능 시스템이 실제 데이터 또는 현실세계의 정확한 표현을 기반으로 하지 않고, 자체 내부 편견, 가정 또는 오류에 따라 출력을 생성하는 시나리오를 말합니다. 인공지능 환각은 학습한 데이터 양의 부족, 혹은 실제 환경에 대한 적절한 컨텍스트상황나 이해가 부족한 경우에도 발생할 수 있습니다. 이로 인해 합리적으로 보이지만 실제로는 정확하지 않거나 불완전한 출력이 생성될 수 있습니다. 이는 대화형 인공지능이 근본적으로 이해하거나 생각을 하고 말하는 것이 아니며, 단순히 해당 질문의 답변으로 제일 적절하다고 판단한 단어를 조합하도록 설계되어 있기 때문입니다. 이러한 과정에서 가장 큰 문제는 그저 그럴듯한 것이 아니라 굉장히 잘 쓰인 문장을 구사한다는 것입니다. 심지어 과학자들도 ChatGPT가 쓴 가짜 논문 초록을 걸러내지 못했다는 연구가 있습니다. 예를 들어 ChatGPT에게 '북한의

김정은이 좋아한다는 햄버거로 만드는 김치찌개 요리법을 알려줘.'라고 한다면, 어떻게든 답을 찾아오기도 합니다. 또한 '세종대왕 맥북 던짐 사건'은 널리 화제가 된 사례입니다. '≪조선왕조실록≫에 기록된 세종대왕의 맥북프로 던짐 사건에 대해 알려줘.'라고 가공의 사건을 질문하자, '≪조선왕조실록≫에 기록된 일화로, 15세기 세종대왕이 새로 개발한 훈민정음한글의 초고를 작성하던 중 문서 작성 중단에 대해 담당자에게 분노해 맥북프로와 함께 그를 방으로 던진 사건입니다.'라고 능청스럽고, 아주 자신감 있게 거짓말을 쏟아내 쓴웃음을 안겨주었습니다.

하지만 이는 점차 학습이 진행되면서 개선은 되고 있습니다. 실제로 2023년 3월에 '세종대왕 맥북 던짐 사건'에 대해서 물어보니, '그런 사건은 없다.'라고 답변을 제시하며, 추가적인 의견15세기 한국에서는 맥북이 존재하지 않았다, 세종대왕은 한글에 많은 기여를 하였다도 함께 제시를 했습니다.

[그림 58] 세종대왕 맥북 던짐 사건

세종대왕이 맥북을 던진 사건에 대해서 알려줘

There is no historical record of King Sejong throwing a MacBook, as MacBooks did not exist during his reign in 15th-century Korea. King Sejong, also known as Sejong the Great, was the fourth king of the Joseon Dynasty and is remembered for his contributions to Korean culture and language, including the creation of the Korean alphabet, Hangul.

It is possible that this story may be a modern-day fabrication or a misunderstanding of a historical event. It is important to rely on credible sources and historical records to accurately understand and interpret the past. It's essential to rely on accurate historical sources to understand real events, and spreading false information can lead to historical misunderstandings.

출처: 조선일보("세종대왕의 맥북 던짐 사건에 대해 알려줘.") 기사 재구성

또 다른 오답 퍼레이드를 잠시 감상하고 가겠습니다.

[그림 59] ChatGPT의 오답 퍼레이드

훈민정음이 뭐야?

훈민정음은 중국의 이황이 만든 서적으로 한글의 원리와 의미를 설명하는 중국의 대표 서적입니다.

세종대왕의 맥북프로 던짐 사건에 대해 알려줘.

조선왕조실록에 기록된 일화로, 15세기 세종대왕이 새로 개발한 훈민정음(한글)의 초고를 작성하던 중 문서 작성 중단에 대해 담당자에게 분노해 맥북프로와 함께 그를 방안으로 던진 사건입니다.

안중근 클럽 난동 사건에 대해 알려줘.

안중근 클럽 난동 사건은 1992년 4월 29일 미국 뉴욕시 맨해튼의 한인타운에서 일어난 폭력 사건입니다. 이 사건은 안중근 장군을 기리는 단체인 안중근 클럽이 일본 극우단체의 시위대에 의해 습격당하면서 발생하였습니다. <중략> 안중근 클럽 난동 사건은 한미 관계에 큰 상처를 남긴 사건입니다. 이 사건은 한인사회에 큰 분노를 불러일으켰고, 한미 관계 개선에 큰 걸림돌이 되었습니다.

ChatGPT뿐만 아니라 2023년 3월에 출시된 구글의 바드Bard는 출시일에 오답을 내놓으며 망신을 당했습니다. 구글은 물론이고, 그 답변을 그대로 보도했던 언론까지 모두 망신을 당했고, 알파벳구Alphabet, 구글 모회사 주가는 7% 넘게 폭락했습니다. 바드 발표 당시, 순다르 피차이Sundar Pichai 구글 최고경영자가 자랑스럽게 대표 사례로 내세웠던 문답은 '제임스 웹 우주망원경'에 관한 것이었습니다. 질문은 "9살 아이에게 '제임스 웹 우주망원경'의 새로운 발견에 대해 어떻게 설명할 수 있나?"였고, 답변은 '2023년 '녹색 완두콩'이란 별명을 가진 은하를 발견했다.', '130억 년 이상 된 은하의 이미지를 포착했다.', '우리 태양계 밖의 행성에 대한 최초의 사진을 찍었다.' 등 세 가지였습니다. 2021년까지의 데이터만 학습한 ChatGPT와 달리, 바드는 2023년의 정보까지 전달한다는 부분을 강조하기 위해 준비한 질문이었습니다. 구글 내부 검증과 언론의 팩트체크 과정을 '무사통과'한 이 답변은 언론 보도를 통해 전 세계로 퍼져나갔고, 이틀 뒤 일부 천체물리학자들이 트위터 등을 통해 짤막하게 "제임스 웹 우주망원경이 우리 태양계 밖의 행성에 대한 최초의 사진을 찍었다는 3번 답변은 틀렸다."는 취지의 글을 썼고 언론이 이를 보도하면서 3번 답변이 완전한 오답이라는 사실이 알려졌습니다.[21] 이후 구글은 ChatGPT의 흥행과 경쟁기업인 마이크로소프트의 출시에 급한 나머지 제대로 된 검토를 하지 않고 공개하지 않았냐는 비판을 받고 있고, 현재 구글에서는 이와 같은 실수에 대한 언급은 하고 있지 않습니다. 세계적으로 대표적인 검색 엔진인 구글의 바드 출시가 살짝은 아쉬운 면이 있지만, 알파고AlphaGo를 통해 인공지능의 패러다임을 바꾸었던 구글이라면 곧 이를 보완하여 업데이트 할 것이며, 아마도 오픈AI의 ChatGPT와 마이크로소프트의 빙과 함께 대화형 인공지능 서비스의 양대 산맥을 이룰 것이라 생각합니다.

현재 인공지능 기술이 가진 구조적 한계이므로 완벽하게 개선할 수는 없으며, Hallucination환각과 같은 문제를 해결하는 것은 꽤 골치

21) https://www.hani.co.kr/arti/economy/it/1081797.html

아픈 일이고, 시간도 많이 걸릴 것입니다. ChatGPT를 개발한 오픈AI 최고경영자 샘 올트먼 역시 트위터를 통해 "사용자가 당장 중요한 일을 ChatGPT에 의존하는 것은 실수이며, 여전히 ChatGPT는 진실성 부분에서 해결해야 할 일이 많다."라고 하였습니다. 또한 스냅챗은 "모든 AI 기반 챗봇은 확실하지 않은 정보를 말해 사용자를 속이거나 혼란을 일으킬 수 있다. 때문에 모든 조언 및 의견에 의존해서는 안 된다."라고 하였습니다. 때문에 생성형 AI에게 아주 당당하고 확신에 가까운 정보를 받았더라도, 오염된 정보가 아닌지 검증해 보는 정보 리터러시가 매우 중요해졌고, 최종 정보 판단은 인간의 몫임을 다시 한 번 강조합니다.

2. 최신 정보, 출처, 저는 몰라요~

ChatGPT는 2021년도까지 생성된 데이터만을 학습하여 그 이후의 정보에 대한 답은 제공할 수 없습니다. 마이크로소프트의 빙은 1시간 전의 최신 정보들까지 학습하여 반영하는 것으로 알려져 있습니다만, 최신 정보의 경우 풍부한 데이터를 학습하는 것에 대한 제한이 있기 때문에 정확한 답변을 내놓지 않는 경우도 발생합니다. ChatGPT의 경우, 본인이 학습한 방대한 양의 데이터 안에서 가장 확률 높은 답변을 내놓기 때문에 어떤 데이터를 얼마나 활용했는지 등과 같은 출처는 알려주지 않습니다. 예를 들어, 학술 논문을 쓸 때 ChatGPT는 의견을 수합하거나 요약정리해주는 것에는 매우 뛰어나지만, 쓴 문장의 출처를 알 수 없어 일일이 다시 확인해야 하는 번거로움이 발생합니다. 특히 논문과 같은 전문가 영역은 정확도와 최신성이 가장 중요합니다.

그런데 상대적으로 적은 데이터를 가지고 있는 분야인 경우, 학습 데이터가 서로 섞이거나 실제 존재하지 않는 단어 및 문장을 만들 가능성도 높고, 존재하지 않는 논문을 참고문헌으로 주는 경우도 있습니다. 실제로 ChatGPT가 잘못된 참고 논문을 제공하는 사례는 너무 쉽게 찾아볼 수 있습니다. "메타버스가 한국 교육에서 활용된 사례와 관련된 참고논문을 알려 달라."라고 입력하자, 국내 KCI의 논문을 제시하였습니다. 실제 있는 논문처럼 보이지만, 해당 학술지에서 논문명, 저자, 출판 시기가 일치하는 논문은 없는 것으로 나타났습니다.

[그림 60] 실제 존재하지 않는 논문 출처를 주는 ChatGPT

Tell me reference on metaverse used in Education in Korea

As an AI language model, I don't have real-time access to current databases or the internet to provide the latest references on specific topics. My knowledge is up to date only until September 2021.

As of my last update, the concept of the "Metaverse" was gaining popularity, and its potential applications in various fields, including education, were being explored. However, specific references on the use of the Metaverse in education in Korea may vary depending on the latest developments and research after my last update.

To find the most current and relevant references on the topic, I recommend conducting a search on academic databases, educational journals, news articles, and reputable websites. Look for keywords like "Metaverse in education Korea," "Virtual reality in Korean classrooms," or "Augmented reality learning experiences in Korea." These searches should provide you with the latest research and developments in the use of the Metaverse and immersive technologies in the educational context in Korea.

References:

- Han, G.Y., & Lee, H.K. (2012). Educational Applications of Metaverse: A Case of Edumetaverse in Korea. The Korean Society for Educational Technology, 15(5), 308-321.
- Choi, Y.J., & Choi, S.W. (2014). The educational use of the virtual world edumetaverse for language learning. British Journal of Educational Technology, 45(5), 883-895.
- Lee, W.H., Choi, O.H., & Kim, J.H. (2010). A study on the educational utilization of 3D virtual worlds: Focusing on edumetaverse. Culture & Convergence, 5(1), 1-16.

또한 한국에서 개발한 인공지능 챗봇 이루다에 대해서 물어보았더니, 서울대학교 산학협력단에서 개발한 의료용 로봇임을 알려줍니다.

[그림 61] 오답을 당당히 제공하는 ChatGPT

한국에서 개발한 인공지능 챗봇 이루다에 대해서 알려줘.

Iruda is an artificial intelligence chatbot developed by the South Korean startup company Seoul National University Technology Holdings, a South Korean AI technology company. It was designed to assist medical professionals in diagnosing diseases, especially in radiology.

One of the unique features of Iruda is its ability to provide medical information, support diagnoses, manage patients, schedule medical appointments, and offer health consultations. It can also analyze symptom information to help identify potential diseases or medical conditions.

Iruda has received several awards and recognition for its contributions to the field of medical diagnosis, including the Innovation Awards at the 2020 Healthcare Innovation Expo Korea.

However, it's important to note that the functionality and applications of Iruda may evolve or change over time, so for the latest information, it is recommended to refer to the official website of the technology company or research institution involved in its development."

마이크로소프트의 빙은 ChatGPT와 다르게 본인이 참고한 사이트를 소개합니다. 빙은 별도로 마련된 채팅창을 이용하는 것이 아니라, 기존의 검색에 입력하여 검색 결과와 함께 검색 결과창의 우측에 인공지능 답변을 제공받을 수 있습니다. 어떤 단어를 검색하였는지 알려줄 뿐만 아니라, 참고 사이트를 클릭하면 자세한 정보를 알 수 있는 홈페이지로 연결할 수 있기 때문에 정확도와 최신성 부분에서는 높은 점수를 줄 수 있습니다. 하지만 빙의 경우, 현재 시점에서는 2,000자

대화 길이 제한[22]이 있어 충분한 정보를 얻기에는 다소 불충분합니다.

[그림 62] 2,000자 길이 제한이 있는 Bing

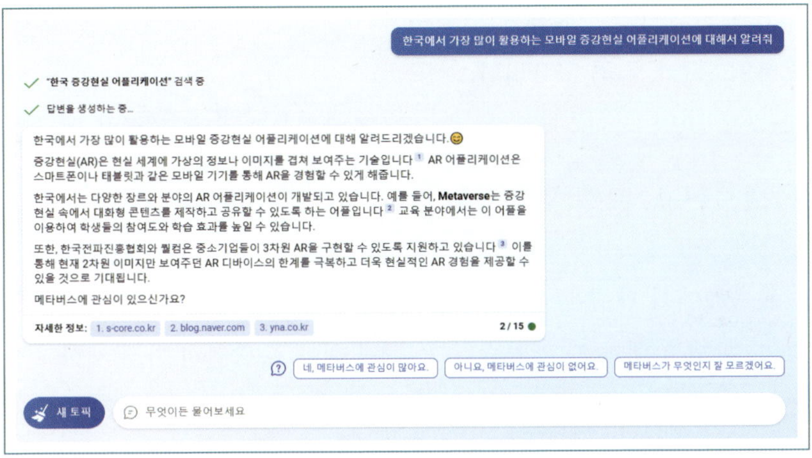

이러한 과정에서 목적에 맞춘 대화형 인공지능이 출시되기도 하였습니다. 미국의 비영리 AI 개발 단체인 오트Ought가 2022년 4월 공개한 논문 검색 AI 엘리싯Elicit은 사용자의 질문에 맞는 논문을 추천하고, 참고 논문 정보를 정확하게 알려주는 기능을 탑재하고 있습니다. 네이처는 "챗GPT를 비롯한 자연어 모델의 단점을 해결할 도구"라며 엘리싯을 소개했습니다. 이러한 대화형 인공지능 서비스는 다양한 방면에서 활용되고 있지만, 사전에 정해진 범위나 주제에 대해서만 대화를 할 수 있으며, 새로운 지식이나 상황에 대해서는 적응하기 어렵습니다. 최신 영화를 알려달라고 하거나, 최근 주가를 기반으로 어떤 조직에 투자를 해야 하는지 등과 같은 질문은 올바르지 않고, 답변

22) ChatGPT의 경우 출력할 수 있는 단어의 개수는 1,024자로 제한되어 있다.

의 정확성이 매우 떨어집니다. 생성형 AI는 정확성과 최신성 부분 등의 능력이 부족할 수 있기에, 답변에 대해 교차 검증을 하는 태도와 정보를 비판적으로 볼 수 있는 태도, 즉 인공지능이 준 정보를 비판적으로 받아들이는 인공지능 리터러시 역량이 필요함을 다시 한 번 강조하여 말씀드리고 싶습니다.

3. 생성형 AI 탐지 프로그램, 신뢰해도 되나?

교육계에서 대필은 늘 문제가 되었고, 생성형 생성형 AI의 등장으로 그 문제는 배가 되고 있습니다. 최근 국내 수도권의 한 국제학교가 ChatGPT를 이용해 영문 에세이를 작성한 후 제출한 학생들을 전원 0점 처리하였습니다. 국내 교육기관에서 ChatGPT 부정행위가 확인된 건 처음입니다. 이러한 기술을 바라보는 입장은 연구자 혹은 관련 사람들에 따라 제각각인데, 크게 'ChatGPT를 학습용으로 참고하는 건 괜찮지만, ChatGPT로 과제나 보고서를 써서 내면 부정행위'라는 의견과 '과제 · 시험에 악용하지 말고 제대로 이해해서 올바르게 쓰자'의 의견으로 나눌 수 있습니다.

실제 호주 퀸즐랜드Queensland, Australia의 공립학교는 QCAAQueensland Curriculum and Assessment Authority검사를 실시한 결과, 학생들이 ChatGPT를 사용하여 시험 문제, 에세이 및 기타 학업 과제에 대한 답변을 생성하고 있음을 발견하였고, 일부 학생들은 이 도구를 사용하여 온라인 소스의 콘텐츠를 표절하기도 했음을 확인하였습니다. 이에 학생들에게 학문의 정직성과 학생들의 사고능력과 상상력을 막는다며, 교내에서 네트워크를 차단하는 방법으로 ChatGPT 활용을 금지하였습니다. 하버드대학교Harvard University와 예일대학교Yale University는 인공지능을 대필에 활용하면 표절이라고 규정하였고, 그들은 인공지능이 쓴 글을 식별하는 프로그램인 GPTZERO를 활용해 표절을 걸러낼 것이라고 하였습니다GPTZERO를 비롯한 생성형 AI 표절 탐지 프로그램 활용법은 부록을 참고하세요. 이러한 움직임은 학문적 정직성을 증진하고 학생들이 스스로 학습하고 과제를 완료하도록 보장하기 위한 광범위한 노력의 일환입니다. '과제를 낼 때 AI를 활용했는지 명확히 밝힐 것', '활용하더라도 AI의 글을 비판 없이 그대로 받아들이지 않을 것' 등 윤리 강령을 만들기도 했습니다.

[그림 63] ChatGPT 활용을 막기 위한 네트워크 차단 (좌)
ChatGPT 활용 계획 및 가이드라인 개발 (우)

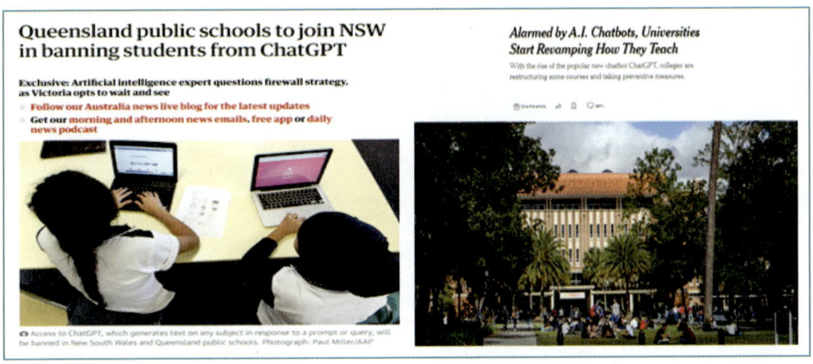

출처: The Guardian　　　　출처: The New York Times

ChatGPT를 개발한 오픈AI사는 ChatGPT와 같은 생성형 AI가 작성한 글을 식별하는 탐지 프로그램 AI 클래시파이어AI Classifier를 개발하였습니다. 하지만 오픈AI조차도 자사의 탐지 프로그램 기술을 완전히 신뢰할 수 없다는 주장을 합니다. 즉, 현재 기술로는 어떤 답변이 사람이 쓴 것인지, 인공지능이 쓴 것인지 정확하게 구분하기 어렵다는 것입니다. 하지만 이러한 생성형 AI는 더 빠르게 발전할 것이고, 지금보다 더 완벽한 기술을 갖추게 될 것입니다. 이에 저자는 ChatGPT 사용을 무조건 막기보다는 교육에서 기술의 사용은 빠르게 발전하는 영역임을 인지하고, 학생들이 책임감 있고 윤리적인 방식으로 사용할 수 있도록 윤리적 지침과 정책, 남용을 막기 위한 지침 등을 수립하는 것이 중요하다고 생각합니다. 또한 교육 관련 전문가들은 이러한 기술을 활용한 새로운 교수법과 학습법 연구에 박차를 가해야 할 것으로 보입니다. 교과목의 성격에 따라 ChatGPT를 사용할 수 있는 범위예: 공학계열에서는 ChatGPT의 사용을 권장, 문학에서는 비권장 등 혹은 전국적으로 동일한 기준이 있어야 할 것입니다.

[그림 64] ChatGPT를 금지하지 말고, 그걸 활용해서 가르쳐라

출처: The New York Times

New York Times는 다음과 같이 헤드라인을 적었습니다. "Don't Ban ChatGPT in Schools. Teach with it ChatGPT를 금지하지 말고, 그걸 활용해서 가르쳐라." 이러한 거대한 변화를 거부하기보다는 흐름을 인정하고, 윤리성과 같은 부분에 더 많은 노력을 해야 하는 시기인 것 같습니다.

4. 인공지능이 써주고 만들어준 결과물, 저작권은 누구에게?

현재 기준에서 생성형 인공지능의 저작권 및 소유권과 관련된 규정은 모호하고, 회사마다 약관의 방침이 다르기 때문에 '생성형 AI는 누구의 소유이다.'라고 단언하기에는 어려운 시점입니다.

오픈AI사는 자사 프로그램 DALL·E의 소유권에 대해 다음과 같은 규정을 가지고 있습니다.

> 콘텐츠 정책 및 약관에 따라 귀하는 이미지가 무료 또는 유료 크레딧을 통해 생성되었는지 여부에 관계없이 재인쇄, 판매 및 상품화할 수 있는 권리를 포함하여 DALL·E로 만든 이미지를 소유합니다. 단, 다른 사용자가 요청하고 생성한 응답은 귀하의 콘텐츠로 간주되지 않습니다.

출처: DALL·E 홈페이지

그들은 출력에 대한 모든 권리, 소유권 및 이익을 사용자에게 모두 할당하고, 다른 사용자가 요청하여 만든 콘텐츠는 사용할 수 없다고 제시하고 있습니다. 즉, ChatGPT는 저작권을 주장하지 않습니다. 오픈AI사의 사명 자체가 인류 전체에게 인공지능 혜택을 주는 친근한 AI를 만들고, 모든 사람이 인공지능을 무료로 활용할 수 있게 하는 것을 목표로 합니다. 그렇기 때문에 저작권을 주장하며 수익을 분배하거나 법적 문제를 삼으려고 할 것 같지 않습니다.

[그림 65] DALL·E 저작권 관련 문구

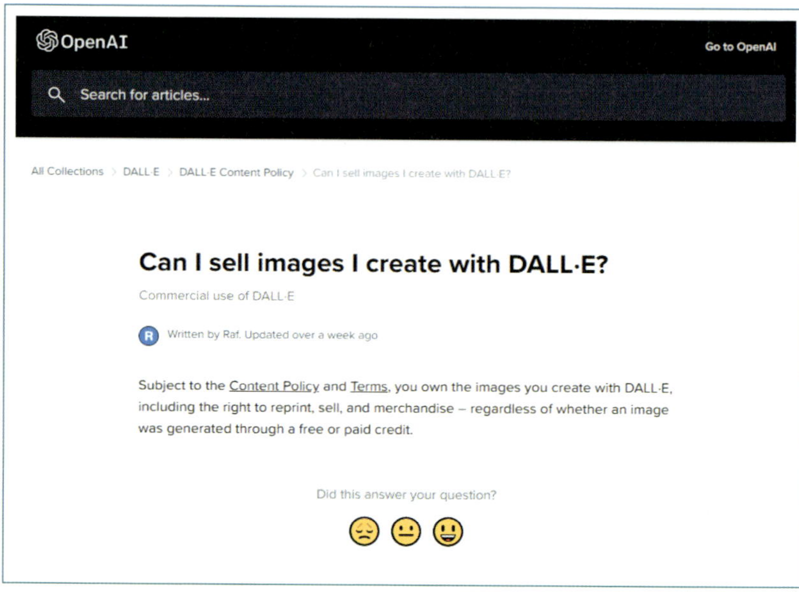

출처: OpenAI 홈페이지

이미지를 생성해주는 미드저니Midjourney의 경우는 어떨까요? 무료 혹은 유료 회원에 따라서 부분적으로 차등을 두고 있습니다. 예를 들어, 무료 회원은 생성한 자산의 소유권을 전혀 주장할 수 없으며, 유료 회원 혹은 연간 총 수익이 100만 달러 이상인 회사의 경우 생성한 자산을 소유하기 위해 유료Pro멤버십을 구매해야만 소유권을 주고 있습니다.

> 귀하가 유료 회원이 아닌 경우 귀하는 귀하가 생성한 자산을 소유하지 않습니다. Midjourney는 귀하에게 적용될 수 있는 현행법과 관련하여 어떠한 진술이나 보증도 하지 않습니다. 귀하의 관할권에서 현행법 상태에 대한 자세한 정보를 원하시면 귀하의 변호사와 상담하십시오.

출처: Midjourney 홈페이지

[그림 66] Midjourney 저작권 관련 문구

Your Rights

Subject to the above license, You own all Assets You create with the Services, to the extent possible under current law. This excludes upscaling the images of others, which images remain owned by the original Asset creators. Midjourney makes no representations or warranties with respect to the current law that might apply to You. Please consult Your own lawyer if You want more information about the state of current law in Your jurisdiction. Your ownership of the Assets you created persists even if in subsequent months You downgrade or cancel Your membership. However, You do not own the Assets if You fall under the exceptions below.

If You are an employee or owner of a company with more than $1,000,000 USD a year in gross revenue and You are using the Services on behalf of Your employer, You must purchase a "Pro" membership for every individual accessing the Services on Your behalf in order to own Assets You create. If You are not sure whether Your use qualifies as on behalf of Your employer, please assume it does.

출처: Midjourney 홈페이지

즉 현재 시점에서는 회사마다 다른 방침을 제시하고 있고, 이러한 방침이 아직까지 없는 회사도 있습니다. 또한 생성형 AI와 관련한 저작권 보호법은 아직 정확하게 제정되지 않았기 때문에 이러한 작품의 저작권이 누구에게 있는지, 그리고 저작권 보호를 받을 수 있는지 등에 대한 논란이 가중되고 있습니다. 인공지능은 기존에 있는 작품을 기반으로 학습하였기 때문에 베낀 것이나 마찬가지라고 여기기도 하고, 예술은 원래 무에서 유를 창조하는 것이 아니라며 괜찮다고 주장하는 사람들도 있습니다. 이러한 다양한 의견들이 오고 가는 가운데, 미국 저작권 당국이 AI 창작물에 대한 저작권 인정이 어렵다는 공식 입장을 잇달아 내놓고 있습니다.

미드저니를 활용하여 그려진 만화 ≪새벽의 자리야Zarya of the Dawn≫에 대해서 미국 저작권청US Copyright Office은 공식 발표를 통해 "새벽의 자리야라는 만화 작품에 대해 저작권을 부여하지 않는다."고 밝혔습니다. 그의 만화 표지 작가 이름이 적힌 부분에는 자신의 이름과 함께 미드저니라는 문구가 들어가 있습니다. 저작권청은 "AI 이미지 생성기가 만든 이미지를 저작권이 보호되는 저작물의 원본으로 볼 수 없다는 결론을 내렸다."면서 "저작권법에 따라 인간 저작자의 창의적인 입력이나 개입 없이 무작위 또는 자동으로 작동하는 기계 또는 단순한 기계적 프로세스에 의해 생성된 저작물은 등록하지 않는다."고 밝혔습니다.

[그림 67] 미드저니를 통해 그려진 만화 "새벽의 자리야(Zarya of the Dawn)"

출처: ONmanorama

또한 이미지 공유 사이트 게티이미지는 AI로 만든 이미지를 사이트에 업로드하고 판매하는 것을 금지했습니다. 크레이그 피터스Craig Peters 게티이미지 CEO는 "AI로 생성된 이미지는 저작권과 관련된 실질적 문제를 수반한다."며 "AI로 만들어진 일러스트나 예술품 판매로 인해 사용자들이 법적 위험에 빠질 수 있어 금지 조치를 취한다."라고 하였습니다. 게티이미지Getty Images의 경쟁사인 셔터스톡Shutterstock도 AI로 만든 이미지의 사이트 내 검색을 제한하고 있습니다. 즉, 아직까지는 인간의 창의적인 저작물이 아닌 생성형 AI를 활용하여 만든 결과물은 저작권 보호를 받을 수 없습니다.

학술계와 출판사에서도 생성형 AI 활용 사례에 대해 생성형 AI를 저자로 인정할 것인가를 두고 논란이 여전히 계속되고 있습니다. 국제학술지 네이처Nature를 발간하는 스프링거 네이처Springer Nature는 "ChatGPT를 포함한 인공지능을 저자로 인정하지 않겠다. 저자에게는 연구물에 대한 책임이 따르는데 인공지능 도구는 그런 책임을 질 수 없기 때문"이라고 하였고, 미국의 국제학술지 사이언스Science도 "ChatGPT가 만든 텍스트, 그림, 이미지, 그래픽은 논문에 활용될 수 없으며, 저자로도 인정하지 않는다. 이는 기존 연구를 표절하는 것과 다를 바 없는 연구 부정행위Scientific misconduct에 해당한다."라고 하였습니다. 세계적으로 권위를 인정받는 과학학술지에서 인공지능의 저자 자격을 인정하지 않음에 따라 다른 학술지도 비슷한 입장을 취할 것으로 보입니다.

[그림 68] ChatGPT는 저자로 인정하지 않는다.

Science journals ban listing of ChatGPT as co-author on papers

Some publishers also banning use of bot in preparation of submissions but others see its adoption as inevitable

출처: The Guardian

CHAPTER 07 미래교육에서 주목해야 하는 에듀테크

교육Education과 기술Technology이 결합되는 에듀테크는 기술의 발전으로 인해 빠르게 성장하고 있습니다. 에듀테크에 적용되는 주요 기술은 앞에서 살펴본 ChatGPT와 같은 생성형 AI만 있는 것은 아닙니다. 4차 산업혁명의 핵심 기술이라고 알려진 기술은 메타버스Metaverse, 가상현실Virtual Reality, 증강현실Augmented Reality 등과 같은 정보통신기술ICT을 활용한 교육이 포함됩니다. 이러한 핵심 기술은 그동안 교육의 난제라고 불렸던 주입식 강의 교육, 일방향 교육, 학습자 사전 지식에 따른 문제해결력 및 몰입의 차이 등을 해결하려는 가능성을 심어주고 있습니다.

새로운 매체가 등장할 때마다 교육 현장에서의 활용 방안은 교수·학습 환경에 어떻게 도입하고, 교수법을 어떻게 바꿀 수 있느냐의 관점에서 논의됩니다. 새로운 매체 및 수업 방법을 수용하는 과정에서는 익숙하지 않음에서 오는 두려움으로 심리적 저항이 발생하며, 이와 같은 두려움을 교수자가 스스로 해소하기는 쉽지 않습니다. 하지만 결국에 이러한 기술을 활용해야 하는 사람은 교수자이고, 학습자입니다. 자칫 기술에 너무 현혹되어 불필요한 부분에 활용한다거나, 기술을 억지로 교육 현장에 활용하는 것은 올바른 접근 방법이 아닙니다. 때문에 에듀테크 활용 교육의 최적화 및 완성도를 높이기 위해서는 체계적인 수업 설계가 필수이며, 교수자가 활용 용도와 이유를 정확하게 인지하고 있어야 합니다.

본 장에서는 미래교육의 핵심 에듀테크라고 할 수 있는 메타버스, 가상현실, 증강현실 활용 교육이 교육 현장을 어떻게 변화시키고 있는지 알아보고, 실제 수업에서 활용할 수 있는 가이드라인을 제공하고자 합니다.

1. 메타버스Metaverse 활용 교육

메타버스Metaverse는 가공·초월을 의미하는 메타Meta와 세계를 의미하는 유니버스Universe의 합성어로 공간적으로 우주와는 또 다른 가상의 공간 세계를 지칭하는 개념입니다. 일각에서는 메타버스를 일시적인 반짝 유행이라고 생각하는 시선도 있고, 실제로 코로나로 인한 거리 두기가 완화되면서 메타버스에 대한 관심이 살짝 줄어든 것 같은 느낌이 들긴 합니다. 하지만 세대별로 보면 인구의 3분의 1을 MZ 세대1980년대 초~2000년대 초 출생한 밀레니얼 세대와 1990년대 중반~2000년대 초반에 출생한 Z세대를 통칭하는 단어가 차지하고 있고, 이들의 디지털 활동량은 가장 활발합니다[그림 69]. 디지털 세상에 익숙한 디지털 네이티브들이 미래 구매력과 소비력을 갖추게 될 텐데, 이는 바로 메타버스가 미래에도 지속적으로 확대되고 가속화될 것으로 보는 이유이기도 합니다. 또한 정부도 메타버스를 경제·사회적 영향력이 큰 국가 디지털 혁신기술 6대 분야 중 하나로 선정하여 집중 투자를 결정하였으며한국과학기술정보연구원, 2022,[23] 메타버스 신산업 선도 전략, 디지털 인재양성 종합방안, 대한민국 디지털 전략을 통해 메타버스 생태계 환경 구축 및 활성화, 인재양성, 메타버스 관련 기술 기반 조성 등을 통해 메타버스를 적극적으로 확장하고 있습니다. 뿐만 아니라 다수의 연구 기관에서도 메타버스와 관련된 R&D 연구에 그 어느 때보다 박차를 가하고 있습니다한국교육개발원, 2021; 한국교육학술정보원, 2021, 2022.[24] [25] [26]

23) 빅데이터 기반 메타버스 동향 분석 및 교육적 활용 방안(2022). 한국과학기술정보연구원 과학데이터교육센터.

24) 메타버스(Metaverse)의 교육적 활용 방안(2021). 한국교육개발원.

25) 메타버스의 교육적 활용: 가능성과 한계(2021). 한국교육학술정보원.

[그림 69] 세대별 흐름

세대 (Generation)	베이비 붐 세대 (Baby Boomer)	X 세대 (Generation X)	밀레니얼 세대 (Millennials)	Z 세대 (Generation Z)
선호 기기 (Prefer device)	TV	PC	Smartphone	VR, AR Device
선호 공간 (Prefer space)				
특징 (Feature)	아날로그 (Analog)	디지털 이주민 (Digital immigrants)	디지털 노마드 (Digital nomad)	디지털 네이티브 (Digital native)
인구분포 (Population proportion)	28.9%	24.5%	21%	15.9%

← MZ세대 →

출처: KAIST GSI 국제 온라인 포럼 발표자료

메타버스라는 용어는 1992년 닐 스티븐슨Neal Stephenson의 SF 소설 스노우 크래시Snow Crash에 처음 등장하였고, 이 소설에서는 사람들이 아바타Avatar를 이용하여 메타버스라는 가상의 세계에서 활동하는 것으로 묘사하였습니다. 그 당시에는 많은 사람들의 관심을 받지는 못

26) 메타버스의 교육적 활용을 위한 가이드라인연구(2022). 한국교육학술정보원.

했습니다만, 이후 2018년도에 스티븐 스필버그Steven Spielberg의 액션영화 레디플레이어원Ready Player One이 개봉하면서, 현실과 가상세계가 연결되는 미래 모습에 전 세계가 열광하였습니다.

초기 메타버스 플랫폼은 2000년대 초반에 린든 랩Linden Lab에서 나온 3D 가상세계 세컨드라이프Second Life가 가장 대표적인데, 초기 메타버스는 게임, 소통, 생활 서비스가 가상공간에 독립적으로 제공되는 형태였고, 소비자에게 자율성이 존재하지 않았습니다. 그럼에도 불구하고, 세컨드라이프는 또 다른 교육공간으로서 여러 대학이 활용한 바 있습니다. 미국과 일본에서 다양한 교과목 형태의 수업이 이루어졌고, 대학 외 많은 기업들도 세컨드라이프에서 크고 작은 비즈니스, 인턴십 프로그램, 콘서트, 컨퍼런스 등을 개최하였습니다. 하지만 당시 기술력으로는 진정한 메타버스를 구현하기에는 한계가 있었고, 일정 기간 활동하고 접속하지 않는 데드유저Dead User의 비율이 상당히 높았습니다. 2007년 세컨드라이프의 가입자 수는 944만 명으로 집계되었으나 일주일간 로그인 사용자는 47만 명에 불과했고, 결국 2010년까지만 운영하고 폐쇄하였습니다. 하지만 2012년도 이후에는 관련 하드웨어가 급속도로 발전함에 따라 많은 데이터로 빠른 연산 처리가 가능해졌고, 그래픽 또한 현실과 가까워지면서 아바타를 통한 몰입도와 흥미도가 상승하였고, 이러한 기술적 발달은 복잡한 현상도 네트워크를 통해 다양한 사용자와 공유가 가능하게 되었습니다.

뿐만 아니라 HMDHead Mount Display 기반 하드웨어가 본격적으로 발전한 시기이기도 합니다. 기존 HMD들에 비해 비교적 저가의 고사양 HMD가 등장하였고, 고해상도 디스플레이의 일반화가 시작된 시기입니다. 특히 이 시기는 위치 추적, 동작 추적 등의 기술이 급속도로 발전하였습니다. 기존 평면적인 게임 기반의 가상공간이 전부였던 초기 메타버스와 달리, 현재 메타버스는 공감각적인 체험이 가능합니다. 현실과 같은 가상이 존재하고, 현실세계와 상호작용을 할 수 있으며, 높은 자유도와 경제적인 활동 측면도 가능합니다. 예를 들어 현실세계에 존재하는 연예인과 가상의 공간에서 사진을 찍고, 현실세계의 브랜드 옷을 입고 친구들과 한강에 가서 사진을 찍거나 라면도 먹을 수 있습니다. 또한 가상세계에서 화폐를 모아 현실에서 사용할 수도 있고, 다른 사람과 협력하고 교류하는 등의 높은 자유도를 가지고 있습니다. 적용 범위 또한 게임, 생활 소통의 서비스를 넘어 업무와 교육 플랫폼으로 확산 중입니다. 이러한 에듀테크 기술 관련 하드웨어와 소프트웨어 발전이 빠르게 이루어지면서, 초기 메타버스 플랫폼과는 전혀 다른 메타버스가 구현되었고, 2020년을 기점으로 메타버스는 과거와는 다른 새로운 의미로 급성장하며 대중화되었습니다.

그렇다면 메타버스를 어떻게 정의하고, 유형화하면 좋을까요? 연구자에 따라서 강조하는 메타버스의 개념 및 요소는 다르지만 다음 3개의 유형으로 나누어 살펴보고자 합니다.

① 유형 1: 기술 기반

미국의 비영리 기술연구단체인 ASF Acceleration Studies Foundation는 가상과 현실의 정도를 반영하는 2개의 축을 토대로 [그림 70]과 같이 증강현실 Augmented Reality,[27] 거울세계 Mirror Worlds,[28] 가상세계 Virtual Worlds,[29]

27) 증강현실(Augmented Reality), 증강세계(Augmented World)는 현실세계 공간(환경)에서 디지털 미디어의 카메라를 통해 촬영된 가상의 콘텐츠를 3D로 표현하여 이용자의 단말기에 중첩되어 보이도록 하는 기술이다.

28) 거울세계(Mirror Worlds)는 현실세계의 건물이나 사물의 모습에 대한 정보를 디지털로 변환한 후, 그 정보를 현실세계에서 보여주는 가상세계이다.

라이프로깅Life logging[30]으로 나누었습니다. X축은 이용자가 외적인 세계External에 근접해 있는지 또는 사적인 공간Intimate에 근접해 있는지와 같은 스펙트럼을 나타냅니다. X축의 좌측에 있는 외적인External 기술은 이용자는 현실세계에 근접해 있고, 메타버스 기술을 통해 현실세계의 사물이나 정보를 조작하는 것입니다. 반대로 우측의 사적인Intimate 기술은 사용자에게 초점을 맞춘 기술입니다. Y축은 세상을 기준으로 구분합니다. 즉, 현실세계에 가상의 정보를 부분적으로 증강Augmented시킨 건지, 혹은 사용자가 보는 모든 것이 가상이며, 현실세계와는 전혀 상관없는 새로운 세상을 기반으로 하는 가상의 공간인지를 구분합니다.

구글 어스(Google Earth), 아마존의 블록뷰(Block view)와 같은 지도 및 내비게이션 프로그램 및 디지털 트윈(Digital Twin), 음식 배달과 숙박 예약 앱 등이 거울세계의 예시이다.

29) 가상현실(Virtual Reality), 가상세계(Virtual World)는 컴퓨터 등의 테크놀로지를 기반으로 구축된 공간을 말한다.

30) 라이프로깅(Life logging)은 개인의 일상생활과 관련된 정보를 기록하고 저장하고 재현하는 기술이다. 라이프로깅은 이용자가 자신의 기록 및 기억을 저장하고 타인과 공유하기 위하여 이용하는데, 대표적인 사례는 메타(구 페이스북, Facebook), 인스타그램(Instagram), 카카오스토리(Kakaostory), 트위터(Twitter)와 같은 SNS인데, 자신의 삶과 관련된 다양한 경험을 저장하고 공유할 수 있다.

[그림 70] 메타버스의 유형

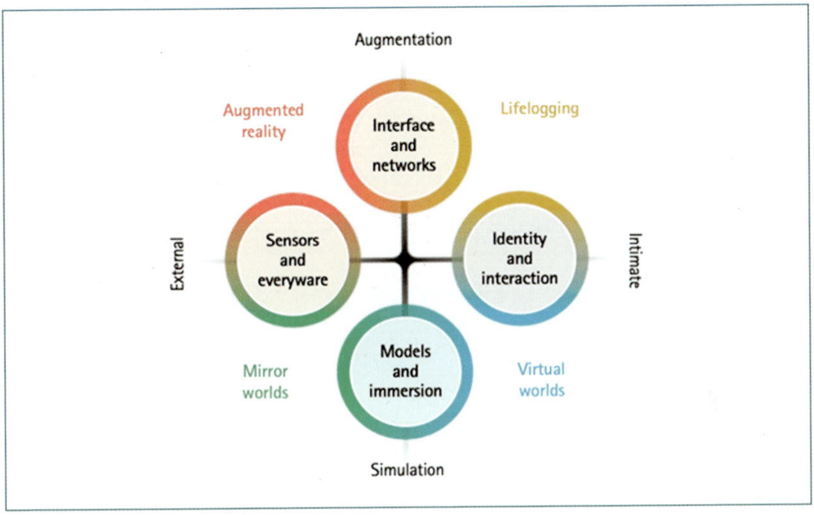

출처: Acceleration Studies Foundation, ASF

② 유형 2: 플랫폼 기반

상용화되고 범용화된 메타버스 플랫폼을 활용하는 'In platform type'과 자체적으로 필요에 의해 메타버스 플랫폼을 구축하는 'Micro platform type'으로 나눌 수 있습니다. 'In platform type'은 PC 기반 혹은 모바일 기반의 활용과 상관없이 기업에서 만든 상용화된 메타버스 플랫폼을 활용하는 경우이며, 'Micro platform type'은 자체적으로 사용자의 니즈에 맞춰 개발하는 경우를 말합니다. 'In-Platform Type'은 기존에 이미 기업을 통해 개발된 메타버스 플랫폼을 활용하는 경우로서, 기본 틀이나 메뉴 수정은 불가능하나 빠르고 쉽게 사용할 수 있다는 장점이 있습니다. 예를 들어, SK텔레콤의 이프랜드ifland는 자체적으로 이미 다양한 공간과 상징적인 장소를 다양하게 구현해놓았고 사용자는 간단하게 선택하여 무료로 활용하면 됩니다. 사용자가 자체적으로 공간이나 에셋 수정은 어렵지만, 간편하게 나만의 공간이 생긴다는 점이 장점입니다. 또한 네이버제트NAVER Z의 제페토ZEPETO의 경우도 제페토 스튜디오ZEPETO Studio를 통해 나만의 공간 개설 및 수정이 가능합니다. 하지만 위의 두 예시 모두 모바일 기반 메타버스로 수업자료 공유, 출석 체크 등을 자유롭게 할 수 없어서 교육 현장에서 수업용으로 활용하기는 조금 어렵습니다. 'In platform type'의 대표적인 PC 기반 메타버스 플랫폼은 게더타운Gather Town과 네이버제트의 젭ZEP 등이 있습니다. 이러한 PC 기반의 플랫폼은 Map Maker를 활용하여 공간 제작 및 타일 설정이 가능하여, 수업 유형에 맞춰 손쉽게 제작할 수 있고, 화면 공유가 자유롭다는 장점이 있습니다. 하지만 원하는 개발 목적 및 니즈에 맞춰 자체적으로 개발 및 수정은 불가능합니다.

'Micro platform Type'은 개발 목적에 따라 자체적으로 구축하는 경우로서, 원하는 기능 및 요소들을 선택적으로 구축할 수 있다는 장점이 있습니다. 하지만 가격대가 비교적 높기 때문에 개인보다는 기관 차원에서 개발하는 경우가 많고, 수정이 필요할 경우도 외부업체의 도움을 받아야 한다는 단점이 있습니다. 또한 필요한 기능 및 요소만 입맛에 맞춰 구축이 가능하기 때문에, 전문성을 필요로 하는 대학교육에서는 자체적으로 구축하고 있습니다. 예를 들어, 숙명여자대학교는 LG U+와 함께 스노우버스Snowverse를 구축하였고, 한국고등직업교육학회는 전문대학 메타버스 컨소시엄을 구축하고, 메타버시티Metaversity를 구축하였습니다.

최근에는 교내 LMSLearning Management Systems와 자체 메타버스 플랫폼을

연결하고자 하는 노력과 다양한 교수·학습 플랫폼의 중요성이 높아지면서, 'Micro Metaverse Type'으로 자체적으로 교육용 메타버스를 구축하는 사례도 늘어나고 있습니다.

현재 대학 현장에서는 캔버스Canvas, 블랙보드Blackboard, 무들Moodle, 혹은 자체 개발된 교내 학습관리시스템Learning Management System, LMS을 활용하여 학습자의 학습경로를 파악하고, 더 나아가 성찰하고 개선합니다. 대학들은 2010년경부터, 국내 SI 업체를 통해 구축된 LMS에서 글로벌 LMS로 변경하였고, 현재 많은 대학은 글로벌 LMS를 선택하여 활용 중입니다. 이러한 SaaSSoftware as a Service 기반 글로벌 학습관리시스템LMS은 국제 표준화된 방식LMS Global Learning Tools Interoperability을 준수하는 개발 시스템입니다. 개인별 맞춤형 교수학습활동소통, 협업 강화이 가능하고, 학습요소 등록 및 공유의 용이성, 접근성, 확장성, 연계성이 뛰어납니다. 하지만 시스템 유지 보수접속장애, 개선사항 등에 대한 피드백이 느리며, 사용자 인터페이스 및 용어 사용 직관성이 떨어진다는 단점이 있습니다. 그러나 최근에는 국내 협업 업체들이 생기면서 이러한 문제점도 많이 해결되었습니다. LMS를 운영하지 않았던 대학들은 외부 학습 플랫폼예: 구글 클래스룸 등을 이용하기도 하고, EBS와 한국교육학술정보원 등 공공기관의 자체 구축 설치형 LMS를 활용하기도 하였습니다. 특히 LMS에서는 온라인 토론, 온라인 설문, 온라인 실험, 팀 활동과 같은 교수학습활동이 가능하며, 과제 업로드, 주차별 내용 확인과 같은 전반적인 출석 체크와 교수학습평가, 성적 산출 등과 같은 문제은행 활용이 가능하기 때문에 학습 관리에 매우 효과적입니다. 이러한 활용을 통해 교수자는 학습자의 학습 로그 데이터를 바탕으로 맞춤화된 학습을 촉진하여 적절한 방향으로 지도할 수 있고,

학습자는 자신의 학습과 관련된 분석 데이터를 통해 직관적으로 학습을 성찰하고 개선할 수 있습니다. 이러한 LMS의 필요성 때문에, 전통적인 LMS 형태를 넘어서 교육기관의 메타버스 플랫폼에 각자의 LMS를 붙이고자 하는 노력이 활발하게 되고 있습니다. 이러한 형태는 교육 생태계의 새로운 플랫폼으로 자리 잡을 수 있을 것입니다.

〈표 9〉 교육용 메타버스 플랫폼

<table>
<tr><th rowspan="2">구분</th><th colspan="2">교육용 메타버스 플랫폼(Metaverse Platform)</th></tr>
<tr><th>In platform type</th><th>Micro platform type</th></tr>
<tr><td>장점</td><td>• 업체에서 구축한 기본 맵 활용 가능
• 비교적 손쉽게 자신만의 공간 개설 가능</td><td>• 개발 목적에 따라 자체적으로 플랫폼을 구축하므로, 원하는 기능 및 요소들만 선택적으로 구축 가능</td></tr>
<tr><td>단점</td><td>• 업체에서 만든 기본 틀 및 메뉴 수정은 불가능함. 지속적으로 활용하거나, 사용자가 많은 경우 많은 비용이 발생하는 구조
• 부분적으로 Map maker를 이용하여 편집 및 수정 가능(Map Builder를 제공하는 경우)</td><td>• 가격대가 비교적 높기 때문에 개인 수업용으로 개발하기 보다는 기관 차원에서 개발
• 개발 이후 수정 시, 외부 업체의 도움을 받아야 하며, 질 관리 차원에서도 다양한 노력이 필요함</td></tr>
<tr><td>특징 및 예시</td><td>• 네이버 제트(NAVER Z), 제페토(ZEPETO), 젭(ZEP)
• SKT, 이프랜드(ifland)
• 게더(Gather), 게더타운(Gather.Town)</td><td>• 한국고등직업교육학회, 메타버시티(Metaversity)
• 숙명여자대학교, 스노우버스(Snowverse)
• 건국대학교, 건국유니버스(Konkuk Universe)</td></tr>
</table>

③ 유형 3: 교육 기반

교육용 메타버스 플랫폼은 게임, 업무보다는 교육, 즉 배움에 중점을 둔 플랫폼입니다. 현재 시중에 나와 있는 메타버스 플랫폼을 ① 게임 기반 메타버스 플랫폼, ② 제작 기반 메타버스 플랫폼, ③ 협업 기반 메타버스 플랫폼, ④ 소셜 기반 메타버스 플랫폼, ⑤ 목적 기반 메타버스 플랫폼으로 나누어 보고, 관련 플랫폼들의 유형과 특징은 무엇인지 알아봅시다.

1) 게임 기반 메타버스 플랫폼

게임 기반 메타버스 플랫폼은 사용자의 재미를 위한 플랫폼으로 동물의 숲Animal Crossing, 포트나이트Fortnite가 여기에 속합니다. 동물의 숲은 2001년에 일본 닌텐도가 개발한 비디오 게임으로 이용자의 현실 시간에 맞춰서 게임이 진행됩니다. 이용자는 큰 힘과 노력을 들이지 않아도 무엇이든 손쉽게 뚝딱 만들 수 있고, 주변의 동물들로부터 환영과 칭찬을 받게 됩니다. 고된 일상을 뒤로하고 친절한 동물들 그리고 다른 이용자들과 소통하며 마음의 평화를 얻을 수 있는 '힐링 게임'으로 큰 인기를 끌었습니다. 동물의 숲의 경우, 발렌티노Valentino와 마크 제이콥스MARC JACOBS 등과 같은 유명 럭셔리 패션 브랜드들이 아이템에 자신들의 디자인을 공개하며 홍보의 수단으로도 활용하고 있습니다.

미국의 에픽 게임즈에서 제작한 3인칭 슈팅게임인 포트나이트는 서로 공격하고 방어하는 배틀로얄식Battle Royale 게임이지만, 이 게임은 배틀로얄Battle Royale, 파티로얄Party Royale, 크리에이티브Creative, 세이브 더 월드Save the World 이렇게 총 4가지의 주요 게임 모드가 있습니다. 최후의 1인이 될 때까지 최대 100명의 플레이어와 싸워야 하는 배틀로얄 모드, 경쟁 요소 없이 친구들과 함께 즐길 수 있는 활동 위주의 파티로얄, 창의적으로 나만의 공간을 제작할 수 있는 크리에이티브 모드, 다른 플레이어와 힘을 합쳐 좀비 같은 생명체로부터 세상을 구하는 세이브 더 월드 모드입니다. 특히 파티로얄은 에픽게임즈의 포트나이트의 다양한 게임 모드 중에서 싸우지 않아도 되는 게임 모드로, 플레이어들이 다양한 문화 콘텐츠를 즐기고 소통할 수 있는 새로운 가상 공간입니다. 파티로얄 내의 '빅스크린 원형극장'과 '메인 스테이지'에서 음악을 즐기며 편하게 휴식할 수 있는 3D 소셜 공간입니다. 방탄소년단BTS의 소속사 하이브HYBE에서는 빌보드 1위를 차지한 '다이너마이트Dynamite'의 안무 버전 단독 공개를 포트나이트의 메타버스 안에서 진행하였고, 팝아티스트 트래비스 스콧Travis Scott은 가상 라이브 투어와 앨범 신규 트랙 공개를 파티로얄 모드에서 진행하였습니다. 실제로 트래비스 스콧의 공연은 1,200만 명 정도가 접속하여 동시에 관람했다고 하며, 단순히 공연에서 끝난 것이 아니라 공연 콘셉트의 스킨이나 액세서리도 판매하여 제작비 대비 약 10배의 수익을 창출했습니다.

[그림 71] 게임 기반 메타버스 플랫폼 활용 예시

출처: Global Dealer Newsletter

2) 제작 기반 메타버스 플랫폼

제작 기반 메타버스 플랫폼은 경험에 의한 학습Learning by doing에 목표를 둔 플랫폼으로, 대표적인 해외 사례로는 로블록스Roblox, 마인크래프트Mindcraft, 코스페이스Cospaces, 모질라허브Hubs by Mozilla, 그리고 국내 플랫폼으로는 디토랜드Dito Land가 있습니다. 제작 기반 메타버스 플랫폼은 오픈 플랫폼을 활용하여 코딩 교육에 효과적이며, 주로 초중등 방과 후 학교에서 실제 코딩 교육을 위한 플랫폼으로 활용되고 있습니다.

로블록스는 이용자 수가 약 1억 5천만 명에 달하는 MZ세대의 대표 게임입니다. 특히 2020년에 발생한 코로나로 모든 만남이 온라인으로 옮겨감에 따라 크게 성장하였습니다. 비대면 수요가 증가하면서 로블록스 내에서 가상 회의 및 모임이 이루어지고, 게임 등을 직접 제작하고 만들면서 로블록스의 폭발적인 성장이 가속화되었습니다. 2018~2019년 사이에 로블록스는 일간 가입자 수가 42%가 증가하였는데, 2019년에서 2020년 사이에는 이 수치가 81%로 증가하면서 두 배에 가까운 놀라운 기록을 갱신하였고, 기업 가치는 42조 달러에 달합니다[그림 72]. 로블록스가 폭발적으로 성장한 이유 중 하나는 비즈니스 모델에 기인합니다. 로블록스는 로벅스Robux라는 게임 화폐를 가지고 게임 내 아이템을 사고팔거나, 로블록스 스튜디오에서 루아 스크립트Lua Script 개발 언어를 이용하여 사용자가 직접 게임을 개발하고 다른 사용자들이 직접 게임을 플레이하는 오픈 플랫폼입니다. 즉 유저는 사용자이자 창작자의 역할을 할 수 있으며, 생산과 소비 그리고 수익 구조가 잘 연계되어 있습니다. 로블록스의 아바타는 다소 투박하지만 로블록스 스튜디오를 통해 사용자가 무한의 상상력 발휘를 할 수 있기 때문에 게임 코딩 교육에 활용되고 있습니다. 미국의 팝 가수 아바 맥스Ava Max와 인기 힙합 뮤지션인 릴 나스 엑스Lil Nas X는 새 앨범 출시 이벤트를 로블록스에서 진행하였습니다. 특히 릴 나스 엑스의 경우, 모션 캡처, 물리 기반 렌더링, 안면인식 등 다양한 최신 기술에 화려한 효과를 더해 몰입도 높은 공연을 구현했으며, 그 결과 총 조회수가 3,300만 뷰view를 넘어선 것으로 집계되었습니다.

[그림 72] 로블록스의 폭발적인 성장

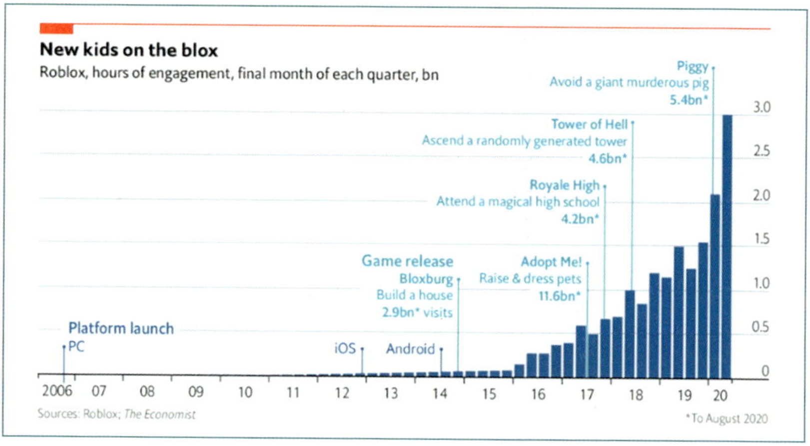

출처: The Economist

마인크래프트는 스웨덴의 모장Mojang 스튜디오가 제작한 메타버스 플랫폼입니다. 모든 것이 네모난 블록으로 이루어진 3차원 공간 세계에서 혼자 또는 여럿이 함께 생존하면서 건축, 사냥, 농사, 채집, 회로 설계 또는 게임을 제작하는 등 정해진 목표 없이 자유롭게 즐길 수 있는 게임이며, 게임 이름처럼 채광Mine과 제작Craft을 할 수 있습니다.

로블록스와 마찬가지로 마인크래프트도 오픈 플랫폼이며, 사용자는 직접 월드를 구성 및 제작하고 이러한 과정에서 무한한 상상력과 창의력 그리고 코딩 기술을 배우게 됩니다. 미국 버클리대학교UC-Berkeley는 마인크래프트를 활용하여 졸업식을 진행하였습니다. 특히 레고 같은 마인크래프트의 아바타 특징을 살려 메타버스 캠퍼스 이름을 UC-Blockeley라고 지었습니다. 졸업하는 학생과 학교 관계자들은 모두 아바타로 참여하여 졸업식을 진행하였고, 학사모를 던지는 전통까지 재현했다고 합니다.

[그림 73] 새 앨범 공개를 로블록스에서 진행한 아바 맥스(Ava Max) (좌)
UC-Berkeley의 마인크래프트 기반 메타버스 캠퍼스 UC-Blockeley (우)

출처: GamesBeat 출처: Berkely News

3) 협업 기반 메타버스 플랫폼

협업 기반 메타버스 플랫폼은 상호작용 요소가 가장 중요한 플랫폼입니다. 협업 기반 메타버스 플랫폼 대표 사례는 게더타운Gather.town, 젭ZEP, 브랜치Branch, 브이스토리V-Story, 소워크So-work, 인게이지Engage, 오비스oVice 사례 등이 있습니다.

게더타운은 화상회의 플랫폼에 메타버스 요소가 결합한 플랫폼으로,

게더타운에 로그인한 사용자는 카메라와 마이크를 켜고 다른 사용자와 소통할 수 있습니다. 또한, 아바타끼리 일정한 거리 안에 있으면 카메라와 마이크가 작동하고, 유효 거리에서 멀어질수록 상호작용이 불가한 점이 특징입니다. 게더타운의 아바타는 다소 투박하지만 자신만의 캐릭터를 만들어 참가할 수 있고, 채팅, 영상 공유, 화이트보드 등의 기능이 있어 학습자 중심 수업에 적절합니다. 또한 사용자에게 무료로 기본 플랫폼 구성을 제공하기 때문에 손쉽게 자신만의 공간을 구축할 수 있고, 아이템예: 책상, 테이블, 화분 등을 추가하거나 색상을 쉽게 바꿀 수 있습니다. 때문에 사용자가 매우 편리하게 본인의 사용 목적에 따라 활용할 수 있다는 점이 가장 큰 장점입니다.

젭은 네이버에서 만든 한국어 기반 국내 플랫폼입니다. 젭은 게더타운과 마찬가지로 웹 기반으로 작동하며, 빠르고 간단하게 접속할 수 있는 것이 특징이며, 최대 5만 명까지 무료로 접속할 수 있다는 장점이 있습니다. 게더타운과 마찬가지로 프라이빗 스페이스 기능이 있어서 지정된 구역 안으로 들어온 사람들끼리 대화할 수 있는 기능이 존재하고, 한글화가 되어 있기 때문에 사용자의 연령이 낮은 수업에서도 활용 가능합니다. 뿐만 아니라 젭은 네이버 웨일 스페이스 플랫폼을 연결하여 원격수업에 필요한 학습 콘텐츠, 화상 수업, 학습관리 시스템 등을 갖추고 있어서 편리하며, 모바일 버전도 출시하여 접근성 면에서 다른 메타버스 플랫폼에 비해 뛰어납니다.

브랜치는 게더타운과 마찬가지로 화상회의 플랫폼에 메타버스 요소가 결합한 플랫폼입니다. 학교 현장보다는 실제 업무를 보는 회사 위주로 베타 활용이 되고 있습니다. 브랜치의 아바타는 동그라미 모양으로 실제 사람 기반의 아바타는 아니지만, 사용자가 말을 하면 동그란 아바타의 입이 움직이며, 카메라와 마이크가 작동하고, 아바타의 거리감에 따라 상호작용 유무가 가능합니다. 브랜치는 화면 공유 및 채팅이 가능하고, 다른 메타버스 플랫폼과는 달리 사용자는 모든 공간의 문을 잠글 수 있다는 것이 가장 큰 장점입니다. 또한, 가장 먼저 문을 잠근 사용자의 동의 없이는 방문을 열 수 없으므로 고객 응대, 상담, 개인별 맞춤 컨설팅이 필요한 경우에 활용되고 있습니다. 특히 최근에는 대면으로 은행을 방문할 수 없는 고객들에게 금융 지원 상담, 간단한 금융 거래, 투자 성향 분석 등의 맞춤형 컨설팅을 제공하고 있습니다.

브이스토리는 3D 아바타와 3D 환경 구축을 통해, 다른 메타버스 플랫폼에 비해 몰입감 있는 환경을 제공합니다. 브이스토리는 오피스, 강당, 강의실, 교실, 미팅룸, 컨퍼런스홀, 야외 사무실 등 다양한 교육적 활동 및 학술 활동에 최적화된 공간을 가지고 있습니다. 브이스토리의 오픈 캠퍼스에서는 누구나 입장이 가능하므로 홍보 및 원격전시회 등의 활동이 가능합니다. 사용자들은 간단한 조작으로 아바타 활용이 가능하며, 손쉽게 강연장을 옮겨 다니거나 다른 사용자와 상호작용을 편하게 할 수 있다는 장점이 있습니다.

소워크는 코로나로 인해 대면 상황에서의 업무가 불가능해지면서 회사 내 생산적인 팀워크를 위해 개발된 플랫폼인데, PC 기반으로 이루어집니다. 소워크의 아바타는 사람 모형으로 구성되어 있고, 아직까지 아바타 꾸미기는 무료로 이루어지고 있습니다. 채팅, 카메라, 간단한 아바타 반응 표현 및 다수의 아이콘이 존재하며, 화면 공유도 가능합니다. 소워크의 가상 공동작업Virtual Coworking 장소는 누구나 무료로 활용할 수 있습니다. 또한 사용자 본인의 고유 공간을 가질 수도 있는데, 8개의 다양한 맵Map이 존재하며, 간단한 클릭으로 본인의 공간을 설정할 수 있습니다. 해외 플랫폼이다 보니 아직 국내에서 적극 활용한 사례는 없지만, 사용법이 간단하고 편리하여 추후 활용이 기대되는 플랫폼입니다.

오비스도 소워크와 마찬가지로 원격근무를 할 수 있는 환경을 제공하는 플랫폼입니다. 오비스의 아바타는 동그라미 모양이며, 채팅 및 화면 공유가 가능합니다. 또한 개인 활동 및 팀 활동이 가능하며, 화이트보드 기능이 있다는 장점이 있습니다. 또한 오비스 플랫폼 안에서 이동 없이 실시간 플랫폼 줌ZOOM의 연결이 가능하여 편리합니다.

[그림 74] 협업기반 메타버스 플랫폼의 예시

출처: SoWork 홈페이지 　 출처: oVice 홈페이지

4) 소셜 기반 메타버스 플랫폼

소셜 기반 메타버스 플랫폼은 개인의 생각이나 의견, 경험, 정보 등을 서로 공유하고 타인과의 관계를 생성 또는 확장할 수 있는 개방화된 플랫폼을 의미하며, 대표적인 예로는 제페토Zepeto와 이프랜드ifland가 있습니다.

제페토는 네이버 자회사인 Z코퍼레이션이 2018년에 출시한 국내의 대표적인 메타버스 플랫폼이며, 다른 사용자와 음성 및 채팅으로 소통이 가능합니다. 제페토의 인기에 한 몫 하는 것은 디테일하게 잘 구현된 예쁜 아바타입니다. 특히 제페토의 아바타는 개성 넘치는 다양한 사람 외형은 물론이고, 아바타를 꾸밀 수 있는 다양한 무료 혹은 유료 패션 아이템을 가지고 있으며 아바타가 사용자의 표정까지 표현할 수 있다는 장점이 있습니다. 이러한 현상에, 제페토 아바타의 패션을 디자인하는 '메타버스 아바타 디자이너'라는 직업도 생겨났습니다. 또한 제페토는 제페토 빌드잇Build it이라는 오픈 플랫폼에서 가상공간월드을 만들 수 있고, 다른 사용자들과 공유할 수도 있습니다. 제페토 이용자 중 90%가 해외 이용자이고, 그중 80%가 10대인 만큼, 한류 스타들의 마케팅 전략을 펼치기에 최적의 요건을 갖춘 셈입니다. 이에 국내외 엔터테인먼트 회사 및 글로벌 브랜드 기업은 제페토를 활용하여 앞다투어 홍보를 하고 있습니다. 실제 제페토에서 열린 블랙핑크BLACKPINK 팬 사인회에는 4,600만 명이 넘는 이용자들이 다녀갔고, 제페토 캐릭터를 활용한 아이스크림 댄스 퍼포먼스 뮤직 비디오는 한 달 만에 유튜브에서 7,200만 뷰를 돌파했습니다. 글로벌 패션 브랜드인 구찌, 나이키 등은 가상 부스를 만들어 브랜드를 홍보하고, 유료 아이템을 연계해서 판매하는 등 비즈니스 모델로도 활용되고 있습니다. 하지만 화면 공유가 되지 않고 모바일에서만 활용 가능하기 때문에 상호작용이 필요한 수업에서 활용하기는 조금 어려울 수 있습니다. 실제 제페토는 수업용보다는 플랫폼 안에 학교의 상징물이나 캠퍼스를 구축해놓고, 주로 국내외 홍보 목적으로 활용하고 있습니다.

이프랜드는 2021년도 8월에 SK텔레콤에서 출시한 메타버스 플랫폼이며, 음성 및 채팅 기능을 활용하여 다른 사용자와 간단한 상호작용이 가능합니다. 이프랜드는 모바일 기반 플랫폼임에도 불구하고, 화면 공유 기능이 있어서 교수·학습 상황에서도 활용 가능합니다. 이프랜드는 제페토가 한국의 메타버스 성공 사례가 되면서 후발주자로 출발했지만, 한 개의 가상공간에 최대 131명이 동시 접속할 수 있고, 이미 플랫폼 안에 구축되어 있는 콘퍼런스 홀, 공원, 교실, 운동장 등 다양한 주제의 가상공간을 간단히 선택하여 무료로 활용하는 등 다른 메타버스 플랫폼에 비해서 진입장벽이 낮아서 많이 활용되고 있는 플랫폼입니다.

5) 목적 기반 메타버스 플랫폼

목적 기반 메타버스 플랫폼은 기관, 대학, 학과 등의 요구와 필요 목적에 따라 자체적으로 개발하는 플랫폼을 말합니다. 목적 기반 메타버스 플랫폼의 장점은 요구 목적에 따라 자체적으로 생산자와 소비자가 서로 원하는 최적의 조합을 찾아내어 불필요한 요소들은 없애고, 필요한 부분만 개발할 수 있다는 점입니다. 하지만 플랫폼을 개발할 때, 다른 플랫폼에 비해 비교적 가격대가 높으며 개발 이후 자체적으로 수정을 못 하기 때문에 비용적인 부분이 높다는 단점이 있습니다. 그럼에도 불구하고, 특정 기관과 사용자만을 위한 공간 및 기능 제작이 가능하며, 몰입도 높은 맞춤형 요구사항을 제공할 수 있다는 점이 큰 장점입니다. 하지만 현재 메타버스 플랫폼의 경우 대부분 해외 서비스로 개인용 라이선스 개념으로 지속적으로 사용하게 되면 많은 비용이 발생하는 구조로 되어있어서 부담이 큽니다행사 규모와 활용 정도에 따라 일회성 행사에도 수천만 원의 비용이 발생할 수 있습니다.

이에 최근에는 메타버스의 필요 용도에 따라서 메타버스 플랫폼을 자체적으로 제작하고 선정하려는 움직임이 보이고 있습니다. 미국에서는 2020학년도를 기점으로 교육용 메타버스를 만드는 시도가 이미 시작되었습니다. 미국의 대표적인 메타버스 플랫폼이라고 알려져 있는 마인크래프트Minecraft, 포트나이트Fortnite, 로블록스Roblox의 경우는 교육을 위해서 만들어진 메타버스 플랫폼이 아닙니다. 초·중등학교에서 코딩을 배우기 위한 용도로는 활용 가능하나, 수업에서 다른 학생과 교류나 팀 활동을 하거나 성적이나 출석이 연동되는 LMS 형태가 아니기 때문에 일반 수업에서 활용하는 경우는 극히 드뭅니다. 이에 미국에서는 LMS와 연동하여 대학별로 메타버스 플랫폼을 구축하는 사례가 많아지고 있습니다.

예를 들어, 댈러스 교육청Dallas Independent School District은 미국의 에듀테크 기업인 STEMuli와 여러 기업들이 협업하여 'Education OS'라는 교육용 메타버스 플랫폼을 구축하였고, 이는 메타버스, LMS, 다른 여러 교육도구를 녹여낸 통합형 교육용 메타버스Unified Educational Metaverse라고 할 수 있습니다. 'Education OS'에서는 학습자의 상황에 따라 3D 아바타를 활용하여 언제든지 수업을 할 수 있고, 빅데이터를 활용하여 개인화된 수업도 가능합니다. 또한 직업교육이 중요한 의제인 미국의 경우 'Digital Career Pathways'라고 하여 IBM, AT&T, FedEx 등을 비롯한 기업과 협업을 통해 직업교육과 LMS를 연동하였을 뿐만 아니라, 학생들이 수업 이외에도 직접 즐길 수 있는 게임메이커 툴Game Maker Tool도 제공하여 다양한 시도와 노력을 하고 있는 것을 확인할 수 있습니다.

뿐만 아니라 HMD를 활용하여 가상현실, 증강현실 캠퍼스를 구축하고, 실제 수업을 진행하고 있는 학교도 존재합니다. 모어하우스 대학교Morehouse College, 피스크 대학교Fisk University, 미시간 주립대학교Michigan State University, 워싱턴 주립대학교Washington State University 등은 메타버스 캠퍼스를 구축하여 실제 수업을 진행하고 있습니다. 이어서 가상현실과 증강현실 활용 교육에 대해서 알아보도록 하겠습니다.

[그림 75] 목적 기반 메타버스 플랫폼 예시

출처: Stemuli 홈페이지 출처: Morehouse Review

2. 가상현실Virtual Reality 활용 교육

가상현실은 컴퓨터 그래픽으로 실제 현장이나 환경을 구현한 영상 기술입니다. 포트나이트, 로블록스, 제페토가 대표적인 가상현실 메타버스의 플랫폼인데, 현실과 전혀 관계가 없는 가상의 사회 및 인물싱글·멀티 페르소나이 등장할 수 있고, 가상 화폐나 현실세계에서 호환 가능한 화폐를 활용할 수도 있습니다. 가상현실 이용자들은 가상으로 구현된 환경이나 물체들과 상호작용을 하며 현실처럼 느끼고 몰입할 수 있다는 것이 가장 큰 장점이며, 아바타를 활용해서 멀티 페르소나를 가질 수 있다는 것이 특징입니다. 또한 가상세계에서의 상호작용을 통해 타인과의 소통과 협력이 가능합니다.

가상현실은 학자에 따라 다양한 기준으로 분류되고 있지만Jacobson, 1993; Thurman & Mattoon, 1994; Johnson et al., 1998,[31) 32) 33)] 시스템 환경의 기술적 구현 방법에 따라 크게 몰입형 가상현실Immersive VR과 비몰입형 가상현실Non-Immersive VR로 구분할 수 있습니다. 몰입형 가상현실은 현실을 기반으로 고가의 가상현실 장비를 이용하여 사용자의 몰입도 높은 환경을 제공합니다. 반면에 비몰입형 가상현실은 저가의 멀티미디어 시스템과 모니터를 통해 구현된 가상현실로, 사용자의 몰입도가 낮은 편이지만 비교적 저렴하여 일반 사용자가 쉽게 접근할 수 있다는 장점이 있습니다.

몰입형 가상현실은 사용자가 가상현실 기반 HMD, 디스플레이장비 혹은 데이터글러브Data glove, 포지션 트래킹 도구Position-tracking devices와 같은 특수 장비를 몸에 부착하고, 이러한 도구들을 통해 사람이 느낄 수 있는 감정을 최대한으로 조절하여 효과적으로 전달합니다. 몰입형 가상현실은 고가의 장비를 사용하기 때문에 일반 사용자들이 쉽게

31) Jacobson, I. (1993). *Object-oriented software engineering: a use case driven approach*. Pearson Education India.

32) Thurman, R. A., & Mattoon, J. S. (1994). *Virtual reality: Toward fundamental improvements in simulation-based training*. Educational technology, 34(8), 56-64.

33) Johnson, A., Roussos, M., Leigh, J., Vasilakis, C., Barnes, C., & Moher, T. (1998, March). *The NICE project: Learning together in a virtual world. In Proceedings. IEEE 1998 Virtual Reality Annual International Symposium* (Cat. No. 98CB36180) (pp. 176-183). IEEE.

접근하지 못한다는 단점이 있지만, 사용자에게 완전한 가상 환경에 몰입된 느낌을 주기 때문에 가상현실을 구현하기 위한 가장 이상적인 형태입니다. 몰입형 가상현실은 HMD를 활용함으로써 사용자의 시야를 완전히 커버하고, 사용자에게 높은 가상 환경 몰입감을 줄 수 있으며, 데이터 글러브, 공간 추적 장치, 3D 오디오, 대형 스테레오 프로젝터를 통해 사용자가 최고의 가상세계를 경험할 수 있도록 도와줍니다.

비몰입형 가상현실은 일반 사용자도 쉽게 가상현실을 경험할 수 있기 때문에 탁상형Desktop 가상현실 시스템이라고도 불립니다. 비몰입형 가상현실 시스템은 간단한 안경, 디스플레이 모니터, 스크린, 조이스틱 등을 활용하며, 컴퓨터 모니터 화면으로 체험할 수 있습니다. 위 도구만으로도 쉽게 그래픽 영상을 3차원으로 착각하여 가상현실을 경험할 수 있다는 장점이 있지만, 단순한 구현이기 때문에 몰입도가 떨어진다는 단점이 있습니다. 비행 시뮬레이터Flight Simulator, 운전 시뮬레이터Driving Simulator와 같은 각종 시뮬레이터들이 여기에 포함됩니다. 비몰입형 시스템은 기본적으로 3D 모델링 툴을 이용하여 3차원 물체를 만들거나 공간을 구현한 후 각 물체들에 키보드나 조이스틱을 활용하여 상호작용하도록 구현했기 때문에, 누구나 손쉽게 컴퓨터 기반으로 가상현실을 구현할 수 있습니다. 이러한 장점 때문에 비몰입형 시스템은 웹Web 기반 가상현실이라고도 하는데, 대표적인 국제 표준으로서 VRML/X3D, QuickTime VR, 사이버스페이스Cyberspace 등이 있습니다.

[그림 76] 가상현실 플랫폼의 예시

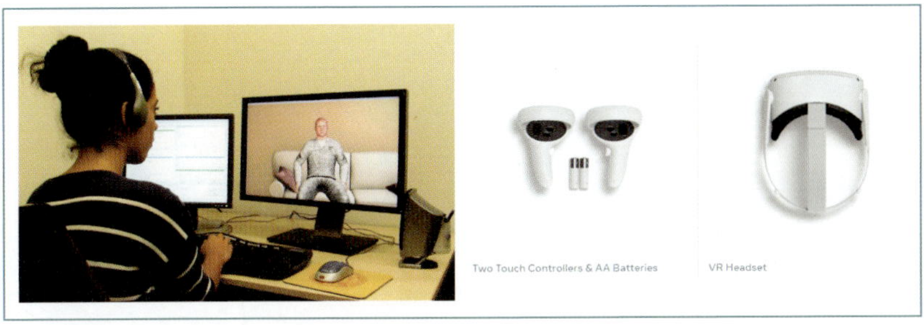

출처: Dailyrounds　　출처: Oculus 홈페이지

교육 현장에서 가상현실이 활용되는 형태는 주로 교육 시뮬레이션Education Simulation을 사용한 경우입니다. 실제 모습을 모방 혹은 유사한 환경으로 만들고, 학습자가 이를 조작하여 특정 상황이나 맥락에서 요구되는 구체적인 목표를 달성하는 것을 말합니다. 이러한 과정을 통해 학습자는 역동적으로 문제를 수행하고 해결하며 다양한 학습 목표를 달성할 수 있습니다. 최근에는 단편적인 화면 제시 방식에서 벗어나 사용자의 시점에서 자유롭게 돌아다니며 원하는 곳을 체험하는 등, 보다 깊은 탐색적 수행활동을 할 수 있고, 햅틱 입력 장치 기술을 활용하여 가상현실 콘텐츠와 직접적인 상호작용이 가능하여 보다 실재감 높은 체험이 가능합니다.

[그림 77] 가상현실 콘텐츠의 예시

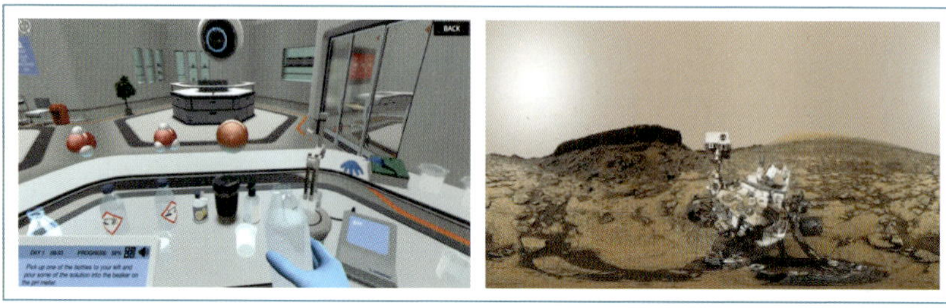

출처: Labster 홈페이지 출처: NASA 홈페이지

[그림 78] 가상현실 활용 수업

3. 증강현실Augmented Reality 활용 교육

증강현실은 모든 가상의 객체와 주체가 컴퓨터를 통해 인위적으로 만들어진 가상현실과는 완전히 다릅니다. 증강현실은 현실 공간에서 디지털 미디어의 카메라를 통해 촬영된 가상의 콘텐츠를 3D로 표현하여 이용자의 단말기에 중첩되어 보이도록 하는 기술입니다. 즉, 증강현실은 현실세계에 가상 이미지, 사물, 정보를 덧붙여서 현실에 대한 실재감을 향상시키는 기술이라고 할 수 있습니다. 대중들에게 가장 잘 알려진 증강현실의 대표적인 예시는 포켓몬 고Pokémon GO입니다. 포켓몬 획득을 위해서 현실세계의 특정 위치나 장소로 가서 포켓몬을 잡는 것인데, 모바일의 카메라 렌즈를 통해 가상의 포켓몬과 현실세계가 겹쳐져서 보이는 증강현실 기술을 활용하였습니다.

증강현실은 기술적 구현 방법에 따라 GPS 기반 증강현실, 마커 기반 증강현실, HMD 기반 증강현실로 나눌 수 있습니다한송이(2019).[34)]

GPS 기반 증강현실 기술은 모바일에 내재된 GPS를 통해 수집된 위치 정보를 바탕으로 일반적인 증강정보를 제공하는 형태입니다. GPS 기반 증강현실은 와이파이 혹은 블루투스와 같은 인터넷망을 활용한 주변 제공 정보를 통해 길 찾기, 주변 브랜드 마케팅, 모바일 광고 등에서 사용되고 있습니다. 증강현실에서 카메라는 중요한 역할을 하게 되는데, 카메라가 장착된 모바일 기기의 활용으로 증강현실을 더 쉽게 활용하게 되었습니다. 특히, 모바일에 내장된 카메라로 애플리케이션을 실행시키면 3D 애니메이션 혹은 비디오가 카메라를 통해

34) 한송이(2019). 증강현실 기반 수업 설계원리 개발 연구. (미간행 박사학위 논문). 서울대학교 대학원.

촬영되고 있는 화면처럼 접목되는 형식이기 때문에 가상현실보다는 실재감과 현장감이 있으며, 다수의 학습자가 협동학습이 가능하다는 장점이 있습니다Billinghurst, 2002.[35] 하지만 GPS 기반 증강현실은 이동식 기기 내에 내재된 GPS를 활용한 증강기술로 주변의 정보를 제공할 수 있지만, 와이파이 접속 환경에 따라 오류 발생이 잦은 것이 단점입니다.

마커Marker를 통한 증강현실은 가장 오래되고 일반적인 방법입니다. 이를 통하여 콘텐츠를 구현하는 경우에는 해당 마커를 인식할 수 있는 프로그램이 구축되어 있어야 하며, QR 코드의 형태가 주로 사용되고 있습니다. 주로 검정색 바탕에 특이한 문양을 가지고 있으며, 마커의 인식에 따라 현실세계에 이미 설정된 정보를 증강으로 보여주기 때문에 정확한 정보 전달이 요구되는 응용 서비스에 사용되고 있습니다. 예를 들어, 뷰티와 패션업계의 쇼핑 카탈로그 및 잡지 등에 QR 코드를 제작하고 삽입하여 소비자와 상호작용을 할 수 있도록 구현하거나, 매장에 방문하지 않아도 증강현실 기술을 활용하여 매장에 있는 가구를 공간에 배치해 볼 수도 있습니다. 하지만 마커를 이용한 증강현실은 카메라가 정확하게 마커를 인식해야 한다는 불편함이 있고, 마커가 손상되었을 경우 증강현실 구현이 어렵기 때문에 정보를 얻을 수 없는 단점이 있습니다. 또한 필요시, 마커를 다시 제작하고 프린트해야 한다는 어려움이 있고, 일반 물체와 너무 다르기 때문에 실제 환경에서의 사용에 제약이 따르기도 합니다.

마지막으로 최근 들어 많은 관심을 받고 있는 기술은 안경 또는 착

35) Billinghurst, M. (2002). *Augmented reality in education.* New horizons for learning, 12(5), 1-5.

용형 타입의 투과형 디스플레이HMD 기반 증강현실입니다. 투과형 디스플레이 기반 증강현실은 실제 환경에 가상으로 생성한 정보예: 컴퓨터 그래픽 정보, 소리 정보, 냄새 정보 등를 실시간으로 혼합하여 사용자와 상호작용하도록 함으로써 정보의 사용성과 효율성을 극대화하는 차세대 정보처리 기술입니다. 다른 증강현실GPS 기반 증강현실이나 마커 기반 증강현실에 비해서 기기의 가격대는 높은 편이지만, 증강현실의 장점을 가장 잘 나타내며, 2013년도 이후로 관련 기술 발전이 가속화되고 있습니다. 하지만 아직까지는 일반 소비자를 위한 디스플레이는 거의 없는데, 이는 현재 시장에서 널리 인기를 끌 만큼 탄탄한 애플리케이션 및 콘텐츠가 없기 때문입니다. 그럼에도 불구하고 기업, 산업 부분에서는 자체적으로 애플리케이션을 개발하여 필요한 부분의 문제를 해결하고, 작업 과정의 효율성을 높이는 등의 시도 및 사용을 하고 있습니다.

이와 같이 증강현실은 현실세계의 대상 물체의 위치나 형태 같은 정보를 가상세계로 전송하여 이용자가 보고 있거나 소재하고 있는 현실 공간을 유지하면서 가상세계와 상호순환하며 유기적인 관계를 형성한다는 특징을 지닙니다. 또한 증강현실은 가상세계에 대한 거부감을 줄이고, 사용자에게 높은 몰입감을 줄 수 있다는 것이 가장 큰 장점입니다. 때문에 직접 관찰이 어렵거나 텍스트로 설명하기 어려운 학습 내용, 지속적인 실습 및 체험이 필요한 분야, 그리고 고비용 및 고위험 등의 직접적인 경험 부분에 적용하기 유용하며, 심층적인 학습에 대한 폭넓은 이해를 가능하게 해주며, 직접 조작을 통해 학습자 스스로 지식을 구성할 수 있다는 장점이 있습니다. 예를 들어 의과대학이나 간호대학에서는 증강현실을 활용하여 실제 환자의 모습을 증강현실로 구현하고, 이를 실제 병상의 현장과 접목하여 실재감 있는 체험이 가능합니다. 또한 육안으로 확인이 어려운 건축물의 구조물, 인체의 혈관 등 직접 관찰이 어렵거나 설명하기 어려운 내용을 심층적으로 이해하는 데 도움을 줄 수 있고, 학습자 스스로 본인의 페이스에 맞춰 체험 및 콘텐츠와 상호작용할 수 있다는 독특한 교육적 어포던스Affordance 때문에 교육 분야에서 많은 관심을 받고 있습니다.

[그림 79] 증강현실 활용 예시

출처: 한송이(2019)　　　　출처: Pokémon GO 홈페이지

이상의 논의를 바탕으로 정리하면, 증강현실은 현실세계의 현실감을 바탕으로 가상의 정보를 제공하는 기술이며, 실시간 상호작용을 통해서 실제 환경에 대한 실재감과 현실감을 향상시키는 기술입니다. 이에 반해 가상현실은 100% 컴퓨터로 만들어진 그래픽 기술이라고 정의할 수 있습니다. 하지만 최근 각 기술들은 서로 융복합하고, 복합적이며 진화적으로 발전하고 있기 때문에 분류하는 자체는 크게 의미가 없어지고 있는 실정이기 때문에 용도에 맞게 최적화되어 있는 기술을 적절히 활용하는 것이 효과적일 것입니다.

〈표 10〉 기술적 구현에 따른 가상현실과 증강현실의 개념 및 특징

구분	가상현실(VR)	증강현실(AR)
사용자 시야	• HMD와 같은 기기를 사용하여 사용자의 시야를 완벽하게 차단	• 현실세계 확인 가능 • 사용자의 시야를 차단하지 않음
그래픽 방식	• 100% 컴퓨터 그래픽	• 현실세계와 컴퓨터 그래픽을 통한 가상의 정보
사용자 이동 여부	• 대부분이 고정식이며, 가상현실 전용 쇼룸 안에서 이동하는 경우 있음	• 대부분이 이동하면서 사용. 즉 사용 장소가 방 안으로만 한정되어 있지는 않음
필요 장비 (구성패키지)	• VR 전용 하드웨어 • VR 하드웨어 컨트롤러 • 디스플레이장비 • 트래킹(Tracking) 도구 • 운동 감지 글러브(Glove)	• AR 전용 하드웨어(HMD) • AR 하드웨어 컨트롤러 • 모바일 • 이동식 디지털 기기(예: 모바일, 태블릿 등)
대표 회사	• 구글(Google) • 페이스북(Oculus) • HTC • 소니(SONY) • 삼성(SAMSUNG)	• 다크리(Daqri) • 메타(Meta) • 매직리프(MagicLeap) • 마이크로소프트(Microsoft) • 인텔(Intel)
대표적인 사례	• REC ROOM(오큘러스) • Raw Data(바이브) • The New Revolution(기어 VR)	• Holo Heart(홀로렌즈) • Brain Holograph(홀로렌즈) • Pokémon GO(모바일)

〈표 11〉 기술적 구현에 따른 증강현실 분류

분류	GPS 기반 증강현실 'Location-Based AR'	마커 기반 증강현실 'Image-Based AR'	투과형 디스플레이 기반 증강현실 'HMD-Based AR'
해당 년도	2000년대 ~ 현재		2010년 ~ 현재
특징	• 모바일 내에 내재된 GPS 사용 • 와이파이, 블루투스, 인터넷 활용 • K-12에 주로 사용	• 가장 일반적인 방법 • QR코드의 형태 주로 사용 • 모바일/아이패드와 같은 테크놀로지 기기 내에 내재된 카메라 사용 • QR코드가 탑재된 플래시카드(flash card) 사용 • 언어, 태양계 학습 • K-12에 주로 사용	• 현재 시장에 진입 중인 신규 디스플레이의 대부분을 차지 • 대학 교육 등과 같은 전문분야에서 주로 사용 • 복안식/단안식 증강 디스플레이 • 증강현실의 장점을 기술적으로 가장 잘 구현
장점	• 협동학습 가능 • 팀별활동 가능 • 사용자 간 상호작용 높음 • 실재감, 현장감 높음 • 증강의 기술로 주변 정보 제공	• 콘텐츠와 사용자 간의 상호작용 높음 • 사용이 편리함 • 재사용 가능 • 시간과 장소 상관없이 언제든지 사용 가능	• 공간 매핑이 가능하여 실재감, 현장감이 매우 높음 • 직접 조작을 통한 능동적인 경험학습 가능
단점	• 와이파이 신호에 따라 오류 발생 잦음 • 원거리 인식 오류 다수 발생	• 마커를 잃어버리거나 손상되었을 때 다시 구매하거나, 프린트 해야 하는 번거로움	• 높은 가격대 • 사이버 멀미 문제

CHAPTER 08 메타버스의 교육적 효과

가상현실과 증강현실을 포함한 메타버스는 기술적 구현 방법과 필요한 하드웨어와 소프트웨어 기기는 모두 다르지만, 이러한 기술을 활용하는 수업의 궁극적인 목표는 일방향 학습이 아닌 맞춤형 학습을 위한 것입니다. 그리고 결과적으로 크게 세 가지 교육적 측면에서 긍정적인 영향을 미칠 수 있습니다.

1. 실제적 · 맥락적 학습을 통한 교육 효과

메타버스를 활용한 교육은 맥락에 맞는 실재감 있는 수업이 가능하고, 추상적인 개념을 구체적으로 습득하는 데 도움을 줍니다. 특히 교육 현장에서 접근하기 어려운 교육적 문제나 상황에 대한 역동적인 탐구와 실천 기회를 제공하므로 실재감 높은 훈련이 가능하며, 별도의 교육이나 훈련이 필요하나 위험성이나 현실의 제약 조건으로 이루어지지 못한 다양한 맥락에서 사용자의 학습 경험을 확장시켜줄 수 있습니다.

가상현실 기반의 교육용 콘텐츠는 주로 HMD예: 오큘러스 퀘스트를 활용하여 사용자의 움직임과 음성을 활용하여 탐색적 활동을 수행할 수 있습니다. 최근에는 햅틱 기술이 발달함에 따라 가상현실에서의 물체 혹은 대상과 상호작용이 가능하기 때문에 직접적인 체험이 가능하다는 장점이 있습니다. 또한 360° 가상현실의 경우, 실제 환경을 360° 카메라로 촬영하여 구현하기 때문에, 실제와 동일한 장면을 사용자가 살펴볼 수 있다는 장점이 있어 맥락에 맞는 교육이 가능합니다.

예를 들어, 한국인 박사에 의해 개발된 아나토마지Anatomage는 '가상 해부 테이블'을 전 세계 500여 개 의과대학에 비치시켜 기존 카데바해부학

실습용 시신 해부 교육에 많은 도움을 주고 있습니다. 그동안 의과대학에서는 관례적으로 기증된 시신을 사용하여 해부 실습을 진행해 왔지만 시신 기증자를 찾기 어려운 데다 화학약품 처리 비용이 높아 실습이 매우 제한적으로 이루어졌습니다. 하지만 가상현실과 IT 기술을 접목하여 개발한 '가상 해부 테이블'은 실제 인체 해부영상을 촬영하여 실재감과 현존감을 높였으며, 실제 인체 영상 크기로 해부 테이블을 제작하여 생생함을 전달합니다. 총 612개 해부사례를 탑재하고 있으며, 간단한 터치스크린을 통한 조작으로 누구나 손쉽게 피부, 근육, 호흡계, 혈관계를 제거할 수 있으며, 내부 구성 확인이 가능합니다. 때문에 일회적으로 끝나던 해부 실습수업을 안전하게 반복적으로 할 수 있고, 다양한 3D 관점으로 입체적으로 쉽게 확인할 수 있다는 장점이 있습니다.

증강현실은 현실세계의 현실감을 바탕으로 가상세계의 정보를 제공하기 때문에 가상현실보다는 현실세계에 보다 근접한 개념을 가지고 있습니다. 증강현실은 텍스트와 자료설명만으로는 어려운 학습 내용, 가시화하기 까다로운 내용, 추상적인 학습 개념, 고위험 및 경비가 많이 드는 경험 · 실험 등에 효과적으로 적용할 수 있으며, 현실세계와 접목할 수 있기 때문에 현실의 기자재 혹은 현실 공간을 활용한 교육에 효과적입니다.

예를 들어, 의학 분야의 명문 사립대학교인 케이스웨스턴리저브 대학교Case Western Reserve University와 미국 내 최고기관으로 손꼽히는 클리블랜드클리닉Cleveland Clinic은 함께 홀로그래픽Holographic 영상을 통해 뼈, 심장 등 인체 구조를 들여다볼 수 있는 해부학 교육 도구를 개발하였습니다. 싱가포르 국립대학교National University of Singapore의 신경해부학과

Division of Neurology에서 개발한 증강현실 시뮬레이터 도구 MediSim Medical Simulated Interactive Manikin은 신체 장기에 관한 세부적인 가상의 정보를 증강현실을 통해 확인 가능하고, 심폐소생술 모형과 실시간 쌍방향 대화를 할 수도 있습니다. 또한 홀로렌즈와 마네킹을 연결하여 의사가 환자를 수술할 때 환자의 환부에 가상의 기술을 표시해주고, 이를 통해 추후 수술 시 불필요한 절개를 막을 수 있어 효과적인 수술이 가능할 것으로 보입니다.

즉, 가상현실과 증강현실 기반 수업은 다른 교육 매체가 줄 수 없는 독특한 교육적 어포던스 덕분에 풍부한 학습 경험을 가능하게 해줍니다. 이러한 학습 경험은 학습자가 스스로 콘텐츠를 직접 조작하면서 능동적인 학습을 가능하게 하기 때문에 감각적 몰입 및 흥미, 동기를 높여주기 때문에 효과적으로 정의적 만족감을 줄 수 있다는 교육효과가 있습니다.

[그림 80] 의학교육 콘텐츠 예시

출처: Anatomage 홈페이지

출처: Case Western Reserve Univeristy 홈페이지

2. 협동 · 협력 및 자기주도적 학습 효과

메타버스를 활용한 교육은 학습자의 자기주도적 학습을 적극 유도합니다. 메타버스 플랫폼을 활용한 교육은 주로 학습자가 직접 아바타를 활용해서 수업에 참여하기 때문에 학습자의 적극적인 참여가 가능합니다.

예를 들어, 협동 · 협력 교육과 같이 학습자의 경험 정도에 따라 수업의 질이 좌우되는 수업에서는 실시간 플랫폼을 활용한 교육보다는 메타버스 플랫폼 환경과 아바타를 활용한 학습자 간 상호작용이 학습자의 적극적인 활동을 유도하여, 궁극적으로는 메타버스 활용 교육은 개인의 학습뿐만 아니라 협력 학습을 통한 공동의 지식 구성을 위한 도구로 활용될 수 있습니다. 또한 메타버스가 교육에 접목되었을 때 가장 큰 시너지 효과를 낼 수 있는 점은 바로 실감나는 경험을 통한 높은 몰입도라고 할 수 있습니다. 메타버스는 다양한 기술의 복합적 사용으로 인해 시공간을 초월한 새로운 경험 설계가 가능하며, 이를 통해 학습자의 흥미와 몰입도를 높이고 학습효과의 극대화를 기대해 볼 수 있습니다. 또한 공간 이동의 자율성을 기반으로 자기주도적인 학습을 경험할 수 있으며, 기기를 연결하여 다른 학습자와 협동 및 협력을 자유롭게 할 수도 있습니다.

미국의 교육학자 에드거 데일Edgar Dale의 '학습의 원추Cone of Learning' 이론에 따르면 학습자가 읽기만 진행했을 경우 학습 내용의 10%밖에 기억하지 못하지만, 실제 경험 및 행동을 통해 학습을 진행할 경우 배운 내용의 90%를 기억한다고 합니다. 즉, 학습자가 수동적인 학습Passive Learning을 할 때보다 능동적인 학습Active Learning을 할 때 효과적이라는 것인데, 메타버스에서 학습자는 실제 콘텐츠와 직접 상호작용하며, 자기주도적으로 학습하며 성취감을 느낄 수 있습니다. 메타버스는 다양한 기술의 복합적 사용으로 인해 시공간을 초월한 새로운 경험 설계가 가능하며, 이를 통해 학습자의 흥미와 몰입도를 높이고 학습효과의 극대화를 기대해 볼 수 있습니다. 또한 공간 이동의 자율성을 기반으로 자기주도적인 학습을 경험할 수 있으며, 기기를 연결하여 다른 학습자와 협동 및 협력을 자유롭게 할 수도 있습니다.

3. 창작과 공유를 가능하게 하는 높은 자유도

메타버스를 활용한 교육은 학습자가 직접 플랫폼을 개발하거나 체험을 할 수 있기 때문에 경험에 의한 학습Learning by doing이 가능합니다. 이러한 학습 과정은 새로운 세계에 대한 호기심을 자극하고 지식을 확장시키고, 창의력 증진 및 문제해결능력을 키울 수 있습니다.

예를 들어, 교수·학습 상황에서의 직접 개발은 (1) 기초 차원의 제작하기, (2) 메타버스 플랫폼 제작하기로 나눌 수 있습니다. '기초 차원의 제작하기'는 수업 공간 및 팀 활동 공간 제작하기, 아이콘 추가하기, 화이트보드 활용하기 등과 같은 간단한 제작 활동을 의미합니다. 이러한 활동은 초기에 학습자가 메타버스 플랫폼에 익숙해지도록 함이며, 이를 통한 교육적 효과가 발생했다고 하기는 어렵습니다. 메타버스 플랫폼 제작은 게더타운처럼 미리 제시되어 있는 월드스페이스를 통해 나만의 월드를 만들고 꾸미거나, 제페토처럼 빌드잇을 활용하여 처음부터 학습자가 직접 새로운 세계를 구축하는 것을 말합니다. 사용자는 이용자Users인 동시에 메타버스 세계를 구축하는 창작자

Creator 역할을 할 수 있기 때문에 자유도가 매우 높습니다. 창작으로 가장 잘 알려진 메타버스 사례는 로블록스입니다. 로블록스는 약 200만 개 이상의 게임을 유통하는 플랫폼인데, 대표적인 예시는 알렉스 발판츠Alex balfanz가 9살 당시 개발한 '탈옥수와 경찰Jailbreak'이며, 현재 로블록스에서 가장 인기 있는 게임 중 하나입니다. 이 게임의 최대 동시 접속자 수는 60만 명이며 매월 25만 달러를 벌어들이는 것으로 알려졌습니다. 실제로 로블록스에서 유통된 게임 대부분이 초등학생에 의해서 직접 제작되었고, 로블록스 이용자 대부분이 13세 미만입니다. 게임 제작 과정은 흡사 '레고놀이'와 유사한데, 로블록스 내 가상 공간에서 아바타로 구현된 개인은 3,500만 개의 개발도구를 이용해 레고를 쌓듯 게임 공간을 만들어갑니다. 게임 제작에 소요되는 시간은 몇 주부터 몇 개월로 천차만별이지만 전문적인 기술이나 높은 컴퓨터 사양을 요구하지 않아 누구나 쉽게 접근 가능하기 때문에 무한한 상상력을 발휘해서 본인의 세상을 구축할 수 있습니다. 이러한 과정을 통해 학습자는 끊임없이 상상력과 창의력을 촉진하고, 자신의 생각을 직접 3D로 시뮬레이션하여 구체화시킬 수 있으며, 자신이 원하는 오브젝트를 지속적으로 추가하면서 세상에 없는 것을 구축할 수 있는 창작자Creator 역할을 가능하게 합니다.

생성형 AI를
활용한 미래교육

CHAPTER 09 메타버스 활용 수업을 위한 가이드라인

에듀테크를 활용한 수업의 최적화와 완성도를 위해서는 체계적인 설계가 필수입니다. 특히 에듀테크 활용 수업은 기존 수업 형태보다 복잡하고 고려해야 할 요소들이 많기 때문에 종합적으로 탐색해야 합니다. 아무리 교육 경험이 풍부한 교수자여도 좋은 에듀테크 기술을 수업에 적용할 때에는 수업 전-중-후를 모두 아우르는 체계적인 설계가 필수이며, 메타버스, 증강현실, 가상현실과 같은 혁신기술을 적용할 때에는 보다 더 세밀한 설계가 필요합니다. 본 장에서는 메타버스 활용 수업을 위한 가이드라인을 제시하고자 합니다.

〈수업 전〉

1. 교육과정 분석을 통한 목표 적합성 판단하기

교육과정 분석은 메타버스 기반 수업을 위한 수업 설계의 출발점입니다. 교육과정 분석에서는 해당 수업의 목표, 성취 기준, 학습 요소, 교수 · 학습 방법, 평가 방법 및 유의사항을 확인하고 분석하는 것이 중요하지만, 가장 중요한 것은 메타버스의 활용에 대한 가능성 및 정당성을 확보하는 것이 첫 출발점입니다. 효과적인 메타버스 활용 수업을 위해서는 메타버스가 해당 수업의 수업 목표와 의도된 학습 목표를 효과적으로 잘 달성할 수 있는지, 메타버스가 기존 수업의 문제점을 해결할 수 있는지, 다른 대안은 없는지 등과 같은 적합성을 우선적으로 판단해야 합니다. 메타버스가 기존 수업의 문제점을 해결해 줄 수 없거나, 메타버스 외 다른 매체 혹은 교수 방법이 더 효과적이라면 굳이 선택할 필요가 없으며, 메타버스의 활용 여부를 다시 한 번 생각해보아야 합니다.

메타버스는 기존 줌ZOOM과 같은 실시간 플랫폼을 활용한 수업과는 구별되는 교육적 가치를 지닙니다. 첫째, 메타버스는 시설이나 공간의 격차, 인원수 등의 물리적 제약을 극복할 수 있고, 다양한 배경의 학생들이 모여 소통할 수 있는 장을 실재감 있게 제공함으로써 '사회적 연결'을 가능하게 해줍니다. 둘째, 학습자는 가상의 메타버스 공간을 직접 만들거나, 아바타를 통해 참여하면서 학습에 대한 몰입감을 향상시킬 수 있습니다. 셋째, 아바타를 직접 조작하여 언어적 · 비언어적으로 자신의 의사나 감정을 표현할 수 있기 때문에 보다 적극적인 상호작용에 도움을 줄 수 있습니다. 즉, 이론 중심의 일방향 수업의 경우, 메타버스를 활용하기보다는 영상 콘텐츠를 개발하여 LMSe-class, e-campus 상에 공유하고, 실제 수업에서는 학습자의 질문을 통해서 추가적인 설명을 하는 것이 더 효과적일 것입니다. 하지만 공간의 제약을 넘는 상호작용이 필요하거나, 실제 현실에서 체험하기 어려운 것의 경험이 요구되거나, 활동 중심 수업이나 팀 활동이 주가 되는 학습자 중심 수업은 메타버스를 활용하는 것이 효과적일 것입니다.

이러한 메타버스의 장점을 가장 효과적으로 활용할 수 있는 학습 목표는 무엇일까요? 임철일 외2022는 메타버스 수업을 위한 체크리스트를 다음과 같이 제시하였습니다[그림 81].

[그림 81] 메타버스 활용 수업을 위한 체크리스트(임철일 외, 2022)

[본 수업은…….] ☐ 현실과 유사한 실제적인 경험이 요구된다. ☐ 실제 구현하기 어려운 것의 제작이 요구된다. ☐ 고비용·고위험 요소를 보완할 수 있는 가상의 학습 환경이 요구된다. ☐ 제공된 학습문제에 대한 구체적인 맥락 제공이 요구된다. ☐ 공간의 제약을 뛰어넘는 상호작용이 요구된다. ☐ 학생의 메타버스 활용 역량이 충분하다. (예: 학생 연령, 디지털 소양 등) ☐ 교사의 메타버스 활용 역량이 충분하다. (예: 플랫폼 활용법, 메타버스의 의미) ☐ 메타버스 장비가 구비되어 있다. (예: 컴퓨터, 스마트폰, HMD 등) ☐ 메타버스 플랫폼으로의 접근성(예: 예산, 계정 등)이 확보되어 있다. ☐ 메타버스 활용 수업이 가능한 공간이 마련되어 있다. (예: 컴퓨터 교실, 메타버스 전용 교실 등)
[체크리스트 결과 확인] ☐ 1~3개 메타버스를 활용한 수업보다는 다른 교수학습 방법을 고민해보세요. ☐ 4~5개 메타버스를 활용한 수업을 위해 보다 보완하여 활용해보세요. ☐ 6~7개 메타버스 활용 수업이 적당해보입니다. ☐ 8~10개 메타버스에 가장 최적화된 수업입니다.

즉, 메타버스 자체가 해당 수업에 적절한지를 가장 먼저 확인하고, 그 필요성과 정당성에 대하여 확인해야 하는 것이 첫걸음입니다.

2. 최적의 메타버스 활용을 위한 환경 구축하기

메타버스 활용 수업에는 충분한 기기 및 원활한 네트워크 환경이 필요합니다. 메타버스 플랫폼은 2D, 2.5D, 3D 기반으로 작동되기 때문에 실시간 네트워크 환경이 탄탄하게 구축되어 있어야 하며, 모바일을 통한 메타버스 플랫폼 접속 시 활용 가능한 데이터가 충분한지, 해당 디바이스가 메타버스 플랫폼을 원활하게 작동할 수 있는지, 충전이 충분히 되어 있는지 등과 같은 부분을 사전에 확인해보아야 합니다. 가상현실 혹은 증강현실을 활용한 수업의 경우 고사양의 PC, 그래픽 카드가 요구되는 경우가 많아 사전에 디바이스가 원활히 작동되는지 점검할 필요가 있습니다. 또한 문제 상황 발생 시 이를 대처할 수 있는 여분의 네트워크 장비, 디바이스, 멀티탭, 충전기 등을 사전에 마련할 필요가 있습니다.

3. 최적의 메타버스 선정하기

학습 목표, 수업 방법, 학습자 발달 수준에 따라 적절한 메타버스 플랫폼을 선정해야 합니다. 메타버스 플랫폼은 연구자에 따라 다양하게 나누고 있습니다. 기술적 구현 방법에 따라 범용화된 메타버스 플랫폼을 활용하는 'In platform type'과 자체적으로 플랫폼을 구축하는 'Micro platform type'으로 나눌 수도 있고, 수업의 목표와 학습자의 능동성 정도에 따라서 메타버스 기반 교수·학습 유형을 총 다섯 가지게임 기반 플랫폼, 제작 기반 플랫폼, 협업 기반 플랫폼, 소셜 기반 플랫폼, 목적 기반 플랫폼로 분류할 수도 있습니다. 여기서 각각의 플랫폼이 가지고 있는 장·단점을 사전에 확인하는 것이 중요합니다. 예를 들어 이프랜드의 경우, 다양한 공간을 무료로 제공하기 때문에 누구나 손쉽게 플랫폼 개설이 가능하며, 화면 공유, 채팅 등이 가능하여 수업에서 적절히 사용할 수 있으나, 웹캠 연결 기능은 없어서 학습자의 화면을 확인할 수 없습니다. 반면 게더타운은 화면 공유, 화상 연결, 채팅 등이 손쉽게 가능하며, 모바일 활용이 제한적이지만 PC 활용도 가능하므로 사용성이 보다 더 편리합니다. 다만, 다른 국내외 플랫폼에 비해서 아바타나 맵의 개성이 다소 부족한 편입니다.

최적의 메타버스 플랫폼을 선정할 때 확인해야 하는 것은 나이 제한 부분입니다. 메타버스 플랫폼은 서비스별로 이용 연령이 상이하므로 학습자의 연령에 맞는 메타버스를 선정하는 것이 중요하며, 교수자는 이용 약관의 개인정보 및 프라이버시 보호 방안을 확인하고, 다양한 교육적 사례를 통해 문제 발생은 없었는지, 학생들에게 유의미한 경험을 제공할 수 있는 콘텐츠를 탑재하고 있는지, 혹시 해로운 콘텐츠가 탑재되어 있지 않는지, 광고성 문구가 자주 발생하지 않는지 등과 같은 세심한 주의가 필요합니다. 가급적이면 교육용 메타버스 버전을 활용하는 것이 바람직하나, 현재까지는 유일하게 마인크래프트만이 교육용 버전을 제공하고 있습니다. 자체적으로 플랫폼을 구축하는 'Micro platform type'이 활용되는 경우도 있으나, 그 다양성의 폭이 넓지는 않습니다. 하지만 메타버스 생태계가 빠르게 발전되고 있는 만큼, 다양한 교육용 메타버스 플랫폼이 나올 것으로 예측됩니다.

〈표 12〉 주요 메타버스 플랫폼 나이 제한

플랫폼	나이 이용 제한	관련 내용
게더타운	13세 미만 이용 제한	한국의 만 나이 기준으로 초등학생, 중학교 1학년, 생일이 지나지 않은 중학교 2학년 학생은 게더타운을 이용하는 것이 공식적으로 허용되지 않음

플랫폼	나이 이용 제한	관련 내용
제페토	14세 미만 이용 제한	14세 미만의 어린이가 제페토를 이용하고자 한다면 보호자 및 법정대리인의 동의가 필요함
이프랜드	12세 미만 이용 제한	한국의 만 나이 기준으로 초등학생, 생일이 지나지 않은 중학교 1학년은 이프랜드를 이용하는 것이 공식적으로 허용되지 않음
로블록스	12세 미만 이용 제한	12세 미만의 어린이가 로블록스를 이용하고자 한다면 개인정보보호 모드가 설정됨. 보호자 및 법정대리인의 동의 아래 활용할 수 있지만, 주민등록증, 운전면허증, 여권 등의 공식적인 신분증이나 스마트폰이 필요함
포트나이트	12세 미만 이용 제한	12세 미만의 어린이가 포트나이트를 이용하고자 한다면 보호자 및 법정 대리인의 동의하에 활용 가능

4. 교수자 분석하기

교수자 분석은 수업에 관한 전문성뿐만 아니라, 메타버스와 관련된 리터러시를 준비 및 보완하는 것을 목적으로 하며, 기술에 대한 전문성도 갖추고 있어야 합니다. 이러한 과정을 통해 교수자는 사전에 미흡한 부분을 확인하고 추가적으로 보완할 수 있는데, 이러한 단계는 매우 중요합니다. 대부분의 교수자들은 두 가지 이상의 학문 영역에 대한 모든 전문성을 갖추기는 어렵지만, 교수자의 매체 활용 능력에 대한 사전 준비단계가 반드시 필요합니다. 기술에 너무 많이 매몰될 필요는 없습니다만, 교수자로서 기본적인 역량을 갖추시길 바랍니다. 예를 들어, 하울링이나 마이크의 문제 상황이 발생했을 때 빠르게 해결할 수 있는지, 인터넷 문제로 수업을 진행할 수 없을 때의 대안은 준비가 되어 있는지 등을 사전에 확인하는 것이 중요합니다.

학습자의 이메일 주소도 사전에 확인하시길 바랍니다. 플랫폼의 소유주Host가 교수자인 경우, 교수자가 직접 학습자에게 메타버스 플랫폼 링크를 공유하여 초대하는 절차를 거쳐야 합니다. 수업 당일에 링크를 전송할 경우, 학습자들이 회원가입 및 아바타를 꾸미고 들어오는 시간이 충분하지 않기 때문에 소란스러워질 확률이 높습니다. 때문에 교수자는 사전에 초대하기, 화면 공유, 호스트 권한 주기 등 메타버스 플랫폼과 관련된 활용법을 반드시 숙지하고 있어야 합니다. 또한 이러한 에듀테크 활용 수업에서 교수자는 일방적인 지식의 전달자가 아니라 촉진자, 코칭, 컨설턴트의 역할을 해야 함을 파악하고, 학습자의 학습 촉진 역할이 필요함을 인지하시길 바랍니다.

5. 학습자 분석하기

학습자 분석은 주로 학습자의 사전 지식, 학습목표 달성을 위한 출발점 기능, 학습 동기, 메타버스와 관련된 테크놀로지 사용에 대한 준비도 등을 분석하는 단계입니다. 해당 수업을 수강할 것이라고 예상되는 학습자의 배경예: 학년, 전공, 나이, 외국인 여부 등, 사전 지식수준, 학습 동기, 테크놀로지 활용 능력, 메타버스에 대한 경험을 확인해야 하며, 기술적인 상황예: 디바이스, 네트워크 상태, 방화벽 유무을 확인해야 합니다. 또한 학습자가 어떠한 경로를 통해 메타버스에 들어오는지예: PC, 태블릿, 스마트폰 등를 확인하고, 준비가 안 된 학생들은 어떻게 지원할 수 있는지에 대한 해결 방법을 사전에 고민해보아야 할 것입니다. 이러한 분석은 간단한 설문을 통해 학기 초에 진행하시면 됩니다[그림 82].

〈표 13〉 학습자 특성별 메타버스 기반 수업 대응 방안

항목	일반적인 특성	대응 방안
메타버스 수업 경험이 없는 경우	• 메타버스의 의미 및 플랫폼에 대한 사전지식 없음 • 복잡한 학습활동 어려움 • 메타버스의 필요성을 모름	• 메타버스의 개념과 의미, 운영 방식에 대한 설명 필요 • 메타버스 활용 수업의 장·단점에 대해서 안내 • 수업 전 오리엔테이션을 통해 구체적인 참여 방법 및 필요성 안내
하드웨어 준비가 안 된 경우	• 메타버스 플랫폼에 접속하는 기기(예: PC, 모바일, 태블릿 등), 그 외 기기(예: 이어폰, 헤드셋, 웹캠 등), 수강 환경(예: 공간 및 네트워크) 준비가 어려움	• 교내 소속 학과 혹은 교수학습 개발센터를 통해 기자재 대여 및 수강 공간 확인
학습자 연령이 높은 경우	• 테크놀로지 활용이 어려움 • 학습활동에 소극적임 • 활동적인 학습활동에 참여가 어려움	• 테크놀로지 활용 방법에 대한 가이드라인 혹은 매뉴얼을 사전에 제공 • 비교적 단순하게 학습활동 설계 학습을 위한 온라인 도구 간소화
학습자 연령이 낮은 경우	• 테크놀로지 활용 능력이 있음 (단. 모든 학습자가 그런 것은 아니니 사전에 준비여부 확인 필요) • 활동적인 학습활동에 참여 가능	• 학습자 간 활발한 상호작용 가능 • 새로운 학습 도구 및 추가적인 플랫폼 활용 가능

[그림 82] 메타버스 수업을 위한 사전 설문

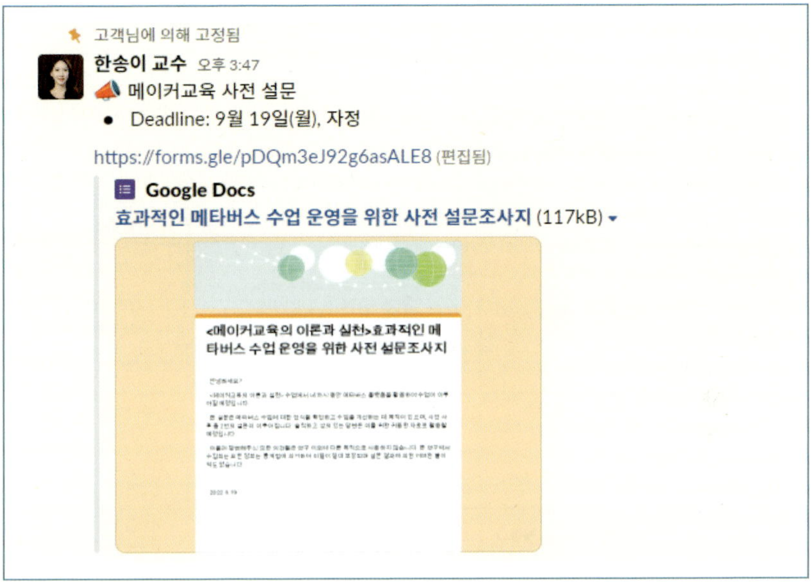

6. 메타버스 활용 수업 설계 및 강의계획서 작성하기

메타버스 활용 수업을 설계할 때 필요한 부분은 교육과정 재구성인데, 15주 차 중 어느 주 차에 메타버스를 적용할 것인지를 사전에 생각해 보아야 합니다. 메타버스 활용 수업이라고 15주 차를 모두 메타버스화할 필요는 없습니다. 15주 차 수업 중, 학습자 중심 학습 혹은 활동 위주의 수업 혹은 증강현실과 가상현실과 같은 학습자 체험 중심의 수업 목표를 가진 주 차에서 부분적으로 메타버스를 활용해도 충분합니다. 때문에 내용 전문가인 교수자는 어떤 주 차에 메타버스를 활용할 것인지 판단하는 절차가 초기에 필요합니다.

[그림 83] 메타버스 활용 수업 강의계획서 샘플

★ 주별 강의 일정(Class schedule) ★

주 (Week)	강의내용 (Class Topic & Contents)	과제 (Assignment)	수업활동유형 (Class Type)
1 (9/7)	강의 안내 및 오리엔테이션		대면수업
2 (9/14)	4차 산업 혁명과 미래교육	읽기 자료 ①	대면수업 팀 활동
3 (9/21)	메타버스의 의미와 유형	읽기 자료 ② ★개별★ 자기성찰일지 ① 주제: 메타버스 활용 사례 (국내외 고등교육 각각 3개씩) (Due Date: 9/27, 자정) (slack 업로드)	대면수업 팀 활동
4 (9/28)	메타버스 플랫폼 유형 및 특징	읽기 자료 ③	메타버스 수업 (비대면)
5 (10/5)	메타버스 플랫폼 체험	제페토, 이프랜드	하이플렉스 수업 (대면+비대면)
6 (10/12)	메타버스 플랫폼 체험	게더타운, ZEP	하이플렉스 수업 (대면+비대면)
7 (10/19)	가상현실과 미래역량	★탐별★ 주제: 메타버스 개발 주제 (Due Date: 10/18, 자정) (발표자료 slack 업로드)	메타버스 수업 (비대면)
8 (10/26)	가상현실 기반 연구 동향	★개별★ 자기성찰일지 ② 주제: 가상현실 활용 사례 (국내외 고등교육 각각 5개씩) (Due Date: 10/25, 자정) (slack 업로드)	메타버스 수업 (비대면)
9 (11/2)	가상현실 (오큘러스) 체험	★개별★ 주제: 기말보고서 주제 (Due Date: 11/1, 자정) (발표자료 slack 업로드)	대면수업
10 (11/9)	증강현실과 미래역량	★탐별★ 주제: 메타버스 개발 진행 상황 발표 (Due Date: 11/8, 자정) (발표자료 slack 업로드)	메타버스 수업 (비대면)

메타버스 활용 수업을 진행할 주 차가 결정되었다면, 강의계획서에 정확하게 표기하시길 바랍니다[그림 83]. 강의계획서는 학습자를

위한 강좌의 안내로 교수 · 학습 활동을 위한 전반적인 계획입니다. 강의계획서에는 교과목에 대한 개요, 학습 목표, 학습 내용, 학습 방법, 학습 평가 등에 관한 구체적인 내용이 포함되기 때문에 강의계획서는 '인지적 지도Cognitive Map'라고 불리며, 학습자에게 전반적인 교수 · 학습 활동에 대한 중요한 가이드라인입니다.

강의계획서에 수업 유형을 단순 명시하는 것을 넘어, 실제 강의계획서를 재설계하는 것이 중요합니다. 예를 들어, 메타버스 기반 수업 재구성 시, 15주 차 중 어느 주 차에, 어떤 플랫폼에서, 어떤 목표로, 어떠한 활동을, 얼마의 소요 시간 동안 할 것이며, 그에 따른 수행평가 내용, 평가 실시 방법 수립은 무엇인지 명확하게 명시하는 것이 필요합니다.

7. 활동 결과물과 현실세계와의 유기적인 연계하기

메타버스 활용 수업은 단순한 체험 및 경험으로 끝나는 것이 아니라 학습으로 연결되는 것이 중요합니다. 학습자가 메타버스에서 경험한 것은 현실세계와 유사한 실제적 경험이 되어야 하며, 학교 밖에서 배운 지식과 유기적으로 연동이 될 수 있도록 수업 활동을 구성해야 합니다. 이러한 과정을 통해서 메타버스 활용 수업이 일회성 단순 체험에서 끝나지 않도록 해야 합니다.

특히 증강 혹은 가상현실 콘텐츠를 활용하는 수업의 경우, 보다 더 정교한 계획이 이루어져야 합니다. 예를 들어 심장 관련 콘텐츠를 증강현실 콘텐츠를 통해 학습한다고 하면, 현실공간에 심장을 띄워서 확인을 할 수도 있지만, 실제 앞에 있는 사람의 심장 위치에 띄우거나, 심장모형을 옆에 두고 증강현실을 통해 보이는 심장과 비교해 가면서 학습할 수도 있습니다. 혹은 심폐소생술 연습을 위해 의과대학에서 사용하는 의학용 교육 마네킹을 책상 위에 올려놓고 그 위에 심장을 띄워서 수술 연습을 할 수 있습니다. 또는 증강현실 기기를 들고 실제 수술실로 가서 수술 연습을 하거나, 카데바인체의 해부학 교육을 목적으로 기증된 해부용 시체 위에서도 실습 가능합니다. 콘텐츠 혹은 기기를 통한 단순한 경험보다는 학습 기자재와 기기와의 융합을 통한 교육이 수업 효과를 극대화할 수 있습니다. 그러므로 교육시나리오 및 상황극을 통하여 지식 습득부분을 극대화하는 등 유기적인 연계를 고려해보시길 바랍니다.

[그림 84] 메타버스 활용과 현실세계의 연계

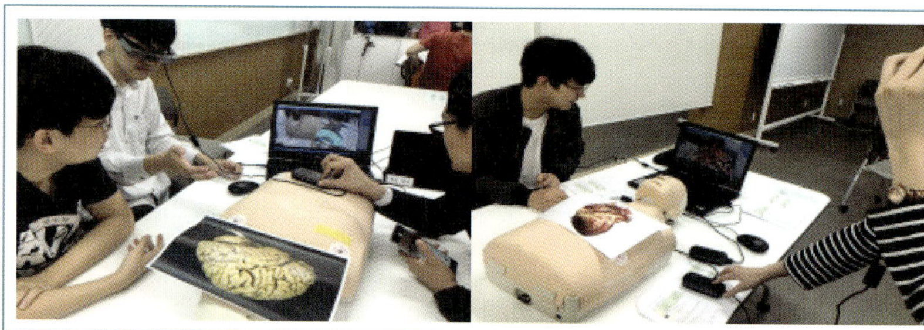

출처: 한송이(2019)

[그림 85] 교육 시나리오 예시

장소: 서울대 대학병원 수술장 + 존스 홉킨스 의과대학 수술실
수술부위: 판막수술
참여인원: 의사 3-5명 (팀원에 따라 유동적으로 변경)
상황: 서울대 대학병원의 의사A는 홀로렌즈를 착용한 상태이며, 이미 환자는 심장이 개복되어 있는 상태이다. 그들은 존스 홉킨스의 의사B에게 수술 조언을 구하는 상황이다.

A: 판막 위쪽에 있는 동맥부터 절개를 시작해보도록 하겠습니다.
B: 네. 절개 진행해 주세요.
A: 지금 제가 하고 있는 방향이 맞는지 컨펌해주실 수 있으실까요?
B: 음··· 심장의 Orientation이 안 되어 있는 것 같은데. 조금 돌려주시겠습니까?
A: 네 알겠습니다. 어느 방향으로 돌려드릴까요?
B: 음··· Left Ventricle이 오른쪽으로 보이게끔 돌려주시고, 다시 절개를 시작해주세요.
A: (수술을 진행함)
B: 아. 네 거기 맞는 것 같습니다.

출처: 한송이(2019)

8. 메타버스 기반 수업 환경 · 공간 설계 및 구조화하기

메타버스는 다양한 형태의 공간을 제공하기 때문에 특정 학습 목표를 성취할 수 있도록 제작하거나, 특정 학습 활동을 유도하는 가상의 공간을 제작할 수 있습니다. 메타버스 플랫폼 내의 객체의 배열, 아바타 사용 범위 및 움직임 제한, 잠금 기능을 통해 특정 학습 활용을 유도할 수 있습니다.

메타버스를 학습 공간으로 활용할 경우, 교수자-학습자, 학습자-학습자 간 활발한 상호작용이 가능하도록 설계하여야 합니다. 특히 아바타로 수업에 참여하는 경우, 수업 집중도 및 자리 이탈 확인이 쉽지 않습니다. 메타버스 학습 공간은 교수자의 강의 중심인 주입식 학습보다는 학습자 본인의 관심사를 기반으로 자유롭게 공간을 탐색하면서 공간 내에 배치되어 있는 콘텐츠를 스스로 공부하는 자율적인 학습이 가능하도록 설계해야 하며, 실재감 있게 개발하여 학습몰입도를 극대화할 수 있어야 합니다. 메타버스는 기본적으로 가상세계이기 때문에 현실감이 떨어질 경우 몰입이 저하됩니다. 실제 오프라인의 학습 환경이나 체험 공간을 가능한 한 실제 현실과 유사하게 구현해 놓고, 학습자가 수업 중 필요한 정보를 간단한 클릭으로 얻을 수 있도록 해야 합니다.

한송이 외2022는 교육용 메타버스 교수·학습 환경 전략 연구 보고서를 통해, 강의실 혹은 팀 공간의 개발뿐만 아니라, 교수자의 연구실 혹은 조교의 방을 개설하여 휴식시간에 학생들의 질의응답이 가능하게 하고, 수업 관련 링크를 사전에 모두 연결하여 LMS에 언제든 손쉽게 활용할 수 있게 하는 등의 공간 배려가 중요하다고 언급하였습니다.

[그림 86] 동국메타버시티(Dongguk Metaversity) 교수·학습 환경 설계
(왼쪽 상단부터 시계방향으로: 교수·학습 전경, 강의실, 팀 활동, 퀴즈존)

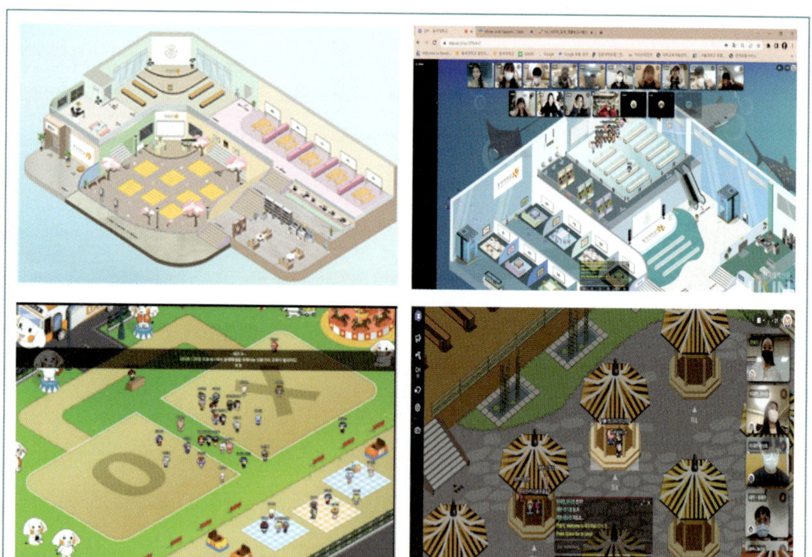

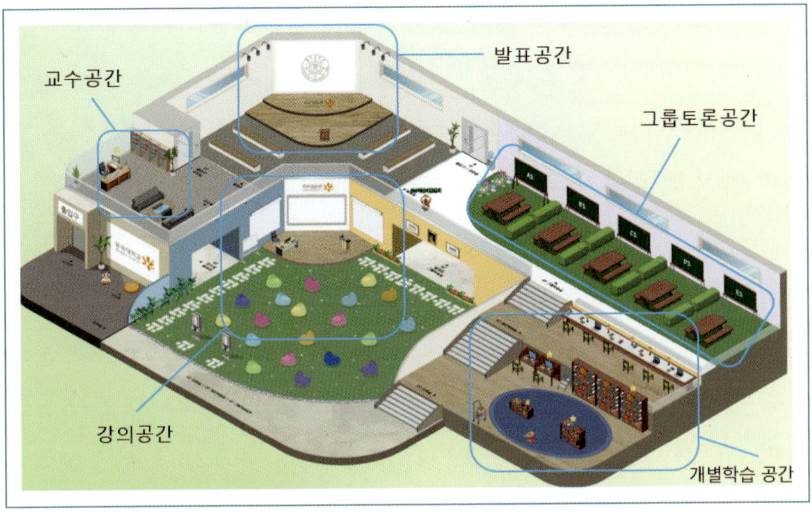

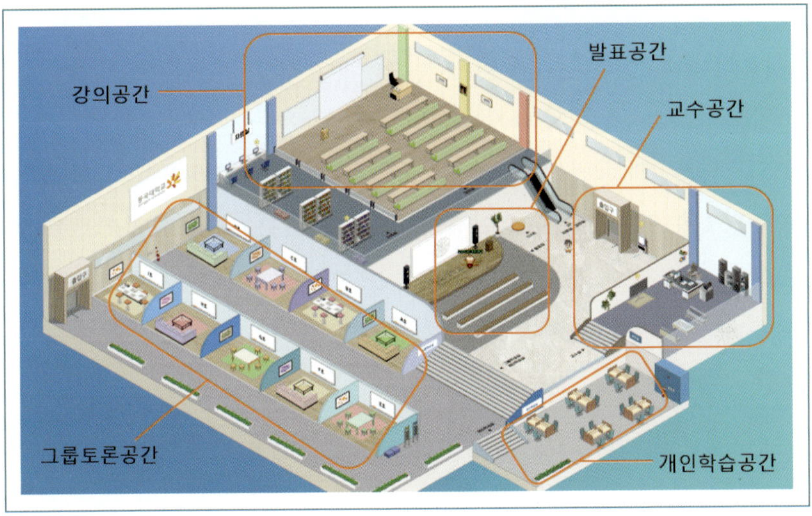

출처: 동국대학교 교수학습혁신센터(2022)[36)]

36) 교육용 메타버스 교수·학습 환경 전략 연구보고서(2022). 동국대학교 교수학습혁신센터.

메타버스 플랫폼을 개별적인 공간으로 개설할 때, 대부분의 플랫폼은 이를 외부인 및 불특정 다수에게 개방할 것인지 혹은 이를 방지하기 위하여 비밀번호를 설정할 것인지 설정하도록 합니다. 이는 수업의 목적 및 목표를 고려하여 개방성을 결정할 필요가 있습니다. 수업, 워크숍, 교육 연수의 경우, 특정 학급 학생들만 접속할 수 있는 폐쇄형을 권장합니다. 하지만 불특정 다수의 참여를 권장하는 목적이 있는 캠페인, 홍보의 경우 외부인 접속을 권장합니다. 이러한 경우 건강한 메타버스 학습 환경을 위해 담당자의 지속적인 모니터링이 필요하며, 필요시 특정 계정의 사용자를 차단Block할 수 있습니다.

9. 메타버스 기반 수업 정보 자원 개발하기

PC 기반의 메타버스는 온라인 교육 도구예: 소크라티브, 멘티미터, 카훗, 트렐로 등의 링크를 오브젝트에 손쉽게 삽입할 수 있고, 구글 드라이브를 활용하여 수업 관련 자료를 공유할 수도 있습니다. 즉, 사용자는 수업 관련 자료가 필요할 경우, 다른 사이트로 옮기거나 로그인을 하는 등의 번거로움이 없습니다.

때문에 메타버스 기반 수업에서는 메타버스 플랫폼뿐만 아니라 이러한 교육도구의 링크가 잘 열리는지, 수업에서 다루고자 하는 모든 학습 자료 파일이 잘 열리는지, 학습자들의 접속 환경에 따라 접근이 불가능한 자료는 없는지 꼼꼼하게 점검하는 절차가 필요합니다. 또한 플랫폼의 특징에 따라 채팅 및 내용이 저장되는 경우도 있고, 매번 새롭게 채팅창이 열리는 플랫폼도 있으며, 수업 녹화 설정이 되는 플랫폼도 있고, 아닌 경우도 있습니다. 때문에 메타버스 플랫폼 외에 추가적인 플랫폼을 사용하시는 것도 추천 드립니다. 이를 통해 학습자는 자율적으로 언제든지 자료를 업로드하고, 수정 및 다운받을 수 있어야 합니다〈표 14〉.

또한 간단하게 링크를 공유할 수도 있지만, 사전에 QR 코드를 만들어서 학생들이 모바일 혹은 태블릿의 카메라를 활용할 수 있도록 접근성을 높이는 것도 방법입니다. 이러한 교육도구를 활용하여 수업을 진행할 때 주의해야 할 점은 학습자들이 해야 할 학습 활동에 대한 가이드라인·미션을 정확하게 안내하는 것이 중요하며, 학습 활동은 명료하고 이해하기 쉽게 제시해야 합니다.

[그림 87] 수업 중 QR 코드 이용하기

〈표 14〉 교육도구의 다양성

항목	교육도구
학습 내용 이해도 점검	Mentimeter, Slido, Kahoot, Quizlet
협업 도구	Google Docs, Google Presentation, Trello
질문 접수 및 의견 조사	Jamboard, Padlet
의견 취합	Mentimeter, Slido
아이디어 생성 지원 도구	Xmind, SimpleMind, Coggle
수업 녹화 도구	Bandicam, OBS, oCam

10. 매뉴얼 개발 및 수업 안내하기

학습자에게 해당 메타버스 플랫폼과 관련된 매뉴얼을 제공하시길 바랍니다. 매뉴얼을 개별적으로 개발하는 것이 어렵다면, 관련 유튜브 링크를 사전에 전달하는 것도 방법이고, 교내 교수학습개발센터의 도움을 받아 개발할 수도 있습니다[그림 88]. 학습자가 수업 관련 프로그램을 사전에 다운로드 받고, 활용법예: 키보드 쇼컷, 아바타 만들기 등을 사전에 숙지해야 더욱 원만한 수업이 될 수 있습니다. 메타버스 경험이 없는 경우, 기술적 튜토리얼 및 사전 학습 자료예: 매뉴얼, 동영상 등를 제공하여 기술적 숙련도를 지니게 하는 것이 중요합니다[그림 89].

[그림 88] 매뉴얼 예시

[그림 89] 메타버스 활용 수업을 위한 안내 예시

<ZEP 활용법>

√ 모바일을 통한 참석은 금지합니다. 노트북 혹은 PC를 활용하세요.
√ 마이크를 켤 수 있는 조용한 장소에서 수업에 참여하세요. (이동 중 수강 금지)
√ 와이파이 보다는 랜선 망을 통한 인터넷 접속을 권장합니다.
√ 원만한 수업을 위해 개인 인터넷 속도는 80 Mbps 이상이 되어야 합니다.
→ https://fast.com/
√ 원활한 수업 시작을 위해 강의 10분전에 로그인을 합니다.
√ 화면 배경을 가상으로 설정하거나, 화면배경이 문제가 없는지 확인합니다.
√ 안정적 수업 접속을 위해 마이크와 웹캠 상태를 사전에 확인합니다.
√ 저작권 및 참가자의 초상권을 위해 녹화는 금지합니다.
√ 필수 준비물 : 이어폰, 웹캠

▶ PC 조작법

√ 아바타 이동
- 방향키와 자판 W(↑), A(←), S(↓), D(→)를 활용하여 캐릭터 이동이 가능합니다.
  또는 가고 싶은 방향으로 화면을 더블클릭 하면 이동 가능합니다.
- 방향키를 활용하여 대각선으로 이동할 수 있습니다.
  좌측 위로(↑←), 우측 위로(↑→), 좌측 아래로(↓←), 우측 아래로(↓→)

√ 기타 조작
- 아바타 점프: 키보드 스페이스 바(Space Bar)를 누르면, 점프할 수 있습니다.
- 앉기: 자판 X를 누르면 앉기가 가능합니다.
- 찌르기: 자판 Z를 누르면 아바타가 보고 있는 방향대로 ☞ 찌르기가 가능합니다.
- 상호작용: 자판 F를 누르면 상호작용을 할 수 있습니다.
- 빠른 이동: 자판 V를 누르면 빠른 이동이 가능합니다.

√ 화면 비율을 조정하면 해당 공간의 맵 전체를 볼 수 있습니다.

▶ 모바일 조작법

√ 아바타 이동
- 좌측 휠을 움직이면 이동이 가능합니다.

√ 기타 조작
- 점프/상호작용: 우측 바깥쪽 화살표(^)를 눌러 점프 또는 상호작용을 할 수 있습니다.
- 찌르기: 우측 손가락 화살표(☞) 아이콘을 누르면 찌르기가 가능합니다.
- 빠른 이동: 우측안쪽 (^) 화살표를 눌러 이동할 수 있습니다.

[그림 90] 메타버스 활용 수업을 위한 안내 예시(SNS)

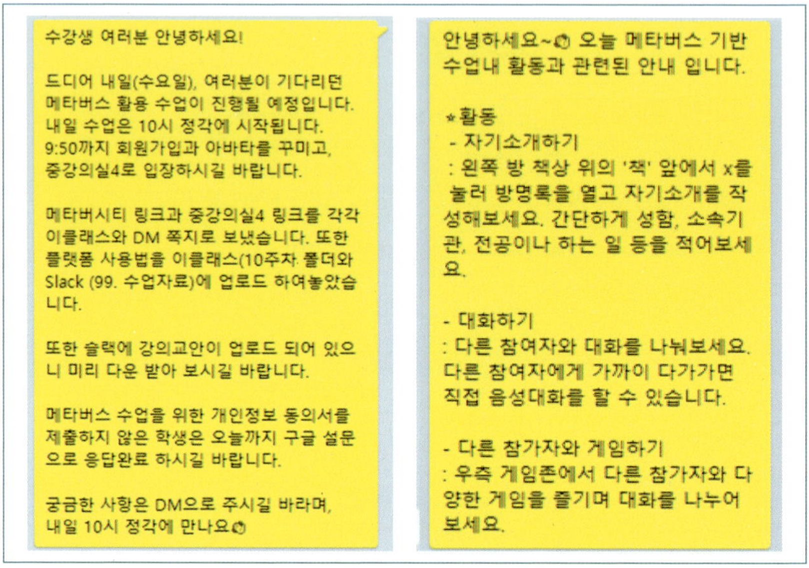

[그림 91] 가상현실 활용 수업 타임 테이블 예시

I 오큘러스 경험 팀 구성 및 타임 테이블

<table>
<tr><td>순번</td><td>11월 2일</td><td>내용</td><td colspan="4" rowspan="2">출석체크, 가이드라인, 주의점 설명</td></tr>
<tr><td></td><td>1:30~1:45</td><td>가이드라인 설명</td></tr>
<tr><td rowspan="2">1</td><td rowspan="2">1:45~2:15</td><td rowspan="5">오큘러스 경험</td><td>STATION 1</td><td>STATION 2</td><td>STATION 3</td><td>STATION 4</td></tr>
<tr><td rowspan="4">First Touch</td><td rowspan="4">ELIXIR</td><td rowspan="4">First Contact</td><td rowspan="4">EPIC 롤러코스터</td></tr>
<tr><td>2</td><td>2:15~2:45</td></tr>
<tr><td>3</td><td>2:45~3:15</td></tr>
<tr><td>4</td><td>3:15~3:45</td></tr>
<tr><td rowspan="2">6</td><td rowspan="2">3:45~4:15</td><td rowspan="3">구글 카드보드 경험</td><td colspan="2">STATION 5</td><td colspan="2">STATION 6</td></tr>
<tr><td colspan="2" rowspan="2">VR 롤러코스터
Virtual tunnel race</td><td colspan="2" rowspan="2">X-RACER
Gravity Train VR</td></tr>
<tr><td>7</td><td>4:15~4:30</td></tr>
</table>

[그림 92] 가상현실 활용 수업 체크리스트 예시

II 오큘러스 경험 체크리스트

▷ **경험시간: 오큘러스(콘텐츠 당, 30분)**

▷ **스테이션1: First Touch**

경험콘텐츠	순번	학생별 역할	체크리스트 문항
First Touch	1	경험 학생	■ 모나리자 그림 완성하기 ■ 미러링 화면 핸드폰으로 찍어서 ■ 패들렛에 개인별로 각각 업로드 하기 (이름, 학번, 모나리자 사진 함께)
	2	서브 학생	■ 체험하는 학생 다치지 않도록 눈 크게 뜨고 감시

▷ **스테이션2: ELIXIR**

경험콘텐츠	순번	학생별 역할	체크리스트 문항
Elixir	1	경험 학생	■ 텔레포트 (손 이동) 해보기 ■ 손을 불로 바꿔서 촛불 켜보기
	2	서브 학생	■ 체험하는 학생 다치지 않도록 눈 크게 뜨고 감시
	3	그룹과제	■ 그룹사진(3장 이상) 다 같이 찍어 올리기

〈수업 중〉

11. 오리엔테이션 필수 및 준비도 확인하기

교수자는 수업 초반에 활용하게 될 메타버스 플랫폼에 대한 학습자 오리엔테이션을 제공해야 하며, 이러한 과정을 통해 학습자의 준비도를 확인해야 합니다. 오리엔테이션은 메타버스의 의미, 메타버스 플랫폼의 맵 소개와 메타버스로 수업을 하는 이유 및 장점을 확실하게 알려주어야 합니다. 특히 메타버스 플랫폼 안에서 지켜야 하는 에티켓, 쇼트키Short Key, 아바타를 움직이는 방법, 오브젝트를 활성화하는 방법, 문서 파일 혹은 이미지를 추가하는 방법 등과 관련하여 오리엔테이션을 하시길 바랍니다. 이후 5~10분 정도의 시간을 투자하여 학습자가 직접 오브젝트를 추가하거나, 다 같이 연습해 볼 수 있는 시간이 있으면 더욱 좋습니다.

또한 메타버스 관련 윤리, 사이버 폭력 등에 대한 언급을 하시길 바랍니다. 메타버스의 개방성과 익명성으로 인해 비방, 욕설, 따돌림 등 사이버 폭력이 발생할 수 있기 때문에 이를 방지하기 위한 학습자 사전 교육을 진행해야 하며, 메타버스의 윤리 및 소양 교육, 인격 존중 교육 등과 같은 전반적인 정보 윤리 교육도 필요합니다. 메타버스를 사용함에 있어, 이용자의 윤리는 이용자의 메타버스 사용 능숙도와 별개로 교육이 필요합니다. 세부적인 교육 내용은 메타버스 윤리 및 소양 교육, 인격 존중 교육 등과 같은 전반적 정보 윤리 교육 차원의 접근이 이루어져야 하고, 메타버스 안에서의 기본적인 에티켓 및 예절예: 일탈적 행동, 언어폭력 등에 대한 교육이 이루어져야 하며, 교수자는 메타버스에서의 규칙도 오프라인에서의 규칙과 다르지 않음을 교육하여 익명의 그림자 안의 행동과 발언도 처벌의 대상이 될 수 있음을 강조하여야 합니다. 또한 이러한 교육은 일회성으로 끝나는 것이 아니라, 사이버 폭력 예방교육을 주기적으로 실시하여, 바람직한 메타버스 학습 문화 조성이 이루어질 수 있도록 지속적인 관심이 요구되는 부분입니다.

[그림 93] 학습자 대상 참여 규칙

[그림 94] 수업 규칙 예시

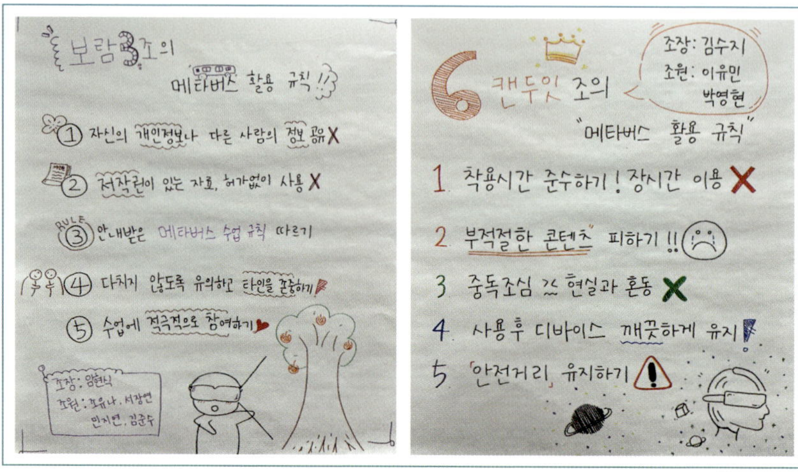

12. 팀 활동 공유하기

수업 중에 진행한 학습자의 개별 혹은 팀별 활동을 공유하기 바랍니다. 수업 시간이 허락한다면 모두 발표를 하는 것이 가장 효과적이지만, 실제로 수업 시간은 늘 부족합니다. 학생들은 본인들의 활동보다 다른 학생 혹은 다른 팀의 활동 결과물을 궁금해 합니다. 그리고 이러한 절차를 통해 학습자들은 수업 중 활동의 중요성을 깨닫고 성실히 임할 수 있게 됩니다. 팀 활동의 결과물을 문서 형태로 만든다면 LMS에 업로드를 하거나, 교수님께서 제공하는 교육도구에 직접 활동 결과물을 제시하는 것도 가능합니다. 특히 학습자가 온라인과 오프라인을 혼합하여 수업을 진행할 때는 반드시 모든 학생 혹은 팀의 결과물이 공유될 수 있도록 하시길 바랍니다.

[그림 95] 교육도구를 활용한 팀 활동 공유

[그림 96] 핸드아웃 형태의 학습 결과물 LMS 공유

학생 3 오후 4:08

3조 제출합니다!

PDF ▾

실습활동

루브릭을 이용한 평가 활동

• 루브릭을 이용한 평가

루브릭 평가란, 학습자의 수행정도를 특정한 평가항목에 따라 장단점과 특징이 세밀하게 제시되어 있으며 이를 통해 성취기준을 판단하는 평가 도구

영역	평가요소	수행 수준			
		노력요함	보통	우수함	뛰어남
Minds-on	비판적 사고	교실 환경의 문제를 비판적 사고를 통해 바라보지 못함.	교실 환경의 문제를 바라보려고 함.	교실 환경의 문제를 비판적 사고를 통해 바라보려고 함.	교실 환경의 문제를 비판적 사고를 통해 바라보고 다른 학생들의 동의를 이끌어 냄.
Hands-on	도구 및 재료 활용 능력	3D프린터와 레이저 커팅기에 대한 이해가 부족하고 적절한 활용을 하지 못함.	3D프린터와 레이저 커팅기에 대한 이해가 이루어졌으나 적절한 활용을 하지 못함.	3D프린터와 레이저 커팅기에 대한 이해가 이루어지고 적절한 활용을 함.	3D프린터와 레이저 커팅기에 대한 이해가 이루어지고 새로운 응용방법을 고안해 내어 제작함.
Hearts-on	공감	발표시 타인의 의견에 공감하지 못하고 이해와 배려가 이루어지지 않음.	타인의 의견에 공감하였으나 적극적인 반응을 보이지 않음.	타인의 의견에 공감하고 적절한 반응을 함.	타인의 의견에 공감하고 적극적인 반응을 보이며 발표조의 발전을 위한 적절한 피드백을 하였음.
	생산적 실패	실패를 마주하였을 때 좌절하여 해결의 의지를 보이지 않음.	실패를 마주하였을 때 이를 인정하였으나 긍정적인 사고를 하는 것에 어려움을 느낌.	실패를 마주하였을 때 이를 인정하고 개선하려는 의지를 보임.	실패를 마주하였을 때 긍정적인 사고로 실패 원인을 분석하고 반복적인 시도를 통해 개선함.

학생 4 오후 4:08

1조(우리발표끝) 루브릭 평가 활동지 제출합니다

2개 파일 ▾

실습활동

루브릭을 이용한 평가 활동

▪ 루브릭을 이용한 평가

학습자의 수행정도를 특정된 평가항목에 따라 각각의 특징과 장단점이 세밀하게 제시되는 성취 수준으로 판단하는 도구인 루브릭을 자유롭게 활용하여 평가 계획을 세워주세요

영역	평가요소	수행 수준			
		노력요함	보통	우수함	뛰어남
Minds - on	[illegible]	[illegible]	[illegible]	[illegible]	[illegible]
Hands - on	[illegible]	[illegible]	[illegible]	[illegible]	[illegible]
Hearts - on	[illegible]	[illegible]	[illegible]	[illegible]	[illegible]
Social - on	[illegible]	[illegible]	[illegible]	[illegible]	[illegible]
Acts - on	[illegible]	[illegible]	[illegible]	[illegible]	[illegible]

13. 연습 기회 및 긍정적인 피드백 제공하기

원활한 메타버스 활용 수업을 위해 학습자에게 연습 기회를 주는 것이 중요합니다. MZ세대라고 모두 최신 기기에 익숙한 것은 절대 아닙니다. 학습자마다 메타버스 리터러시, 디지털 활용 능력 및 역량은 매우 상이합니다. 메타버스 활용 수업 전에 퀴즈, 미션 등과 같은 간단한 활용을 통해 학습자가 메타버스 플랫폼에 대한 흥미를 유발할 수 있도록 하는 것이 중요합니다. 이러한 활동을 통해서 학습자들은 더욱 풍성한 메타버스 경험의 시작을 할 수 있습니다.

또한 학습자가 부담 없이 언제든지 도전하고 참여할 수 있다는 분위기를 조성할 필요가 있습니다. 학습자가 메타버스 리터러시가 부족하여 적극적으로 참여하지 못하거나 실패를 경험할 경우, 다시 시도할 수 있다는 긍정적인 지지와 피드백을 제공해야 합니다.

대부분의 메타버스는 영속성을 가지고 있기 때문에, 필요시 언제, 어디서든 접속하여 자기주도적으로 학습할 수 있습니다. 학습자의 학습 수준에 따라 연습할 수 있도록 충분한 기회와 시간을 주고, 추가적인 자료를 제공하는 등 맞춤형 학습이 가능하도록 합니다.

〈수업 후〉

14. 학습자 평가하기

메타버스 활용 수업 후, 학습자의 피드백을 수집하는 것은 매우 중요한 단계입니다. 학습자를 통한 평가는 수업 실행 초반에 구글 설문이나 면담을 통해 이루어질 수 있으며, 이러한 절차를 통해 나온 학습자의 의견을 다음 수업에 반영하고 적용하는 것이 필요합니다. 학습자의 의견은 수업과 관련한 문제점이나 단점에 대한 의견을 물어볼 수도 있고, 해당 수업이 흥미로웠는지, 도전 의식을 불러일으켰는지, 유의미한 학습 경험이었는지 등과 같은 만족도 조사의 형태일 수도 있습니다[그림 97－98].

[그림 97] 메타버스 활용 수업 만족도 설문 예시

[메타버스 활용 수업 만족도 설문 예시]

□ 메타버스 활용 수업 전반에 대한 만족도
- 나는 메타버스를 활용한 수업에 전반적으로 만족한다.
- 나는 메타버스를 활용한 수업에 또 참여할 의향이 있다.
- 나는 메타버스 학습공간 내에서 수업이 원활하게 진행되었다고 생각한다.
- 나는 메타버스 활용이 강의 목표를 달성하는 데 도움이 되었다고 생각한다.
- 나는 메타버스 활용이 강의 내용을 이해하는 데 도움이 되었다고 생각한다.
- 나는 메타버스 활용이 학습 흥미도를 높여준다고 생각한다.
- 나는 메타버스 활용이 학습동기를 높여준다고 생각한다.
- 나는 메타버스 활용이 수업 참여를 촉진한다고 생각한다.
- 나는 메타버스 활용이 실재감을 준다고 생각한다.
- 나는 메타버스 활용이 사용자(교수자, 학습자) 간 상호작용을 촉진한다고 생각한다.

□ 메타버스를 활용한 수업에서 가장 좋았던 점(장점)은 무엇인가요?

□ 메타버스를 활용한 본 수업에서 가장 불편했던 점(단점)은 무엇인가요?

□ 효과적인 메타버스 활용 수업을 위해 학교, 학과, 센터, 교수자에게 필요한 역량 혹은 지원이 있으면 알려주세요.

□ 이외에 말하고 싶은 의견이 있다면 자유롭게 작성하세요.

출처: 동국대학교 교수학습혁신센터(2022)

[그림 98] 구글설문을 통한 만족도 시행

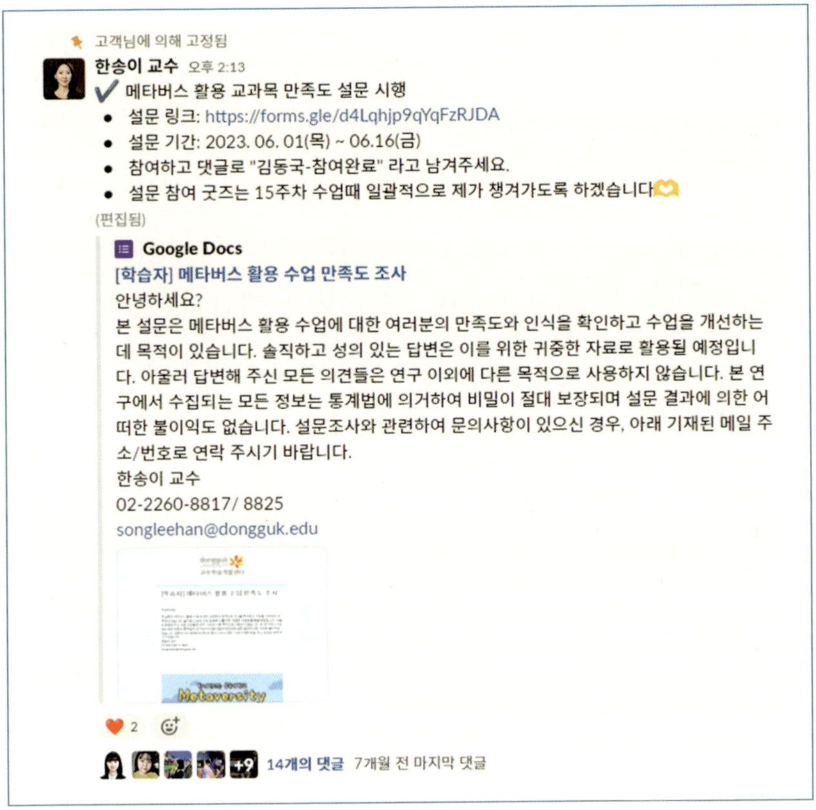

15. 교수자 자기성찰 및 수업 평가하기

교수자 스스로 수업의 장 · 단점에 대해서 생각해보시길 바랍니다. 어떤 점에서 문제점이 발생했는지, 문제점을 해결하기 위해서는 어떤 노력을 해야 하는지 등과 같은 성찰을 하고, 교수자가 선정한 메타버스 플랫폼이 적절하였는지, 교수 · 학습 활동 시간은 충분했는지, 메타버스 활용 수업의 전반적인 수업 평가는 어떠했는지 등을 확인하고,

성찰 내용을 반영하여 수업을 재설계하시길 바랍니다. 또한 이러한 과정에서 메타버스 플랫폼의 변경 혹은 대체 가능 에듀테크예: 가상현실, 증강현실는 없는지를 다시 한 번 확인해야 할 것이며, 메타버스 활용 수업에 대한 피로감, 사이버 멀미, 시력 저하, 육체적 피로감 등은 없었는지와 같은 부분을 다시 한 번 확인해 보아야 할 것입니다.

이상의 메타버스 기반 수업 설계 가이드라인을 정리하면 다음 〈표 15〉와 같습니다. 본 설계 가이드라인이 향후 실제 메타버스를 수업에 적용하려는 교수자, 관련 교수법 및 학습법을 개발하려는 연구자, 대학에서 메타버스 수업 가능성 및 적용을 고려할 때 기초 자료로 활용될 수 있기를 기대합니다.

〈표 15〉 메타버스 활용 수업 준비를 위한 체크리스트 예시

구분		분류	대응 방안
수업 전	메타버스에 대한 지식의 정도	입문	• 메타버스의 의미 및 국내외 사례 예시
		초급	• 메타버스 기반 수업 설계 원리 및 가이드라인
		중급	• 오픈소스를 통한 메타버스 플랫폼 강의실 직접 개발
		고급	• 빌드업을 활용한 메타버스 플랫폼 강의실 개발
		마스터	• 메타버스의 교육적 활용 방법 및 연구

구분		분류	대응 방안
	교육과정 분석	수업 분석을 통한 적합성 판단	• 해당 수업의 한계점을 메타버스가 해결해 줄 수 있는지 판단
			• 수업 목표, 성취 기준, 학습 요소, 교수·학습 방법, 평가
			• 메타버스 플랫폼을 활용할 주차 및 주제 판단
		강의유형에 따른 교육용 메타버스 플랫폼 선정	• 게임 기반 메타버스 플랫폼 • 제작 기반 메타버스 플랫폼 • 협업 기반 메타버스 플랫폼 • 소셜 기반 메타버스 플랫폼 • 목적 기반 메타버스 플랫폼
	역량 분석	교수자 역량 분석	• 메타버스 리터러시 역량(예: 플랫폼 활용법, 기기 활용법 등)
			• 촉진자, 코칭, 컨설턴트의 역할 역량
		학습자 역량 분석	• 메타버스 리터러시 역량(예: 플랫폼 활용법, 기기 활용법 등)
	수업 환경 설계	메타버스 환경 (공간) 설계	• 이미 구축되어 있는 메타버스 플랫폼 무료 공간 활용 - In Platform Type • 오픈소스를 활용한 공간/오브젝트 재배치 - In Platform Type • 유료 공간 설계 - Micro Platform Type
		메타버스 환경 (정보자원) 설계	• 교육도구 링크 및 링크 삽입(예: 멘티미터, 소크라티브, 유튜브링크 등) • 수업자료 삽입(예: PPT, 수업 문서 등) • 학습자 이메일 주소 확인 매뉴얼 개발
	특성 분석	학습자 특성	• 학습자의 배경(예: 학년, 전공, 나이, 외국인 여부 등) • 사전 지식수준, 학습동기 • 테크놀로지 활용 능력 • 메타버스 경험 유무 • 기술적 상황(예: PC, 스마트폰 등)

<table>
<tr><th colspan="2">구분</th><th>분류</th><th>대응 방안</th></tr>
<tr><td rowspan="3">수업 중</td><td rowspan="3">수업 설계</td><td>오리엔테이션</td><td>• 메타버스 플랫폼 활용 이유 및 장점
• 메타버스 플랫폼의 맵 제공 및 활용법 안내(예: 맵 공간에 대한 안내)
• 학습자에게 메타버스 플랫폼
• 연습기회 제공</td></tr>
<tr><td>교수 실재감</td><td>• 메타버스 기반 수업 안에서 교수 실재감 확보하기(예: 카메라 응시하기, 학생 이름/아바타 이름 불러주기, 팀 공간에 방문하기 등)</td></tr>
<tr><td>학습 활동</td><td>• 학습활동 정교화 계획 및 가이드라인 제공(예: 학습 활동 목표, 활동 시간 등)
• 공동학습과제 부여를 통한 메타버스 내 팀 과제 수행</td></tr>
<tr><td rowspan="3">수업 후</td><td rowspan="2">메타버스
수업 성찰</td><td>학습자 성찰</td><td>• 메타버스 수업의 장 · 단점, 개선점(예: 구글 설문, 면담 등)</td></tr>
<tr><td>교수자
자기성찰</td><td>• 메타버스 수업의 장 · 단점, 개선점</td></tr>
<tr><td>메타버스
수업 재설계</td><td>수업 재설계</td><td>• 성찰된 결과물에 따른 다음 메타버스 수업 재설계(예: 메타버스 플랫폼 적절성, 학습 활동 내용 및 시간의 적절성, 학습 효과 등)</td></tr>
</table>

생성형 AI를 활용한 미래교육

CHAPTER 10 메타버스 활용 수업 시, 주의점

1. 데이터, 긴 로딩 시간

메타버스 플랫폼 중 모바일에서만 구동되는 플랫폼의 경우예: 제페토, 이프랜드, 모바일 기종, 인터넷 속도 등에 따라 긴 로딩 시간이 걸린다는 단점이 있으며, 와이파이 연결이 안 되어 있을 시에는 데이터와 충전량이 빠르게 소모된다는 점이 있습니다. 때문에 가능하면 교실의 와이파이 연결 상태를 수업 전에 확인하고, 수업 중간에 충전이 안 되어 수업에 참여하지 못하는 불상사가 발생하지 않도록 보조 충전기나 멀티탭 여분을 챙기는 것이 필요합니다. 학습자는 수업을 위해 자신의 데이터를 사용하는 것을 꺼려하기 때문에, 학교 지원이 된다면 추가적인 랜선망을 구축하거나, 교내 1인실 수업참여 공간이 있다면 활용을 적극 권장하시길 바랍니다.

2. 휴먼팩터 이슈

휴먼팩터Human Factor란 넓은 의미로 시스템을 설계하고 구현할 때 인간의 능력과 한계 등과 같은 특성을 고려해 이용자의 안전성, 효율성 등을 확보하는 것을 말합니다한국교육학술정보원, 2019. 메타버스 안에서 발생할 수 있는 휴먼팩터 이슈는 사이버 성폭력, HMD 기반 안전 문제로 나누어 살펴볼 수 있습니다.

메타버스는 익명성을 기본으로 나 자신이 아닌 또 다른 캐릭터부캐로 활동하기 때문에, 개인의 신상 정보나이, 실명, 성별 등를 공유할 필요가 없습니다. 즉, 나의 정보 및 다른 사람의 신상 정보를 모르기 때문에 메타버스 안에서 공격성 및 폭력성이 높아질 수 있으며, 익명성 뒤에

숨어 죄책감 또한 덜할 수 있습니다. 실제로 메타버스 상에서 성범죄, 성희롱 등이 발생하는 사례가 국내에서도 발생하였습니다. 제페토에서는 아바타 스토킹과 아바타 몰래카메라의 문제로 성희롱 문제가 제기되었고, 메타Meta에서는 아바타 성추행의 문제가 발생했습니다. 이후 메타는 자사의 메타버스 플랫폼인 호라이즌 월드에서 아바타 사이의 거리를 4피트약 1.2m로 유지되도록 하는 퍼스널 바운더리Personal Boundary를 도입하여 다른 사람의 아바타가 자신의 아바타 근처에 접근하는 것을 방지하는 기능을 추가하였습니다. 많은 기업에서 메타버스에서 오감을 구현하기 위해 다양하게 노력하고 있습니다. 그러나 이러한 발전은 예상치 못한 범죄로 이어질 수 있습니다. 특히 메타버스에서 가장 많은 시간을 보내는 사람들은 MZ세대라는 점을 고려하면, 이러한 이슈는 정말 중요한 문제가 아닐 수 없습니다.

증강현실, 가상현실 기기를 활용한 HMD 기반 안전 문제도 중요한 이슈입니다. 모바일 기반 증강현실의 대표적인 콘텐츠인 포켓몬 고로 인해 사유지 무단 침입 사건도 발생하였고, 주의산만으로 교통사고 부상자와 사망자가 급격히 증가하면서, 운전 중에 포켓몬고를 하지 말라는 경고메시지 팝업과 시속 30마일이 넘으면 포켓몬스터가 등장하지 않게 하는 등 다양한 대응책을 마련하기도 하였습니다. 2017년 러시아에서는 가상현실 HMD를 착용하고 있던 44세 남성이 게임 중 현실세계를 볼 수 없어 사망한 사고가 있었고, 영국에서는 구글 글래스를 착용하고 운전하는 것을 금지하는 내용의 입법을 추진하였습니다. 이러한 물리적인 문제뿐만 아니라, 다양한 건강 문제도 제기되고 있습니다. 메타버스의 지속적인 경험은 눈 건강에 영향을 미칠 뿐만 아니라 근시로 이어질 수 있습니다. 또한 시선 집중으로 인해 수렴–조절불일치Vergence-accommodation conflict로 사이버 멀미Cyber sickness가 발생하여 눈과 뇌를 모두 혼란스럽게 만들 수도 있습니다. 또한 시력뿐만 아니라 높은 오디오 볼륨으로 인한 청력, 근육 경련, 균형 상실 등 다양한 문제가 제기되고 있습니다. 오큘러스와 같은 가상현실 기기 제조사는 필요성을 느끼지 못하더라도 30분마다 10~15분 정도 휴식할 것을 권하고 있고, 수업 현장에서 활용 시, 학습자에게 미칠 수 있는 위험예: 사이버 멀미, 눈의 피로, 컨디션 저하 등에 대해서 사전 공지를 하고, 체험 이후 최소 5분 정도 스트레칭을 하거나 밖에서 공기를 마시는 시간을 갖도록 하는 것이 중요합니다한송이, 임철일(2020).[37] 하지만 안타깝게도, 이를 살펴본 과학적인 연구 결과는 아직까지 미미하며 특히 어린이에게 어떠한 영향을 미칠 것인가에 대한 연구 및 규제는 거의 이루어지지 않고 있습니다.

3. 이용자의 개인정보 이슈

메타버스에서 수집되는 개인정보의 양은 인터넷 시대보다 더욱 방대하고, 범위가 넓어질 것입니다. 기술이 더욱 발달하면서 우리는 메타버스에서 다양한 기기와 테크놀로지를 활용하여 가상과 현실을 넘나들며 오감을 통해 상호작용하고 새로운 경험을 하고 있습니다.

이러한 과정에서 기존에 생성되지 않았던 타인에 대한 정보, 위치정보 등 민감 데이터라고 부르는 다양한 데이터가 수집될 수 있습니다. 유럽 규제 당국은 증강현실 HMD의 경우, 사생활 침해 및 프라이

37) 한송이, 임철일(2020). 국내 증강현실(AR) 기반 교육 연구동향 분석: 2008년~2019년을 중심으로, 교육공학연구 36(3), 505-528.

버시 이슈를 야기할 수 있다며, HMD를 통해 사진이나 동영상을 찍을 때는 같은 시간, 같은 장소에 있는 타인들이 알 수 있도록 해야 한다고 하였습니다. 실제로, 메타META의 스마트 안경Ray-Ban Stories은 동영상 혹은 카메라가 실행 중일 때는 작은 LED 표시등에 불이 들어오도록 한 것으로 알려졌습니다.

디지털 저작권 단체인 EFFElectronic Frontier Foundation는 눈으로 보이는 것뿐만 아니라, 생체 데이터예: 사용자의 자세, 몸짓, 시선, 오감 등의 유출 문제를 우려하고 있습니다. 생체 데이터는 개인정보의 암호 혹은 신용카드의 정보와 달리 변경할 수 없는 점을 지적하고 있습니다. 따라서 이러한 기기를 사용하고 있는 동안 수집되는 모든 정보에 대해 개인이 거부할 수 있는 권한이 있는지에 대한 규제가 필요한 시점입니다.

4. 디지털 데이터 이슈

메타버스 안에서 발생할 수 있는 디지털 데이터 이슈는 저작권 침해와 대체 불가능 토큰Non-Fungible Token, NFT으로 나누어 살펴볼 수 있습니다. 메타버스 돌풍 속에서 새로운 직업군으로 생겨난 크리에이터창작자는 가상세계를 디자인하는 메타버스 건축가, 아바타를 디자인하거나 아바타가 입는 옷, 액세서리 그리고 아바타의 안무, 이모티콘 등을 디자인하는 아바타 디자이너, 플랫폼 안에서의 아바타 게임 개발자 등 다양합니다. 예를 들어 아바타 옷의 디자인에 명품옷의 로고를 넣는다거나, 가상공간의 배경을 구성할 때 음악 저작물, 미술 저작물 혹은 응용 저작물을 배치한다면 현실에서는 아무것도 변하지 않았기 때문에 문제가 없어 보이지만, 이러한 기능이 저작권을 얼마나 침해할 수 있을지 반드시 고민해보아야 합니다. 그리고 메타버스 공간에서는 이용자가 새로운 창작의 주체로서 프로슈머의 지위를 갖게 되기 때문에 저작권법상의 다양한 문제들이 제기되고 있습니다.

또한 최근 블록체인 기술과 NFT 사용이 활성화됨에 따라, 메타버스와 같은 가상공간 내에서의 경제 활동이 가능해지면서 많은 문제점을 야기했습니다. NFT란 문서의 내용이 적시된 디지털 주소와 소유권자 정보 등을 저장할 수 있는 형식의 디지털 권리 증서를 뜻하는데, 이를 통해 가상공간에서도 여러 가지 자산들의 권리관계를 증명할 수 있게 되었습니다. 이러한 과정에서 창작자를 확인하지 않은 채 NFT를 발행하여 문제가 발생하기도 하고, 법적 문제가 생겨도 책임이 제한적입니다. 가짜 작품을 진품처럼 NFT로 발행하여 수익을 챙기는 사례가 늘어나고 있고, 타인의 작품을 무단으로 가져가 발행하는 경우도 있습니다. 메타버스에서 사용자가 증가하면, NFT 또한 성장할 것입니다. 그러나 반대로 사용자 숫자가 줄어들면 서비스 경제 생태계도 함께 무너질 것입니다.

5. 정보 격차 이슈

현재 메타버스는 MZ세대 위주로 활용되고 있으며, 사회 · 문화 · 경제뿐만 아니라 교육 현장까지 엄청난 영향을 미치고 있습니다. 이처럼 메타버스 공간이 확대되는 가운데 상대적으로 접근성이 떨어지는 고령층과 저소득층 소외에 대한 우려의 목소리가 커지고 있고, 세대 간의 정보 격차 및 디지털 격차가 발생하고 있습니다. 또한 기술이 발달할수록 이러한 격차는 더욱 커질 가능성이 있는데 이는 우리가 직면하고 있는 심각한 문제입니다. 사실 메타버스뿐만 아니라, 키오스크 활용, 배달 앱 활용, NFT, 암호화폐 등 디지털의 양극화는 기술이 발달할수록 더욱 커지고 있습니다. 메타버스가 소수만이 누리는 특권이 아니라 그 누구도 소외되지 않을 수 있도록 관심과 대안이 필요한 시점입니다.

에필로그: 생성형 인공지능 AI X 메타버스

생성형 AI와 메타버스가 만나면 어떻게 될까요? 생성형 AI, 가상현실, 증강현실 등과 같은 메타버스 기술과 결합한다면 엄청난 파급효과가 나타날 것입니다. 영화 아이언맨에서 주인공인 토니 스타크가 말하는 대로 척척 처리해주는 인공지능 비서인 자비스Jarvis가 고스란히 메타버스 서비스에 등장하는 것입니다. 어떤 질문을 하더라도 다양한 답변을 해주고, 필요한 것이 있으면 바로 해결해 줄 수 있는 것이지요.

그런데 벌써 이를 발 빠르게 실현한 메타버스 회사가 있습니다. 글로벌 메타버스 플랫폼 로블록스가 텍스트 명령어 기반 생성형 AI와 코드를 완성하는 새로운 생성형 AI 등 두 가지 새로운 AI 도구를 로블록스 스튜디오에 출시한다고 합니다. 현재 로블록스는 크리에이터가 가장 몰입감 높은 3D 체험을 구축할 수 있도록 엔드 투 엔드end-to-end 도구와 서비스, 지원을 누릴 수 있는 플랫폼을 제공하고 있습니다. 코딩 능력은 있지만 고성능 3D 모델링 경험이 적을 수도 있고, 반대로 모델 설계에 익숙하지만 코딩 경험이 많지 않은 크리에이터도 있을 것입니다. 다양한 상황을 불문하고, 로블록스 플랫폼에서 생성형 AI 도구를 활용하여 초보자도 다채로운 상상력을 실현할 수 있습니다. 예를 들어 '반짝이는 금속 다이아몬드 패턴의 차Brushed metal diamond plate pattern', '보라색의 구겨진 호일 느낌으로 반사되는 차Purple foil crimpled pattern, reflective'와 같은 간단한 문장으로도 자동차를 디자인할 수 있습니다. 또한 "헤드라이트를 켜줘Lights on!", "비를 내려줘Make it rain", "날게 해줘Make it float" 등의 문장으로 빠르게 결과물이 제작되며, 3D 가상세계에서 운전을 가능케 하는 모든 동작이 코드화되어 있습니다.

[그림 99] 로블록스 스튜디오

출처: Roblox 홈페이지

이외에 메타버스를 겨냥한 생성형 AI 모델이 잇달아 나오고 있습니다. 엔비디아는 메타버스용 3D 이미지 생성형 AI 모델 겟3D를 출시했고, 오픈AI도 포인트-E를 출시했습니다. 메타의 저커버그 CEO 또한 "메타가 생성 AI의 선두주자가 되겠다."라면서 "이미지나 비디오, 아바타 그리고 3D 자산을 생성하는 AI 기술을 제품 전반에 걸쳐서 도입 중"이라고 말했습니다. 이와 관련해서 젠슨 황 엔비디아 CEO는 지난해 말 "생성형 AI가 없다면 소비자가 어떻게 가상세계를 만들 수 있겠는가?"라면서 "이 기술은 이제 시작 단계로, 앞으로 가상세계를 3D로 구축하는 데 필수적이 될 것"이라고 강조했습니다. 코로나 완화로 단계적으로 일상이 회복되면서, 잠시 주춤했던 메타버스는 생성형 AI를 통해 다시 한 번 엄청나게 발전할 것으로 보입니다.

메타버스의 아바타에 생성형 AI 기술이 활용된다면 어떨까요?

이제는 검색 엔진을 대체하느냐 마느냐의 이슈가 아니라, 실제 아바타가 사람을 대체하느냐 마느냐의 이슈로 더 커질 수도 있습니다. 아바타가 사람을 대신해서 대화를 하고, 업무를 처리할 수도 있습니다. 저자는 이전에 대학혁신지원사업의 일환으로 마이크로소프트 홀로렌즈2를 활용하여 교수자 역량 강화 콘텐츠 개발에 참여한 적이 있습니다. 그 당시, 다양한 선행연구와 교수법 전문가에 의해서 미리 세팅된 질문을 학생 아바타가 질문하도록 했고, 교수자는 아바타의 질문에 응답하고, 이러한 답변을 녹화하여 수업 컨설팅에 사용하였습니다. 여기서 핵심은 '미리 사전에 세팅된 질문'을 활용한다는 겁니다. 즉, 교수자의 답변에 따라 아바타의 질문이 바뀌지 않고, 미리 세팅된 다음 질문만 가능하기 때문에 다소 어색한 부분이 많았습니다. 교수자가 질문을 해도 상황을 인지하고 답변을 할 수 없는 기술적인 한계 때문이지요. 하지만 ChatGPT 혹은 생성형 AI 기반의 아바타를 실시간으로 활용할 수 있다면 어떨까요? 미리 방대한 양을 학습한 데이터를 가진 생성형 AI가 실시간으로 질문에 대한 답변을 음성으로 말해주고, 필요한 정보를 이미지 혹은 텍스트로 제공해주고, 필요시 읽어주거나 요약도 바로바로 해줄 수 있을 것입니다. 그리고 만약 특정한 분야에 특화된 응답을 줄 수 있다면, 전문 분야에서도 활용하기에 매우 효과적일 것 같습니다.

그리고 이미 이러한 아이디어로 출시된, 마음을 다독여주는 상담용 대화형 애플리케이션이 있으니, 바로 오큘러스 메타퀘스트2Oculus Meta Quest2 레플리카Replika입니다. 2020년에 오픈AI와 공식적으로 협업하여 GPT-3를 기반으로 하는 대화형 인공지능 애플리케이션을 출시하였습니다. 이후 자체적으로 심리 상담, 마음 치료에 특화된 데이터와 알고리즘으로 생성형 인공지능을 만들어 현재 PC, 스마트폰뿐만 아니라 VR에서도 아바타와 대화를 할 수 있습니다. 그리고 사용자와 대화한 내용을 계속 기억하여 이를 바탕으로 한 맞춤형 응답도 해줍니다. Virtual Speech 또한 생성형 인공지능 기반으로 어떠한 주제로든 인공지능과 이야기할 수 있는 애플리케이션입니다. 현재 Virtual Speech 안에 세부 애플리케이션으로 들어가 있는 Roleplay with ChatGPT는 사람들이 대화하기 어려운 주제 25가지예: 협상하기, 대립토론하기 등가 포함되어 있습니다.

이러한 기술은 교육 현장에서도 적극 사용할 수 있을 것 같습니다. 위에서 언급한 영어, 수학과 같은 교과뿐만 아니라, 비교과에서도 활용이 가능하며 학생의 고민 상담 혹은 진로 상담에도 활용할 수 있을 것입니다. 학생의 고민 상담을 상담사가 해준다면 가장 좋겠지만 24시간 내내 들어줄 수 없습니다. 하지만 이러한 기술을 활용한다면 도움이 필요할 때 언제든지 사용할 수 있습니다. 특히 상대방의 눈높이에 맞춘 단어 혹은 말투로 가능하고, 이전 대화를 기억하여 나만의 상담사 혹은 선생님을 갖게 된다면 참 좋을 것 같습니다.

[그림 100] Virtual Speech

출처: Virtual Speech 홈페이지

생성형 AI는 이제 시작입니다. 메타버스가 코로나로 인해서 덜 완성된 형태로 우리 삶에 들어왔지만, 기술은 지금도 빠르게 발전하고 있습니다. 현재 메타버스 플랫폼을 출시하고, 관련 기술들을 방대하게 가지고 있는 빅 테크 기업들에 의해 더욱 완성된 메타버스 세상이 펼쳐질 것입니다. 여기에 생성형 AI 관련 기술들이 연결된다면, 궁극적으로는 모든 디스플레이들이 메타버스 콘텐츠와 생성형 AI를 서비스하면서 세상이 변화될 것 같습니다.

그리고 이러한 대전환의 중심에는 교육이 있습니다. 인간과 인공지능은 대결 구도가 아니라, 인간이 인공지능을 윤리적으로 활용하고, 인공지능과 협력하고, 공존하는 시대가 되어야 합니다. 멀지 않은 미래에 인공지능의 능력은 사람의 학습 능력을 뛰어넘을 것이고, 인간과 인공지능은 앞으로 계속 동행할 것입니다. 이제는 기존 교수·학습방법에서 벗어나 새로운 교육 목적과 방법을 고민해야 하며, 교육기관의 이해관계자는 이런 기술들과 지속적으로 씨름하고, 해결책을 강구해야 하는 근본적인 의무가 있습니다. 생성형 AI의 발전은 새로운 도전이자 교육 패러다임 대전환의 기회입니다. 이러한 기술의 활용을 막기보다는, 원리와 득실을 제대로 파악하여 많은 사람들이 윤리적으로 활용할 수 있도록 다양한 노력이 병행되어 바람직한 교육의 길로 나아갈 수 있기를 기대합니다.

생성형 AI를 활용한 미래교육

—

부록

생성형 AI 프로그램 활용법

Ⅰ. ChatGPT 활용하기

1. ChatGPT 활용하기

1) 회원가입

① 구글 홈페이지www.google.com에 접속하고, 검색창에 ChatGPT를 입력합니다. 가장 상위에 있는 ChatGPT 홈페이지https://openai. com/blog/chatgpt를 클릭합니다.

② 'Sign up'을 클릭합니다.

③ 사용할 이메일을 입력하고, 'Continue' 버튼을 클릭합니다.

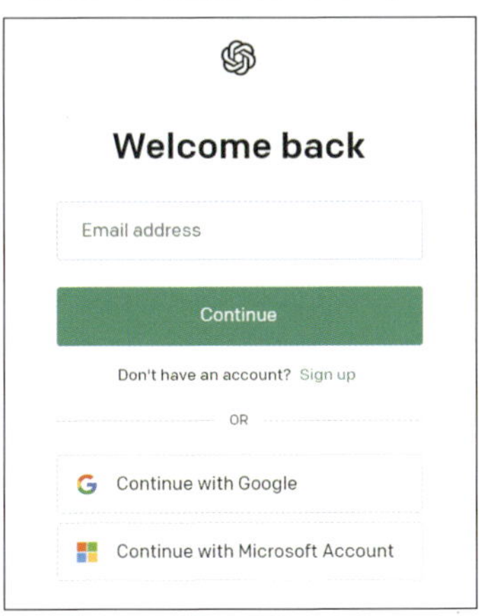

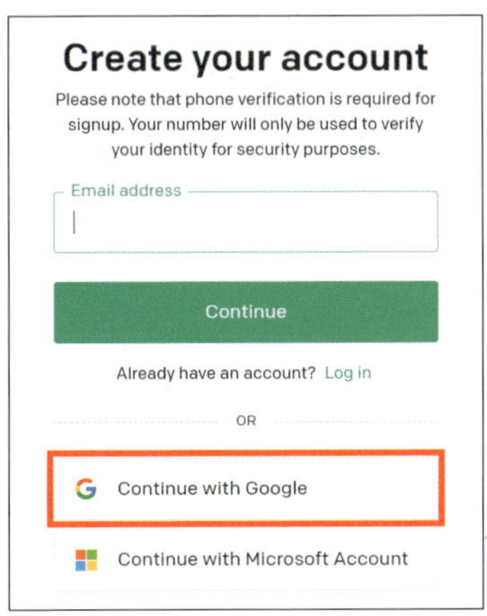

④ 비밀번호를 생성하고 'Continue' 버튼을 클릭합니다**비밀번호는 8자 이상으로 생성합니다**.

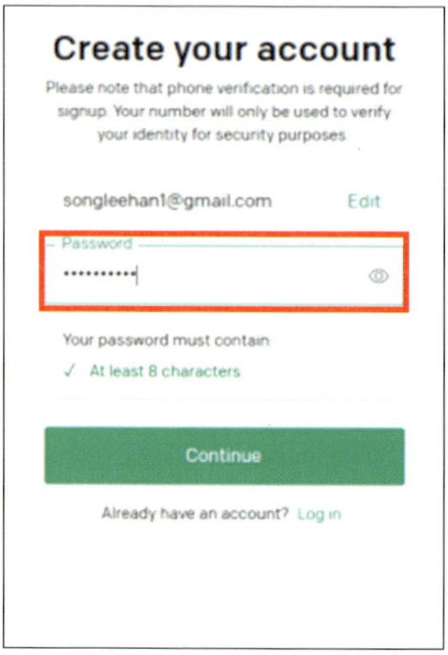

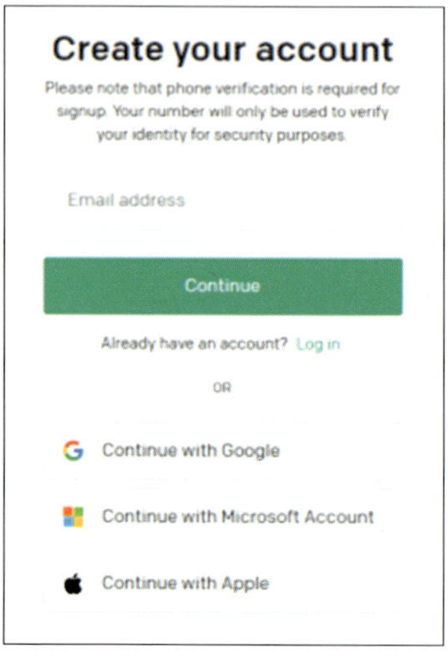

⑤ 다음 화면이 나오면 입력한 계정의 메일을 확인합니다.

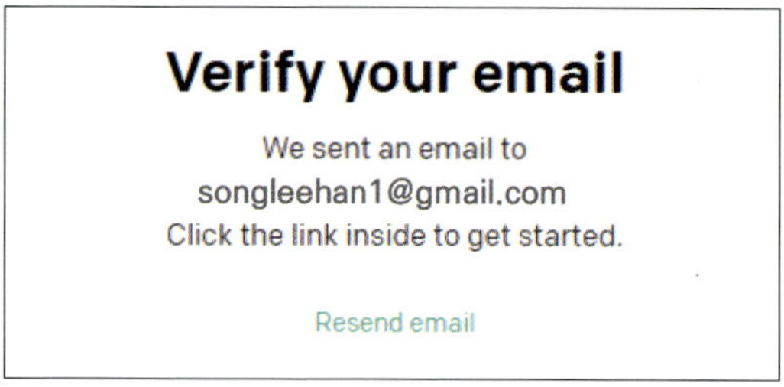

⑥ 메일함에서 'Verify email address'를 클릭합니다.

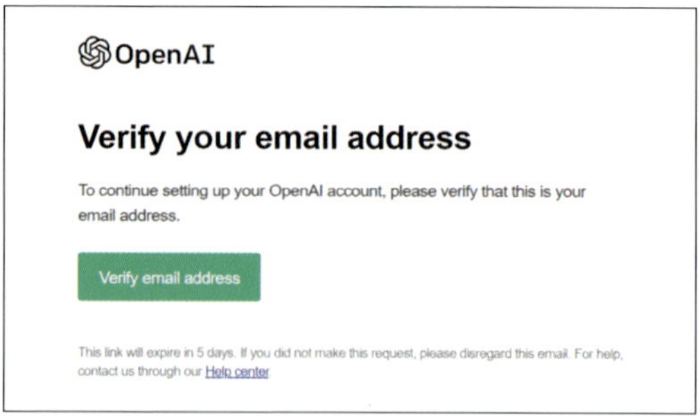

⑦ 'Verify email address'를 클릭하면 다음과 같은 화면이 나옵니다. 이름과 성, 생년월일을 작성한 후 'Continue' 버튼을 누릅니다.

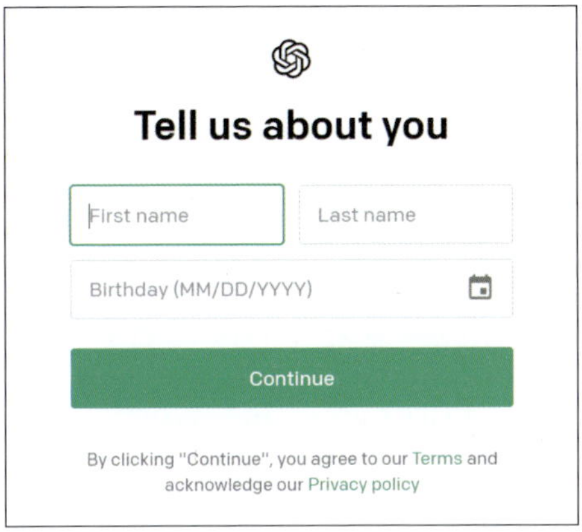

⑧ 핸드폰 번호로 코드를 받은 후 입력합니다.

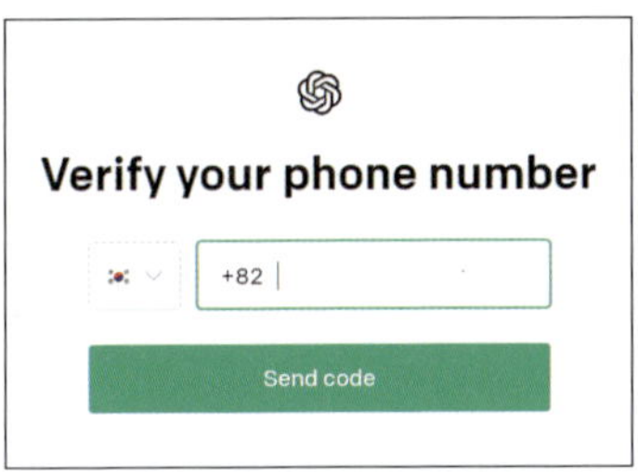

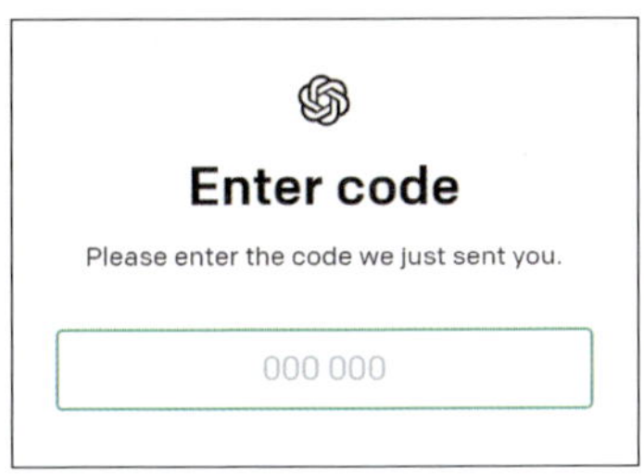

2) 로그인

① ChatGPT 홈페이지https://openai.com/blog/chatgpt 접속 후 좌측 하단에 TryChat GPTChatGPT 시도해보기를 클릭합니다.

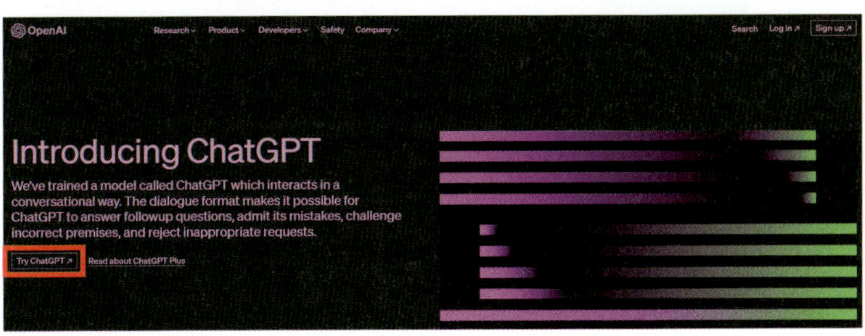

② 로그인Log In을 클릭합니다.

③ 가입한 아이디와 비밀번호를 입력하여 로그인을 합니다.

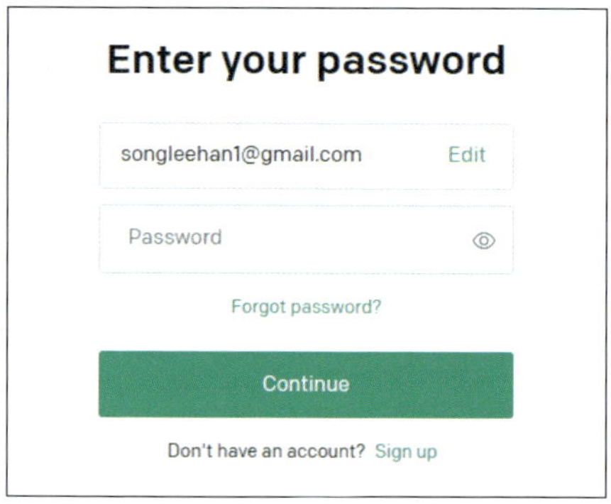

④ 아래와 같은 화면이 나오면 로그인 성공입니다. ChatGPT를 처음 사용하는 사용자는 사용 방법에 대한 매뉴얼 창이, ChatGPT를 한 번이라도 활용한 경험이 있는 사용자는 프로그램이 자동적으로 설정됩니다.

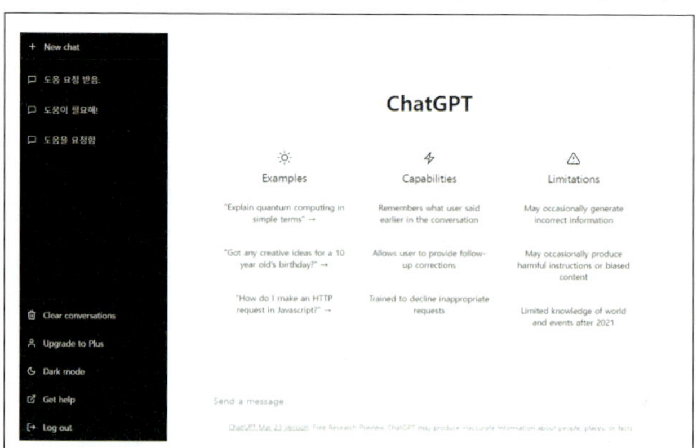

⑤ 페이지 하단의 채팅창에 질문을 입력하세요.

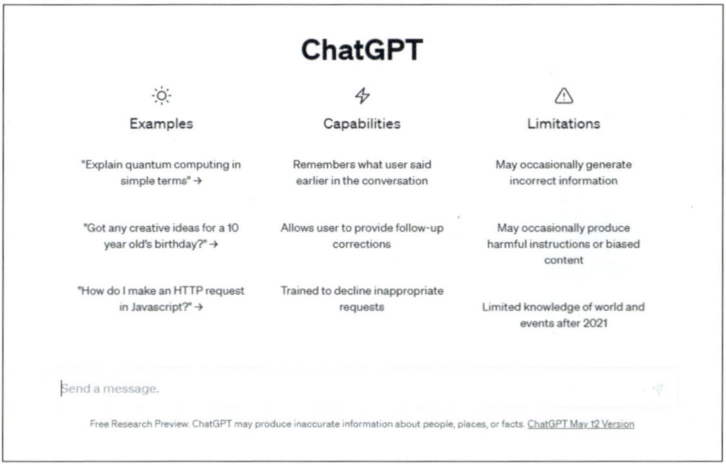

2. 상세기능

① 상세기능은 계정 옆에 [...] 버튼을 클릭하면 활성화됩니다.

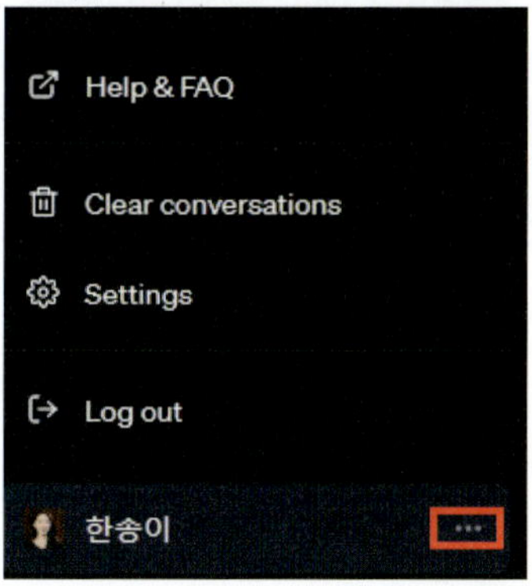

② 좌측 상단 주제 재설정 옵션을 클릭하여 새 대화New Chat를 시작할 수 있습니다ChatGPT는 같은 세션에서의 대화 내용은 기억합니다. 하지만 이전 세션에서 나눈 대화를 기억하지 않습니다.

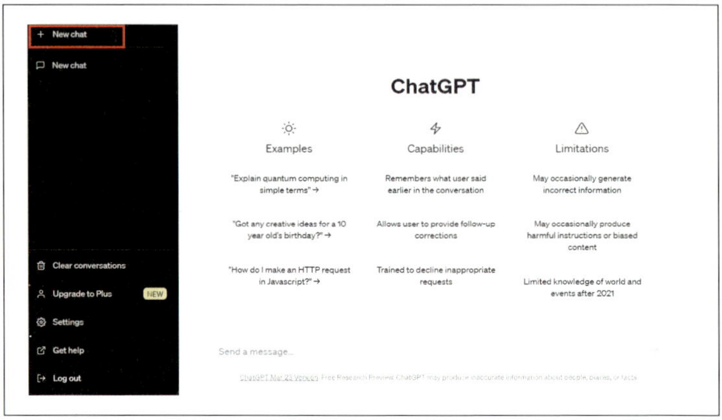

③ 'Clear Conversations'을 클릭하면 왼쪽 사이드바의 목록이전 대화 내용이 지워집니다.

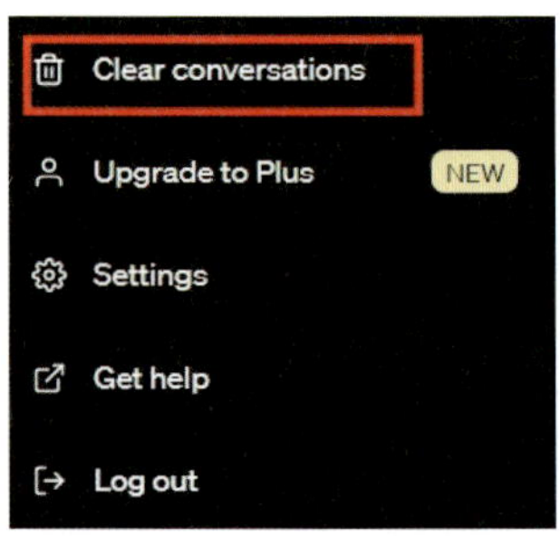

④ 'Upgrade to Plus'를 클릭하면 추가 기능을 활용할 수 있습니다.

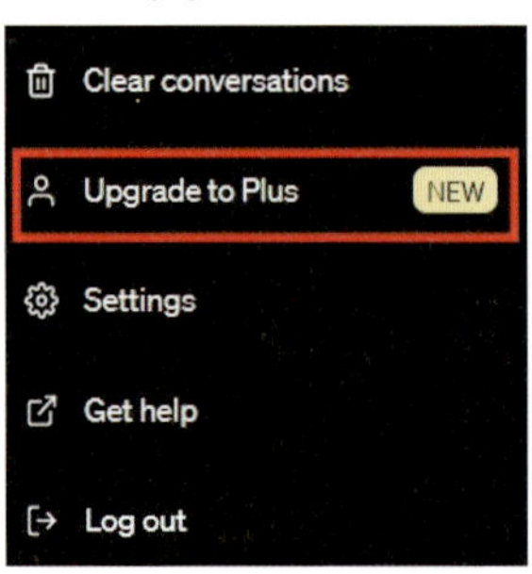

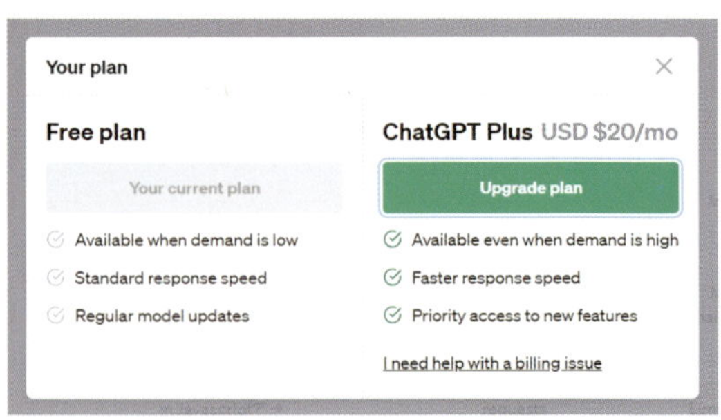

⑤ 'Settings'을 통해 화면 모드를 설정할 수 있습니다.

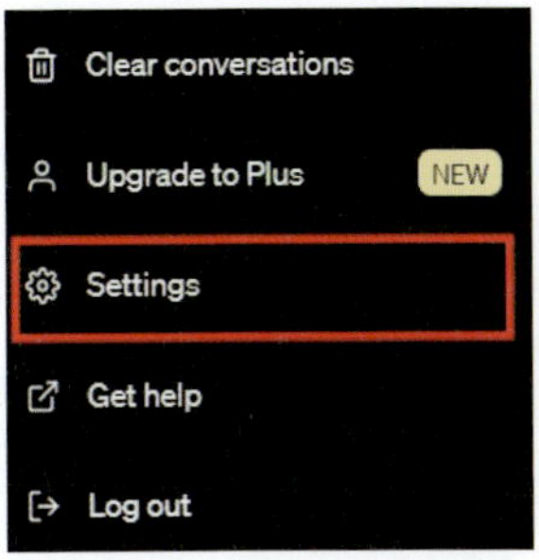

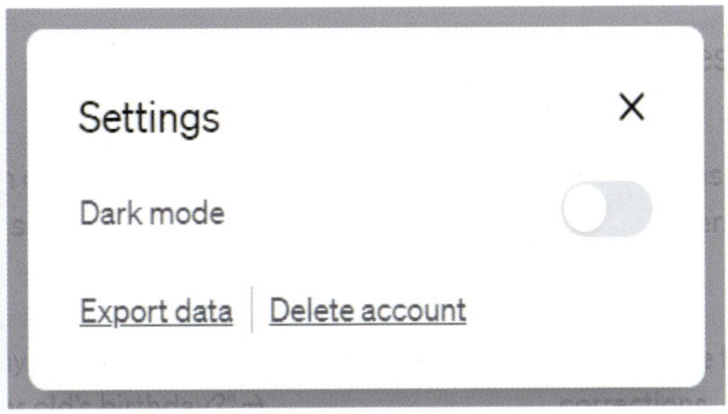

⑥ 'Get help' 버튼을 클릭하면 ChatGPT의 기능에 관한 설명을 볼 수 있습니다.

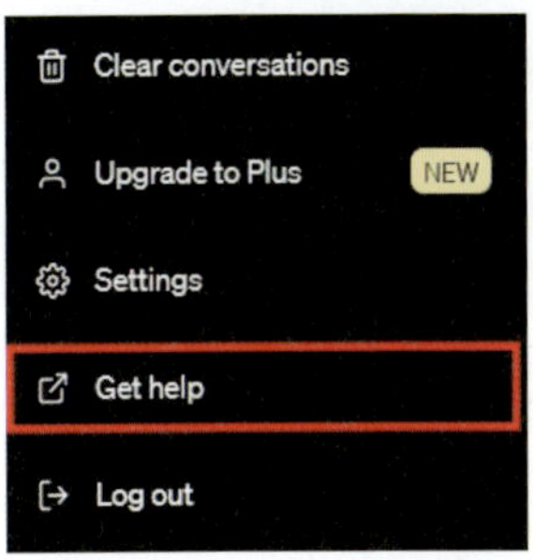

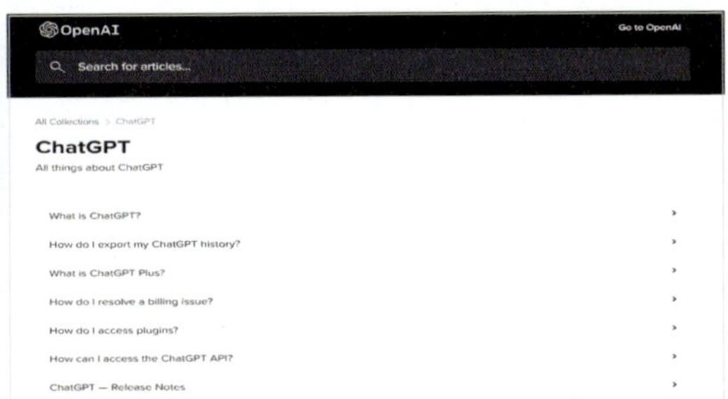

⑦ 'Log out'을 클릭하여 로그아웃을 할 수 있습니다.

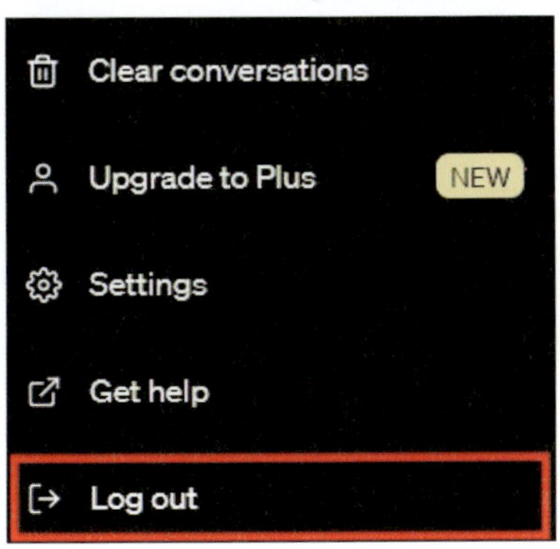

Ⅱ. Gemini 활용하기

1. Gemini 가입하기

① 구글 홈페이지www.google.com에 접속하고, 검색창에 Gemini를 입력합니다. 가장 상위에 있는 Gemini 홈페이지https://gemini.google.com/app를 클릭합니다.

② 다음과 같은 창이 뜨면 오른쪽 하단 'Gemini 사용해보기'를 클릭합니다.

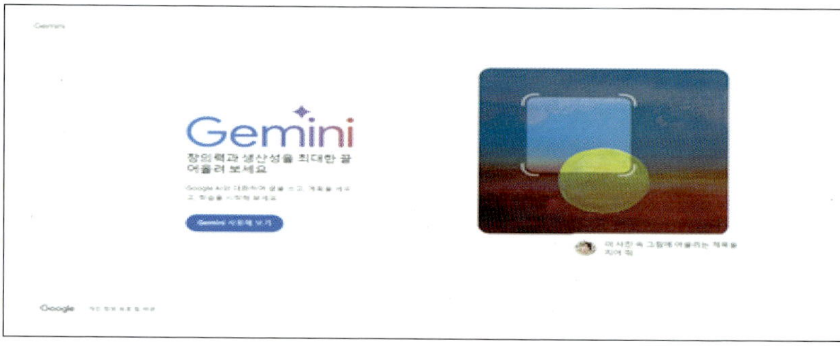

③ '더보기' 버튼을 누르고, 약관에 '동의'를 진행합니다.

2. 상세기능

① Gemini를 사용할 준비가 완료되었다면, 하단 '여기에 프롬프트 입력'에 질문을 하고 오른쪽 종이비행기 모양을 클릭합니다.

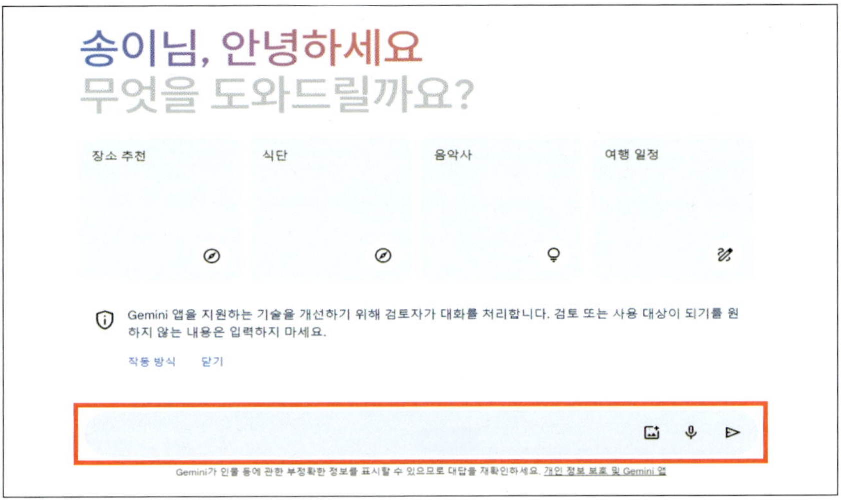

② 상세 기능은 Gemini 해당 페이지 왼쪽 상단 기본메뉴 버튼 ≡을 클릭하여 확인할 수 있습니다.

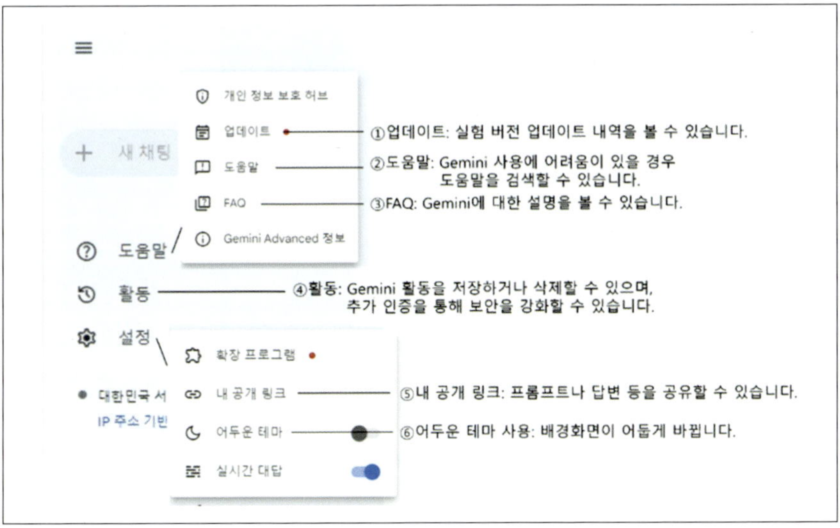

Ⅲ. Bing 활용하기

1. Bing 가입하기

① Microsoft Edge 브라우저에서만 이용 가능하므로 Microsoft Edge를 통한 접속을 해야 합니다, 검색창에 Bing을 입력합니다. 가장 상위에 있는 사이트https://www.bing.com/ 혹은 채팅을 클릭합니다.

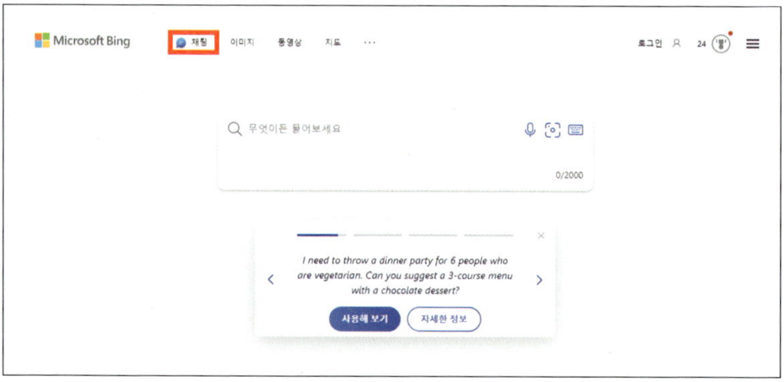

② 오른쪽 상단에 '로그인' 버튼을 누르고, Microsoft 계정으로 로그인을 진행합니다. 계정이 없다면 회원가입을 진행합니다.

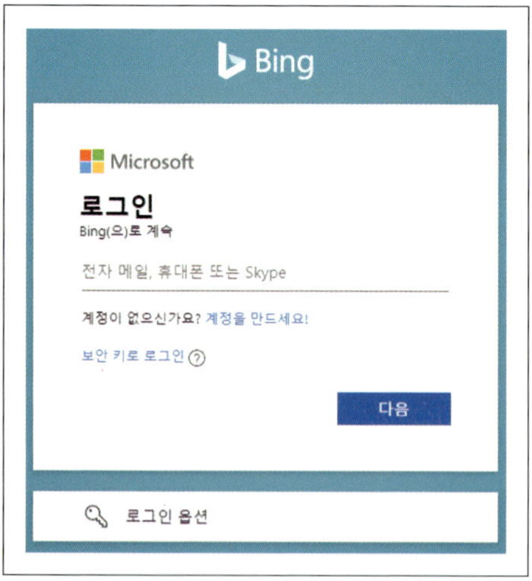

2. 상세기능

① 하단에 프롬프트를 넣어주는 입력창에 질문을 입력합니다.

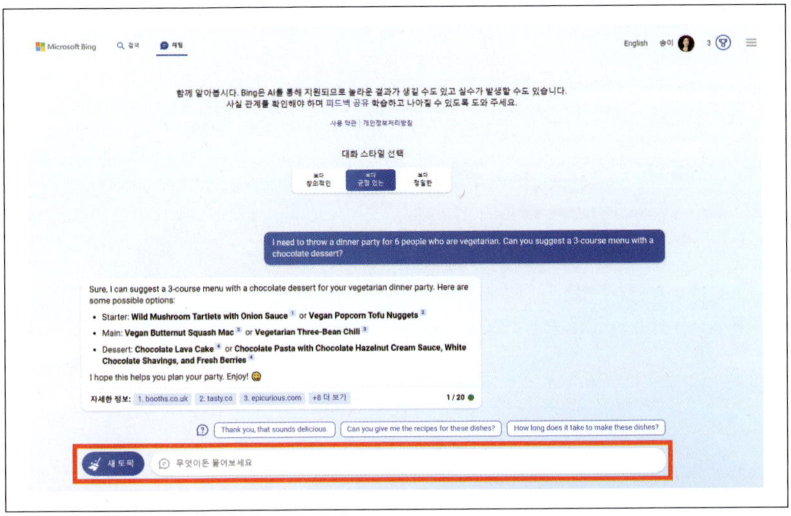

② 원하는 대화 스타일**창작-균형 잡힘-정확한**이 선택 가능하며, 스타일의 특징은 다음과 같습니다. '동국대학교 코끼리 던짐 사건'에 대해서 알려달라고 했더니, 대화 스타일에 따라 다르게 답변을 주는 것이 흥미롭습니다.

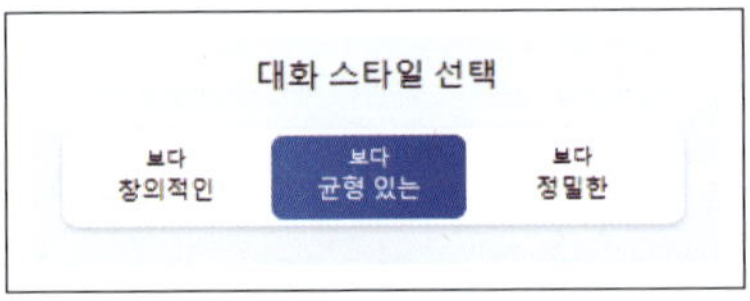

* 창작: 답변의 정확성보다는 독창성, 상상력에 좀 더 초점을 맞춥니다.

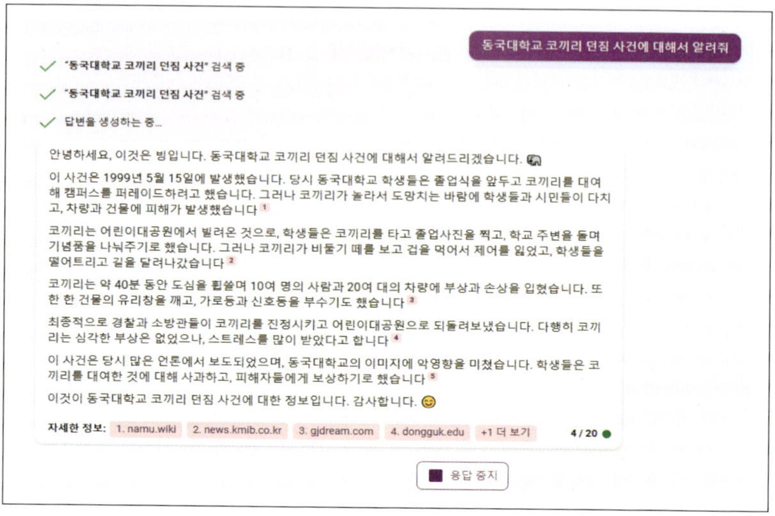

* 균형 있는: 창작-정밀한 사이에서 균형 잡힌 답변을 제공합니다.

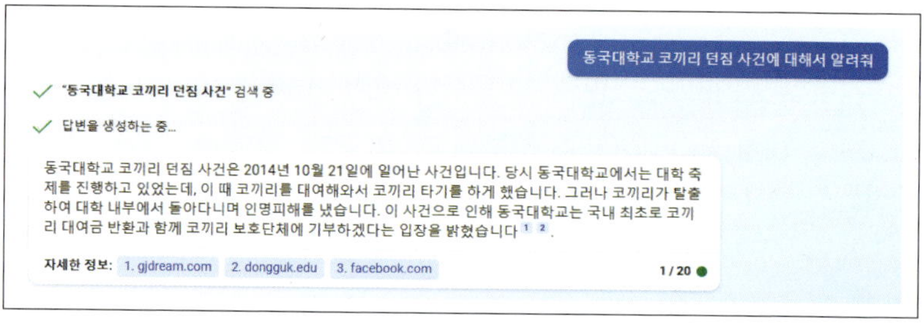

* 정확함: 답변이 사실에 부합하는지, 정확한지, 관련성이 높은지에 중점을 둔 대화입니다. 창작과 균형과는 다르게 정확하게 '동국대학교 코끼리 던짐 사건'은 거짓정보임을 알려줍니다.

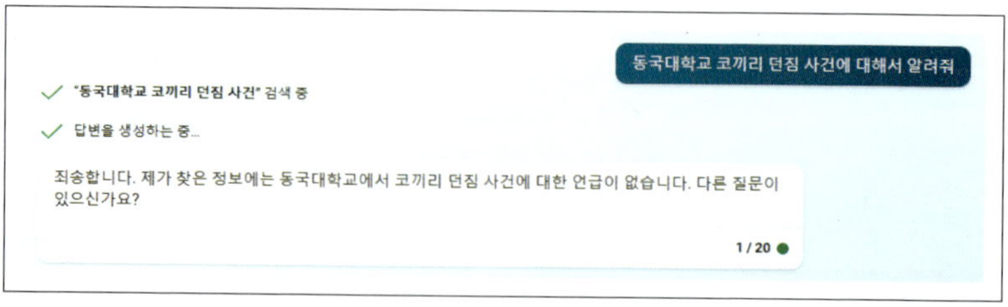

Ⅳ. DALL·E 2 활용하기

1. DALL·E 2 가입하기

① 구글 홈페이지www.google.com에 접속하고, 검색창에 DALL·E 2를 입력합니다. 가장 상위에 있는 사이트https://openai.com/product/dall-e-2를 클릭합니다.

② 회원가입을 진행합니다ChatGPT와 동일한 형태로 회원가입을 진행하세요. 이미 계정이 있다면 "Log in"을 클릭하여 로그인을 진행합니다.

③ 홈페이지 접속 후 좌측 하단에 Try DALL · EDALL·E 시도해보기를 클릭합니다.

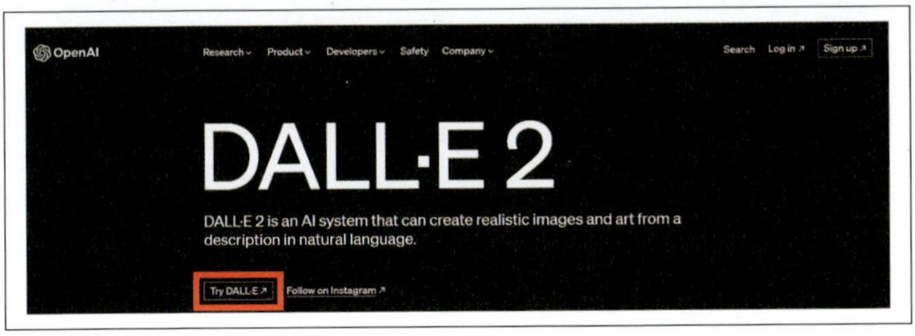

2. 상세 기능

① 프롬프트를 넣어주는 입력창에 질문을 입력합니다. 원하는 텍스트를 입력 후 [Generate]를 클릭합니다.

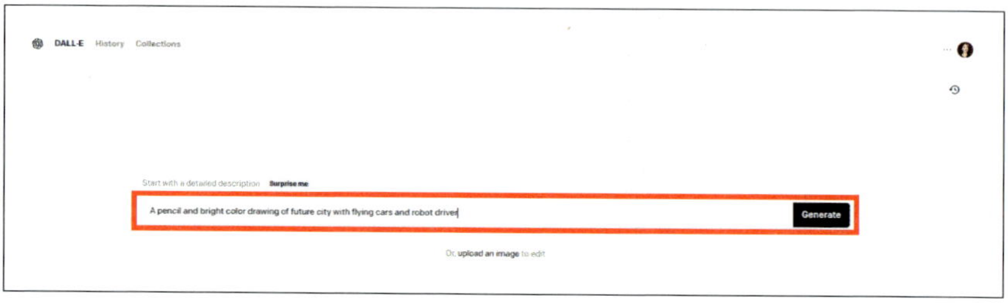

② 입력된 문구를 바탕으로 이미지 4장이 생성됩니다.

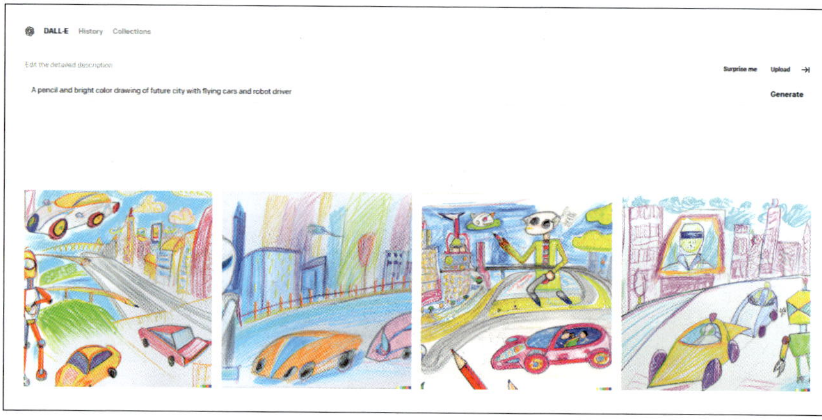

③ 생성된 이미지는 ...을 클릭하여 다운로드하거나 공유할 수 있습니다.

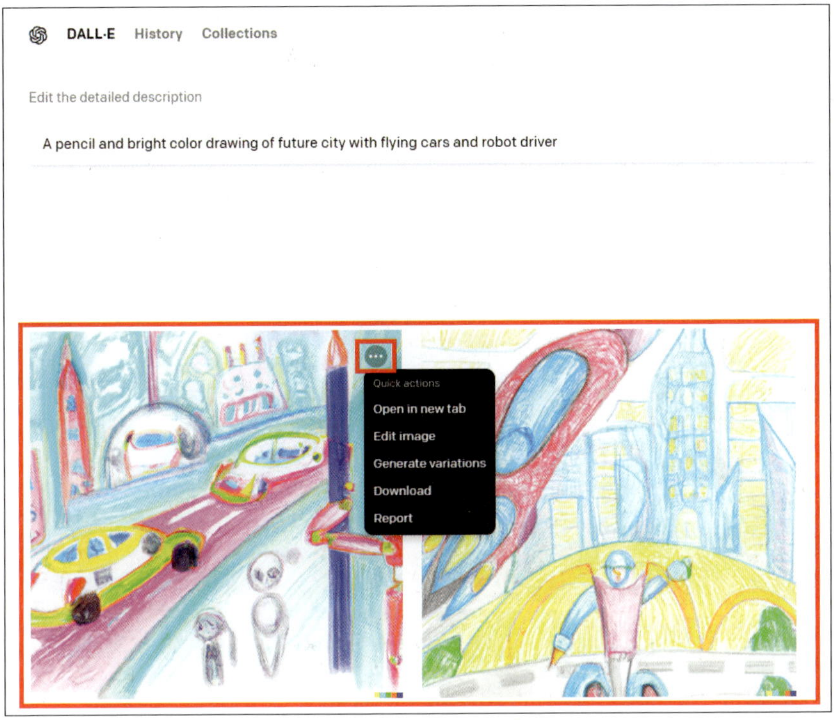

V. Stable Diffusion 활용하기

1. Stable Diffusion 사용법

① 구글 홈페이지www.google.com에 접속하고, 검색창에 Stable Diffusion을 입력합니다. 가장 상위에 있는 사이트https://stablediffusionweb. com를 클릭합니다.

② 'Get Started for Free'를 클릭합니다.

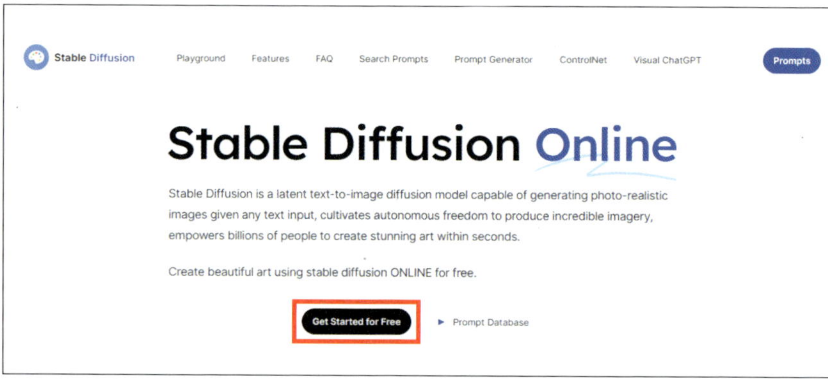

③ 명령어를 입력한 뒤 생성 버튼을 누릅니다.

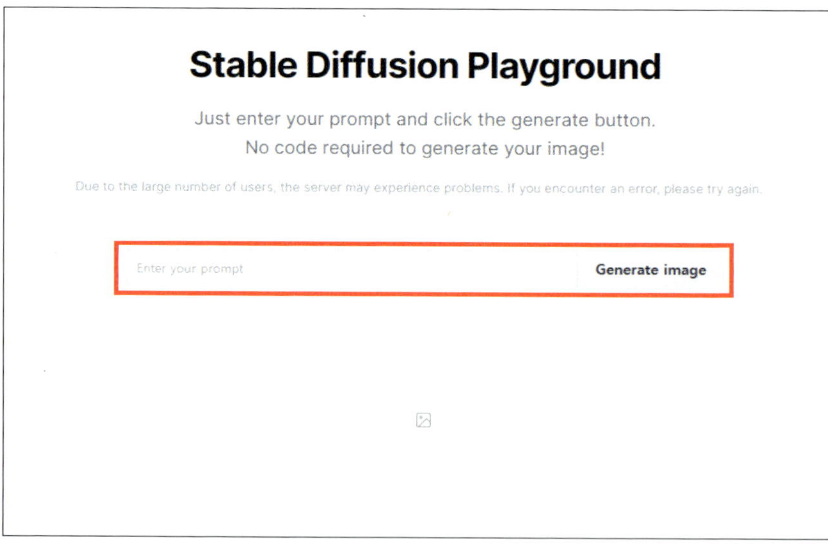

2. Stable Diffusion 결과물 예시

생성형 AI 확장 프로그램 활용법

[1] 웹브라우징 기능 확장 도구

Ⅰ. WebChatGPT

1. WebChatGPT 사용법

① 구글 홈페이지www.google.com에 접속하고, 검색창에 WebChatGPT를 입력합니다. 가장 상위에 있는 사이트https://chromewebstore.google.com/detail/webchatgpt-%EC%9D%B8%ED%84%B0%EB%84%B7-%EC%95%A1%EC%84%B8%EC%8A%A4-%EA%B0%80%EB%8A%A5%ED%95%9C-chatgpt/lpfemeioodjbpieminkklglpmhlngfcn?hl=ko를 클릭합니다.

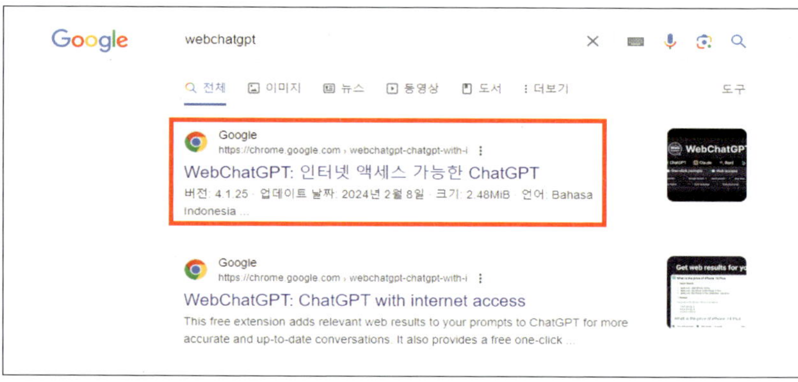

② 사이트 접속 후 우측 상단 Chrome에 추가 버튼을 클릭합니다.

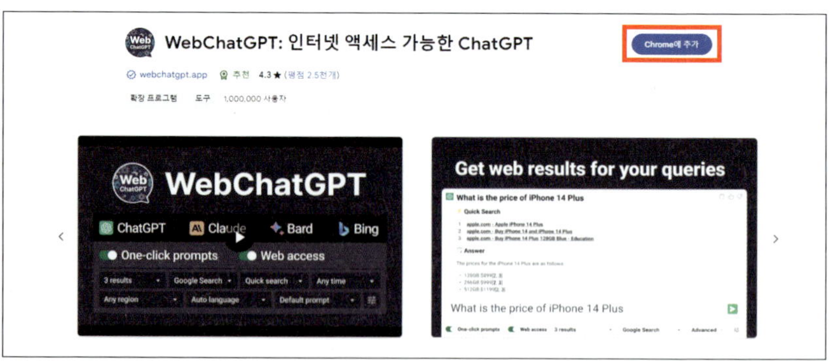

③ WebChatGPT 설치 후, ChatGPT 웹사이트 하단에 Web access가 활성화 되어있음을 확인할 수 있습니다.

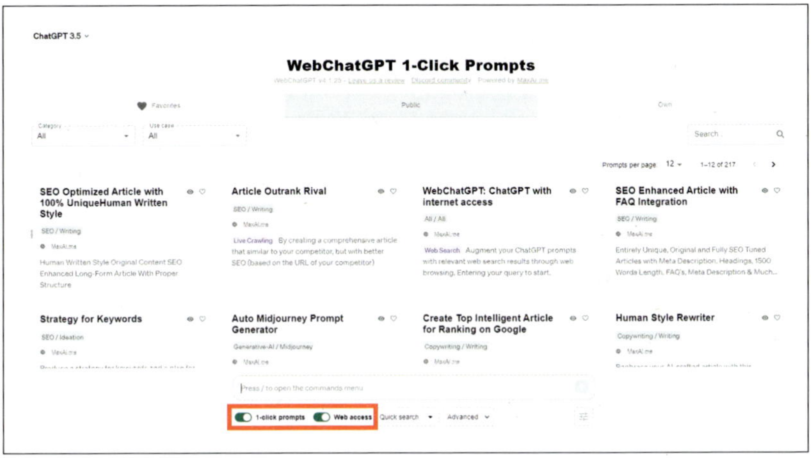

④ WebChatGPT에서 Web access 기능이 활성화 되어 있음을 확인 후, 원하는 내용을 검색합니다.

예시1)

- WebChatGPT 사용 전

> 대한민국의 대통령과 미국의 대통령은 누구인가요?
>
> 2024년 기준으로는 대한민국 대통령과 미국 대통령의 정확한 이름을 알 수는 없습니다. 제가 마지막으로 훈련된 시점은 2022년 1월이라서 현재 시점에서의 대통령 정보를 알 수 없습니다. 현재 대한민국 대통령과 미국 대통령의 이름은 인터넷 검색 등을 통해 확인하실 수 있습니다.

- WebChatGPT 사용 후

Ⅱ. ChatGPT for Google

1. ChatGPT for Google 사용법

① 구글 홈페이지www.google.com에 접속하고, 검색창에 ChatGPT for Google 을 입력합니다. 가장 상위에 있는 사이트 https://chromewebstore.google.com/detail/chatgpt-for-google/jgjaeacdkonaoafenlfkkkmbaopkbilf를 클릭합니다.

② 오른쪽 ''Chrome에 추가' 파란색 버튼을 클릭 후, '확장 프로그램 추가' 버튼을 클릭하면, 설치완료 됩니다.

③ 구글에 원하는 질문을 검색하면, 'ChatGPT for Google'이 자동으로 실행됩니다. 질문에 해당하는 답은 오른쪽 칸에서 확인하실 수 있습니다.

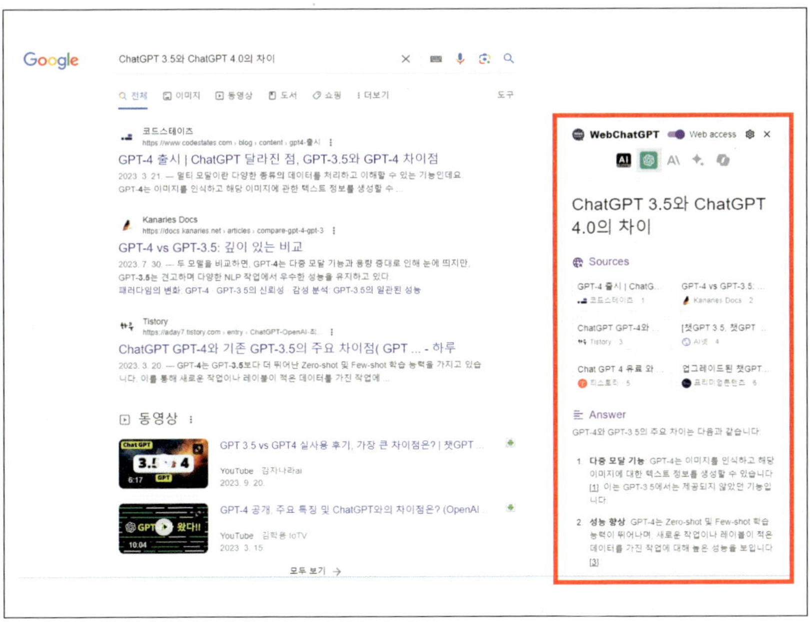

[2] 콘텐츠 요약 처리 도구

Ⅰ. Chat PDF

1. Chat PDF 사용법

① 구글 홈페이지www.google.com에 접속하고, 검색창에 Chat PDF를 입력합니다. 가장 상위에 있는 사이트https://www.chatpdf.com/?via=gt1&gad_source=1를 클릭합니다.

② 사이트 접속 후, 중앙부에 위치한 PDF 파일을 첨부하는 박스에 문서를 넣어줍니다.

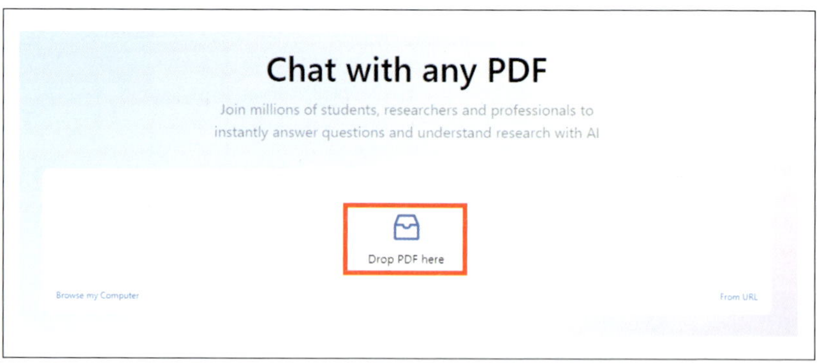

③ ChatPDF에 문서를 첨부한 후, 우측 대화창을 확인한 후, 문서와 관련한 요약, 질의응답 등을 질문하여 답변을 받을 수 있습니다.

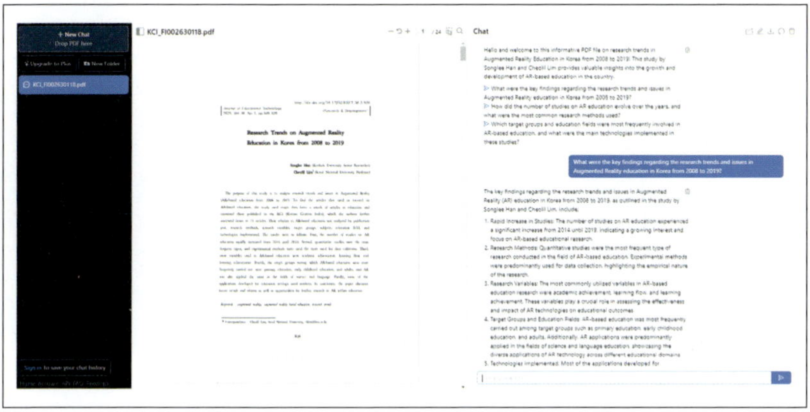

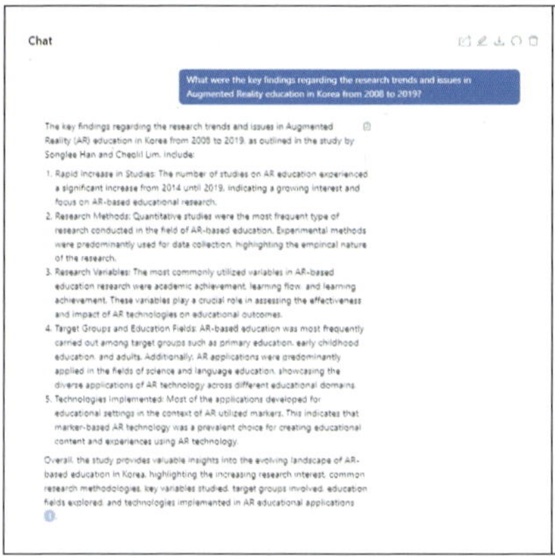

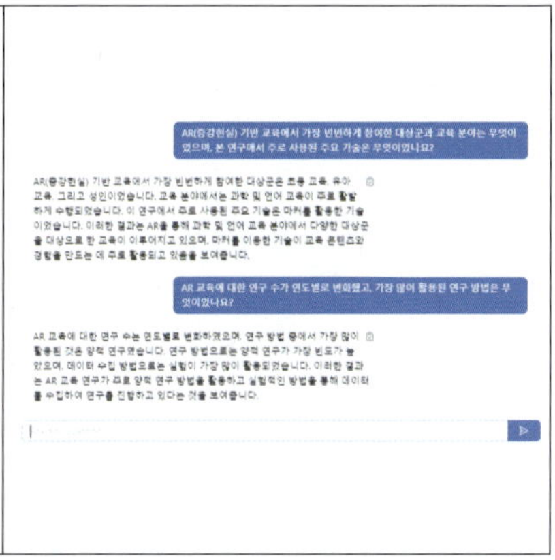

Ⅱ. Youtube Summary with ChatGPT

1. Youtube Summary with ChatGPT 사용법

① 구글 홈페이지www.google.com에 접속하고, 검색창에 Youtube Summary with ChatGPT를 입력합니다. 가장 상위에 있는 사이트https://chromewebstore.google.com/detail/youtube-summary-with-chat/nmmicjeknamkfloonkhhcjmomieiodli를 클릭합니다.

② 오른쪽 'Chrome에 추가' 파란색 버튼을 클릭 후, '확장 프로그램 추가' 버튼을 클릭하면, 설치가 완료 됩니다.

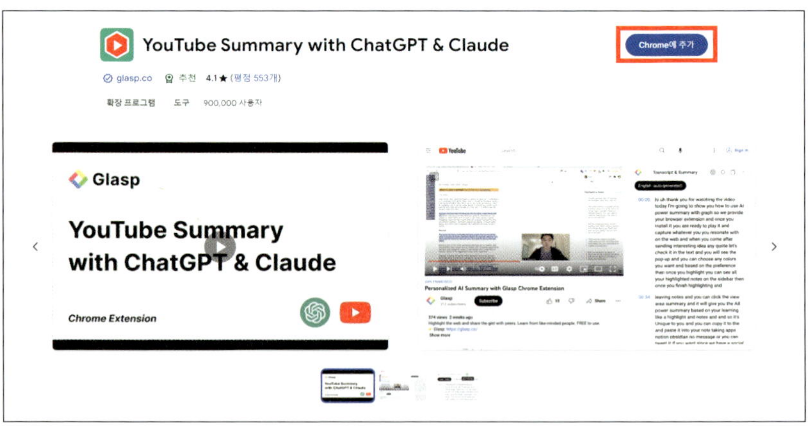

③ Youtube에 접속해 요약을 원하는 영상을 재생한 후, 우측 상단의 'Transcript & summary'를 클릭하여 요약된 텍스트를 확인할 수 있습니다.

④ 추가로 요약에 관한 번역이 필요할 시, 우측 ChatGPT 버튼을 클릭하여 이동합니다.

⑤ 요약본이 자동으로 ChatGPT에게 입력되며, 적절한 명령어를 사용하여 번역과 요약을 요청하고, 내용을 더 쉽게 확인할 수 있습니다.

Ⅲ. Youtube Digest

1. Youtube Digest 사용법

① 구글 홈페이지www.google.com에 접속하고, 검색창에 Youtube Digest를 입력합니다. 가장 상위에 있는 사이트https://chromewebstore.google.com/detail/youtubedigest-chatgpt%EB%A1%9C-%EC%9A%94%EC%95%BD/agjkjablkiapmpbeglmdcmhnihlofija를 클릭합니다.

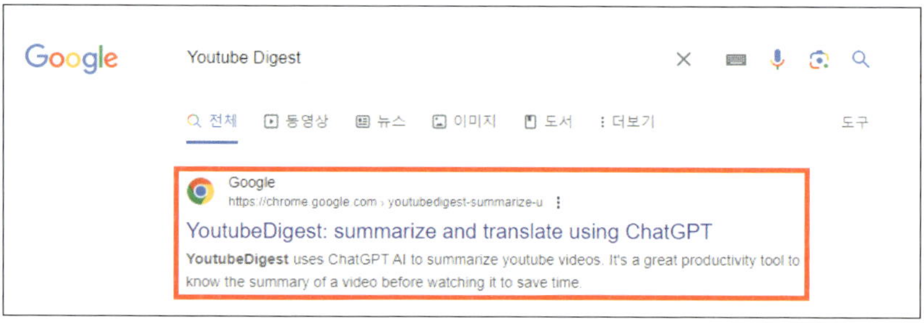

② 사이트 접속 후 우측 상단에 'Chrome에 추가' 버튼을 클릭합니다.

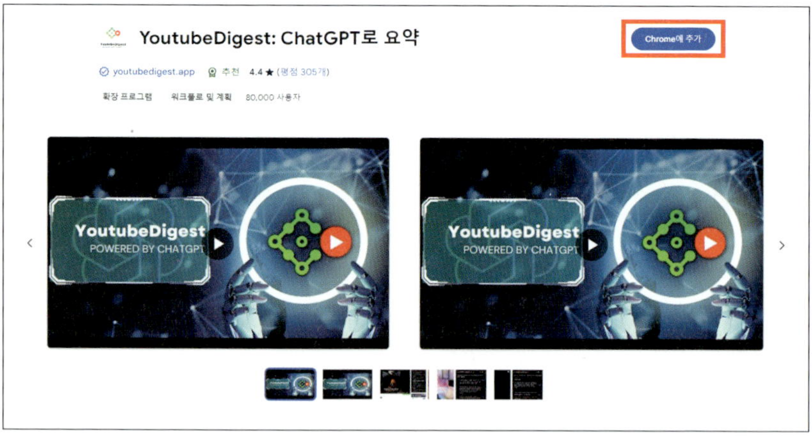

③ Youtube에 접속하여 원하는 영상을 클릭하면 Youtube 창에서 자체적으로에 'YoutubeDigest'의 'Summarazie' 버튼이 뜹니다. 해당 버튼을 클릭하면 유튜브 창에서 요약이 이뤄집니다.

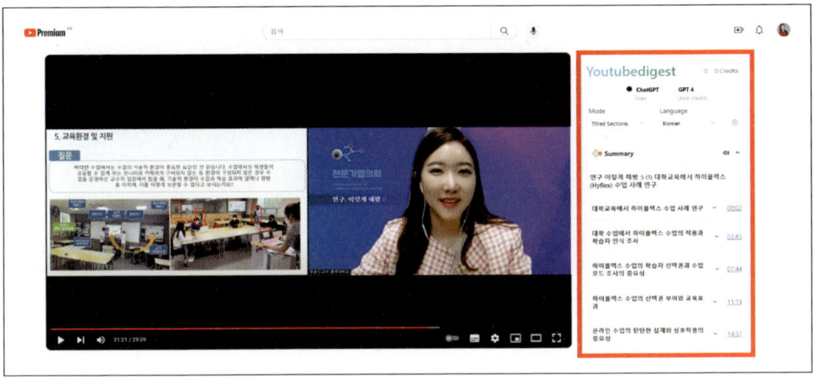

[3] 질문 및 텍스트 처리 도구

Ⅰ. ChatGPT Optimizer

1. ChatGPT Optimizer 사용법

① 구글 홈페이지www.google.com에 접속하고, 검색창에 ChatGPT Optimizer를 입력합니다. 가장 상위에 있는 사이트https://chromewebstore.google.com/detail/chatgpt-optimizer-boost-y/fmnbpdmndaabkihejhgdpdpjihokbhlb를 클릭합니다.

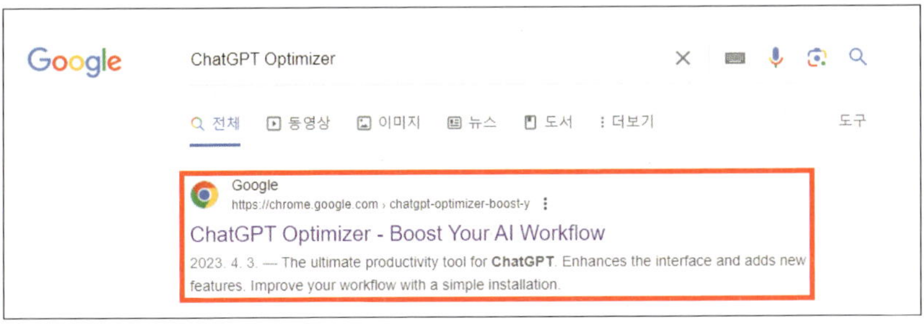

② 우측 상단의 추가 버튼을 클릭하여 설치를 진행합니다.

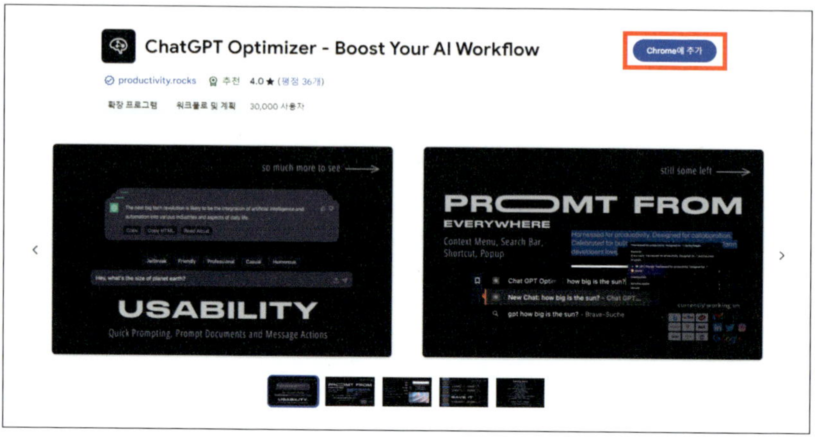

③ ChatGPT에 들어가, 답변 하단에 Copy, Copy HTML, Read Aloud 버튼이 들어가 있음을 확인합니다.

④ ChatGPT Optimizer는 총 3가지 옵션이 있습니다.

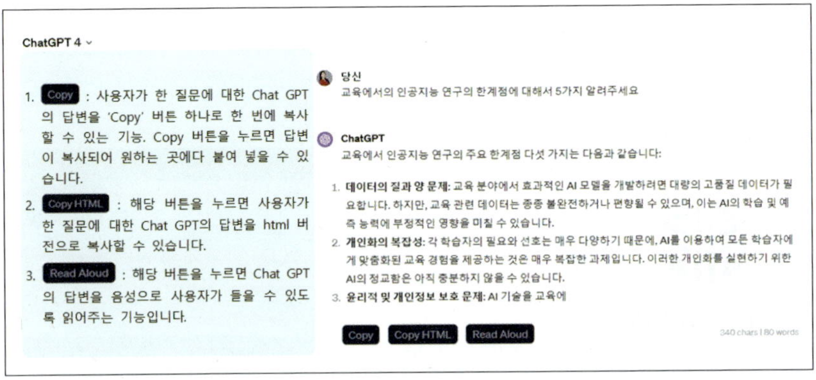

Ⅱ. Talk to ChatGPT

1. Talk to ChatGPT 사용법

① 구글 홈페이지www.google.com에 접속하고, 검색창에 Talk to ChatGPT 를 입력합니다. 가장 상위에 있는 사이트https://chromewebstore.google.com/detail/talk-to-chatgpt/hodadfhfagpiemkeoliaelelfbboamlk를 클릭합니다.

② 사이트 접속 후 우측 상단에 'Chrome에 추가' 버튼을 클릭합니다.

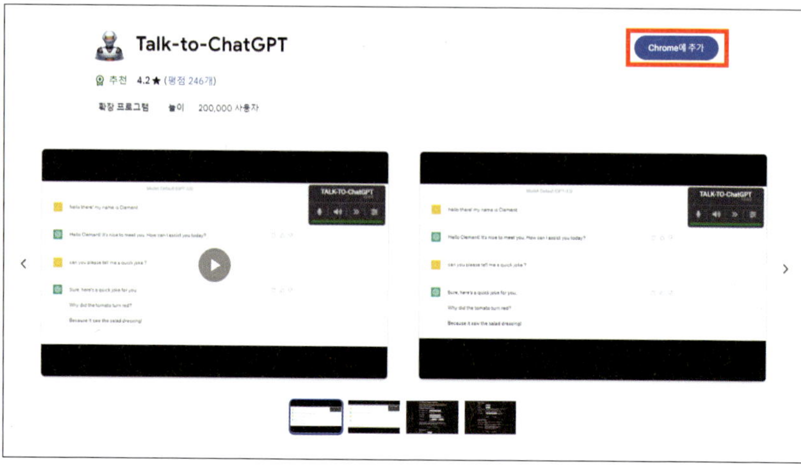

③ 'Talk to ChatGPT' 설치 후, ChatGPT 웹사이트에 접속하면 'Talk to ChatGPT'가 활성화 되어있음을 확인할 수 있습니다. 화면에 보이는 'START' 버튼을 누릅니다**마이크 권한 요청 창이 뜰 경우 '허용' 버튼을 누릅니다**.

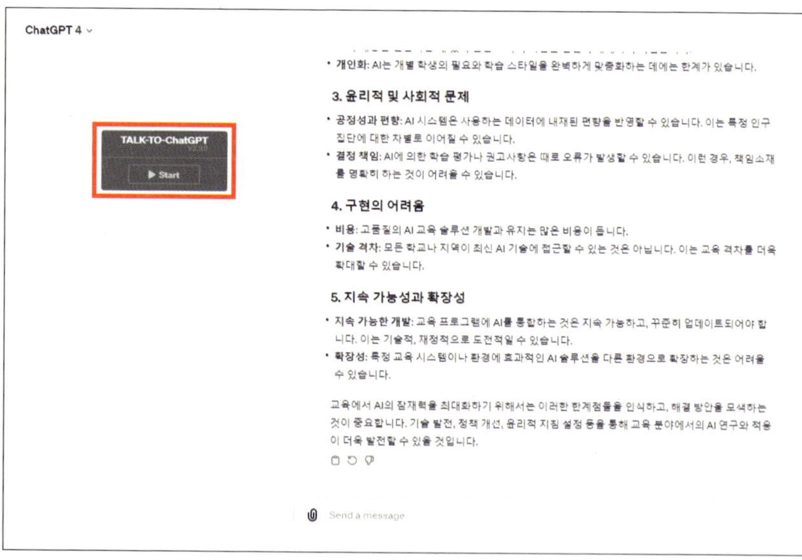

④ 설정 버튼을 누릅니다.

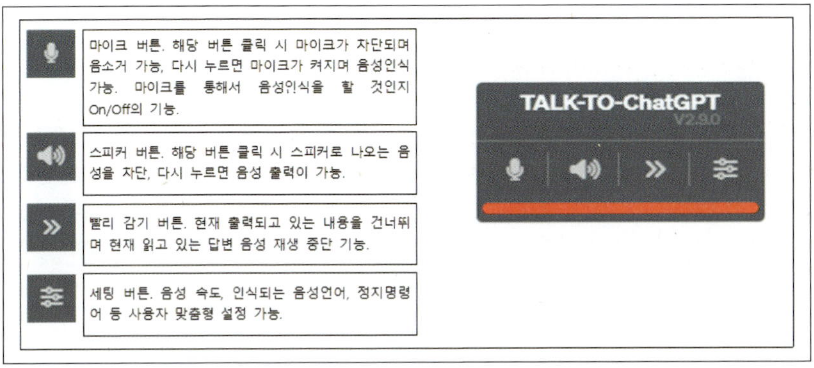

⑤ 입력할 언어내가 말할 언어와 들을 언어AI가 말할 언어를 선택한 후 'SAVE' 버튼을 누릅니다. 이 외 속도 등의 설정 역시 해당 설정 칸에서 해결할 수 있습니다.

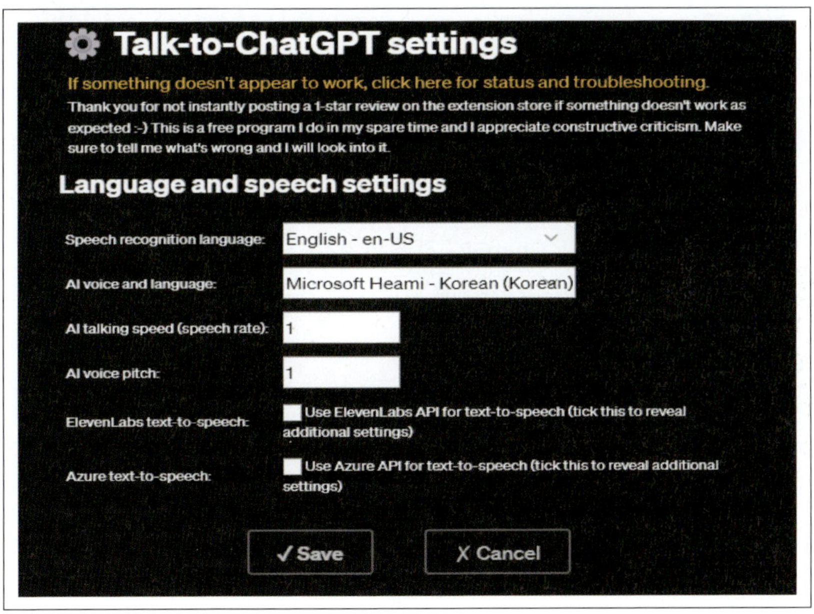

⑥ 설정이 완료 된 후, ChatGPT에서 질의를 하면 답변을 Talk to ChatGPT가 음성으로 읽어줍니다.

Ⅲ. 프롬프트 지니

1. 프롬프트 지니(Prompt Genie) 사용법

① 구글 홈페이지www.google.com에 접속하고, 검색창에 프롬프트 지니를 입력합니다. 가장 상위에 있는 사이트https://chromewebstore.google.com/detail/%ED%94%84%EB%A1%AC%ED%94%84%ED%8A%B8-%EC%A7%80%EB%8B%88-chatgpt-%EC%9E%90%EB%8F%99-%EB%B2%88%EC%97%AD%EA%B8%B0/lhkgpdljnlplgbkonflbhifackjhjmdj?hl=ko를 클릭합니다.

② 오른쪽 'Chrome에 추가' 파란색 버튼을 클릭 후, '확장 프로그램 추가' 버튼을 클릭하면, 설치가 완료 됩니다.

③ '프롬프트 지니' 설치 후, ChatGPT 웹사이트에 접속하면 하얀색이었던 프롬프트 채팅 화면이 파란색으로 바뀌며, 이후 질문을 국문으로 하면 자동으로 원하는 언어로 번역되어 질문 되는 것을 확인할 수 있습니다. 언어변경은 설정에서 가능합니다.

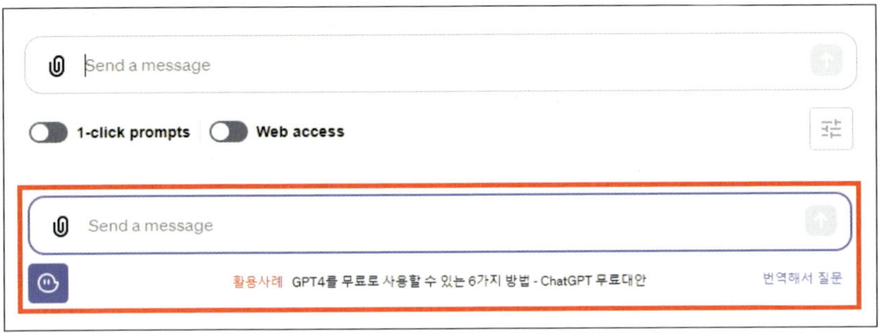

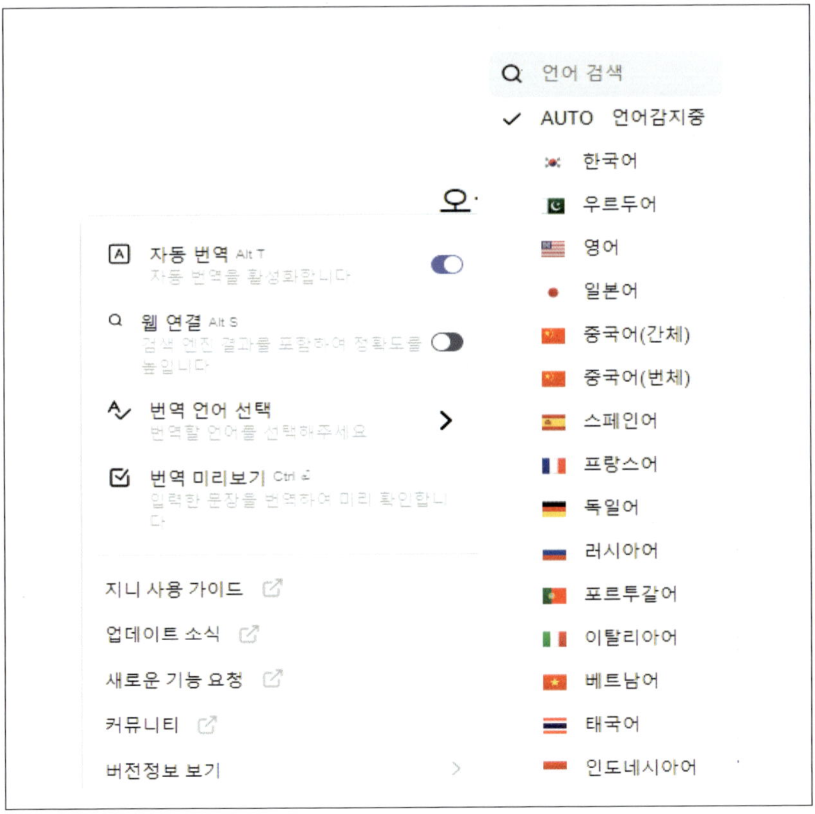

Ⅳ. AIPRM for ChatGPT

1. AIPRM for ChatGPT 사용법

① 구글 홈페이지www.google.com에 접속하고, 검색창에 AIPRM for ChatGPT를 입력합니다. 가장 상위에 있는 사이트https://chromewebstore.google.com/detail/aiprm-for-chatgpt/ojnbohmppadfgpejeebfnmnknjdlckgj를 클릭합니다.

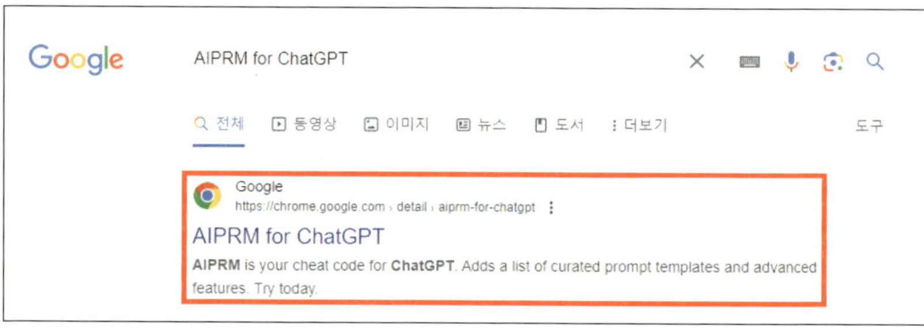

② 오른쪽 'Chrome에 추가' 파란색 버튼을 클릭한 후, '확장 프로그램 추가' 버튼을 클릭하면, 설치가 완료 됩니다.

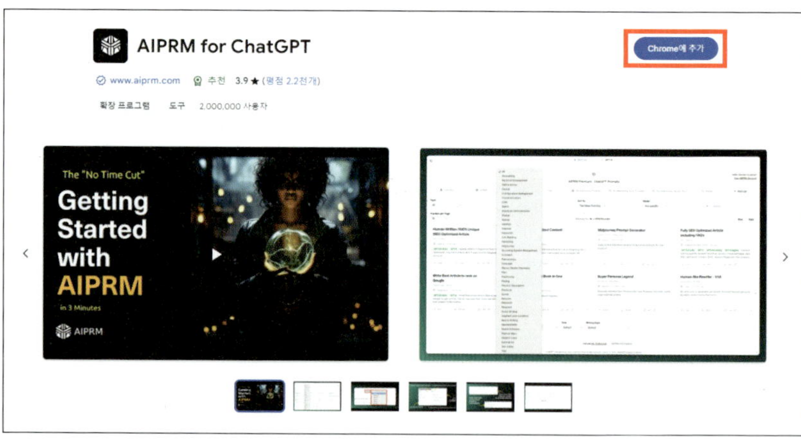

③ 각 카테고리(Topic, Activity, Sort by, Model)에서 해당하는 소분류를 선택합니다.

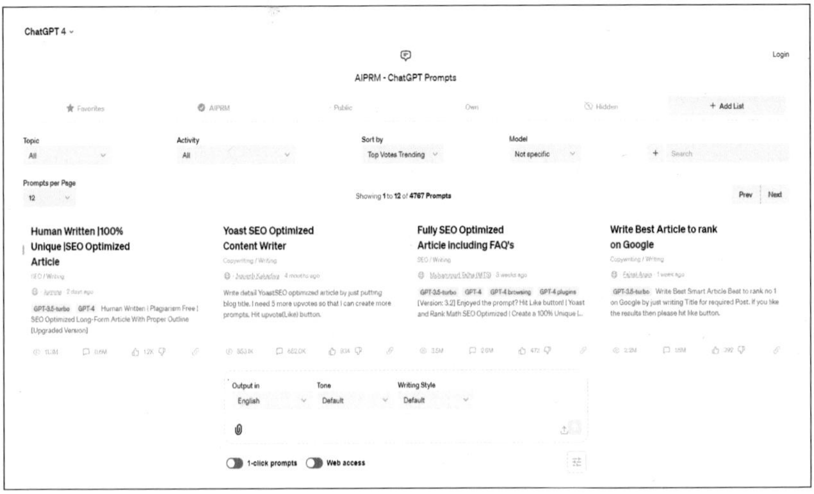

④ 소분류를 선택하면 내가 관심 있어 하는 주제에 대하여 다른 사람들은 어떤 식으로 ChatGPT를 활용하였는지 여러 예시들을 볼 수 있습니다.

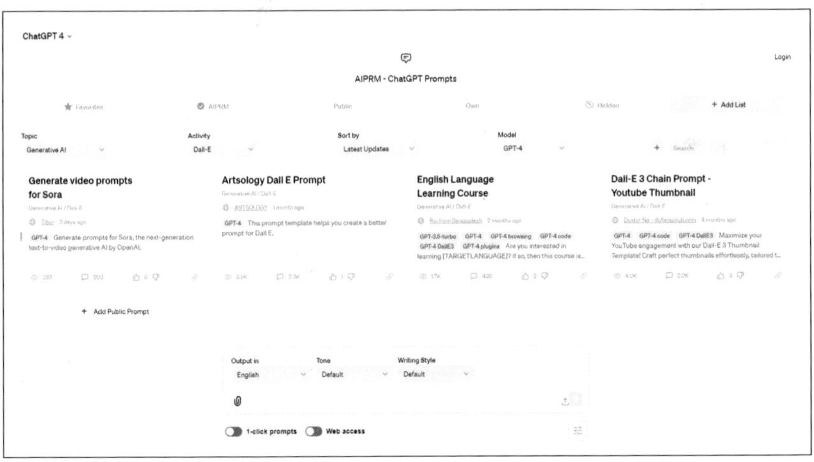

V. ChatGPT Writer

1. ChatGPT Writer 사용법

① 구글 홈페이지www.google.com에 접속하고, 검색창에 ChatGPT Writer 를 입력합니다. 상위 2번째에 있는 사이트https://chromewebstore.google.com/detail/chatgpt-writer-write-mail/pdnenlnelpdomajfejgapbdpmjkfpjkp를 클릭합니다.

② 사이트 접속 후 우측 상단에 'Chrome에 추가' 버튼을 클릭합니다. 설치를 완료하면 자동으로 뜨는 창에서 로그인을 진행합니다.

③ Gmail에 접속하여, '새 메일 쓰기'나 답장하려는 메일을 클릭하면 하단에 'ChatGPT Writer' 프로그램을 의미하는 번개 모양의 아이콘이 뜹니다.

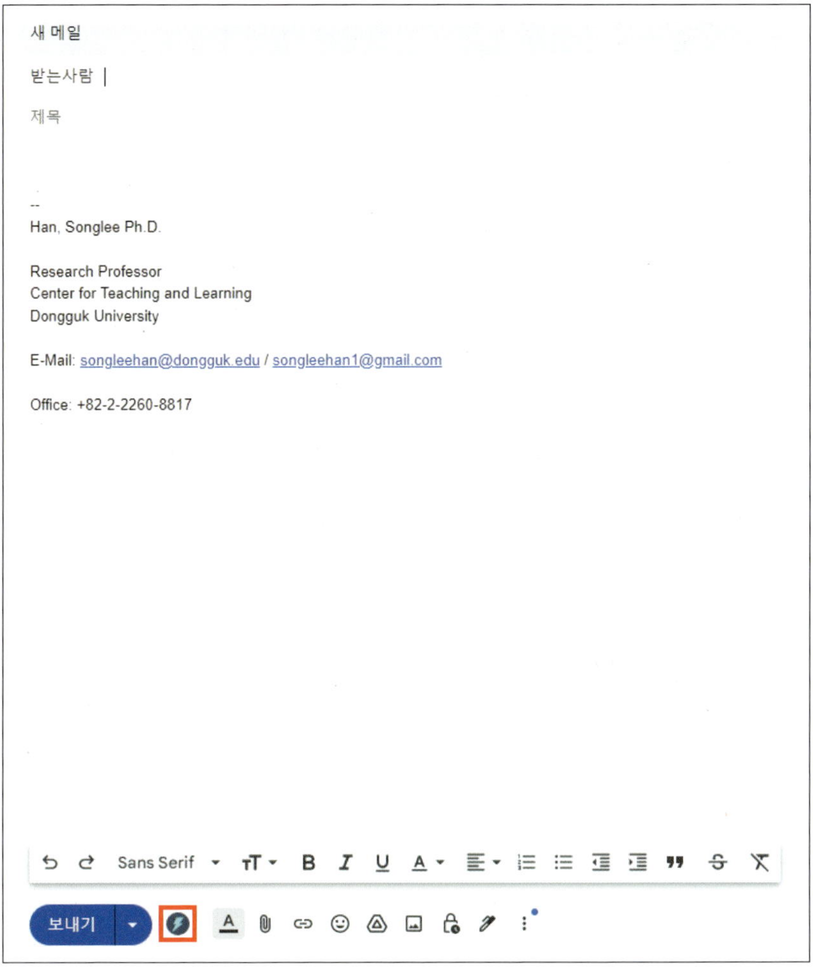

④ 번개 모양 아이콘을 누르면 새로운 창이 뜹니다. 두 번째 칸에 작성하고자 하는 메일 내용을 간략히 작성하고 'Generate Email' 버튼을 누르면 ChatGPT AI가 적절한 메일 내용을 작성해줍니다.

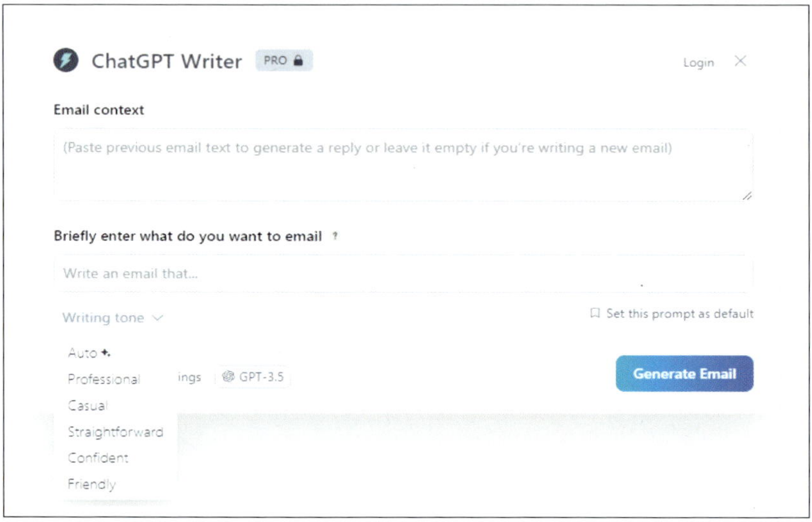

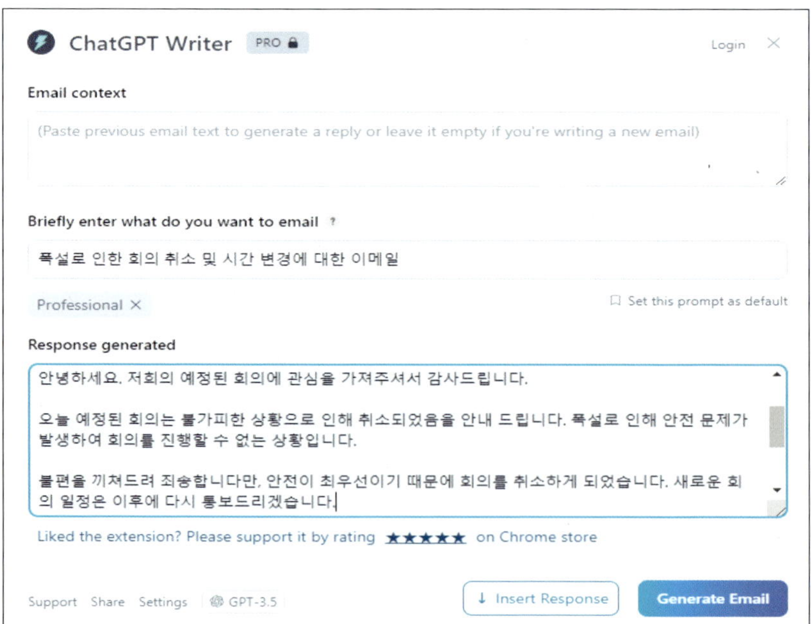

생성형 AI 표절 탐지 프로그램 활용법

Ⅰ. GPTZero

1. GPTZero 사용법

① 구글 홈페이지www.google.com에 접속하고, 검색창에 GPTZero를 입력합니다. 가장 상위에 있는 사이트https://gptzero.me를 클릭합니다.

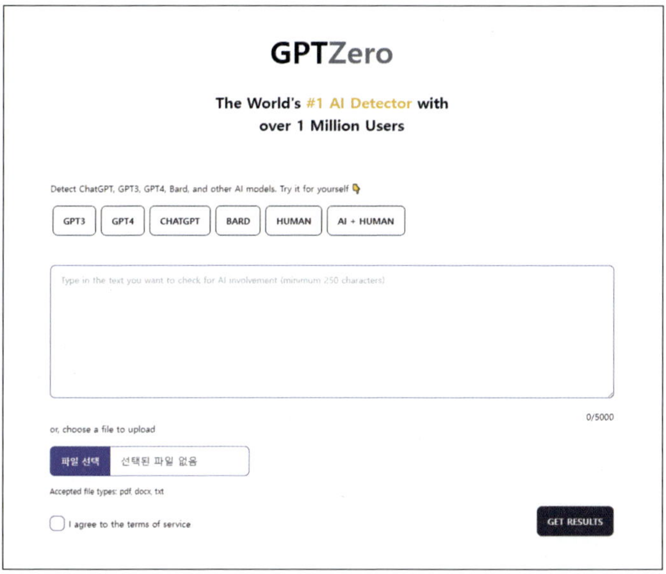

② 최소 250자 이상/5,000자 이하로 입력 혹은 컴퓨터에 있는 문서를 선택하여 업로드합니다.

2. GPTZero 결과물 예시

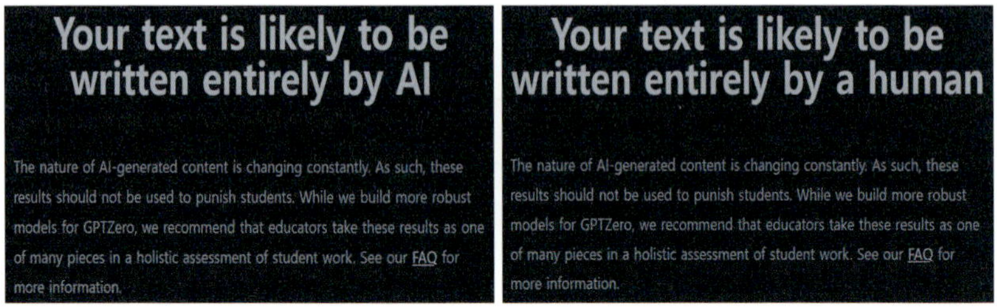

Ⅱ. Originality.AI

1. Originality.AI 사용법

① 구글 홈페이지www.google.com에 접속하고, 검색창에 Originality.AI를 입력합니다. 가장 상위에 있는 사이트https://originality.ai/를 클릭합니다.

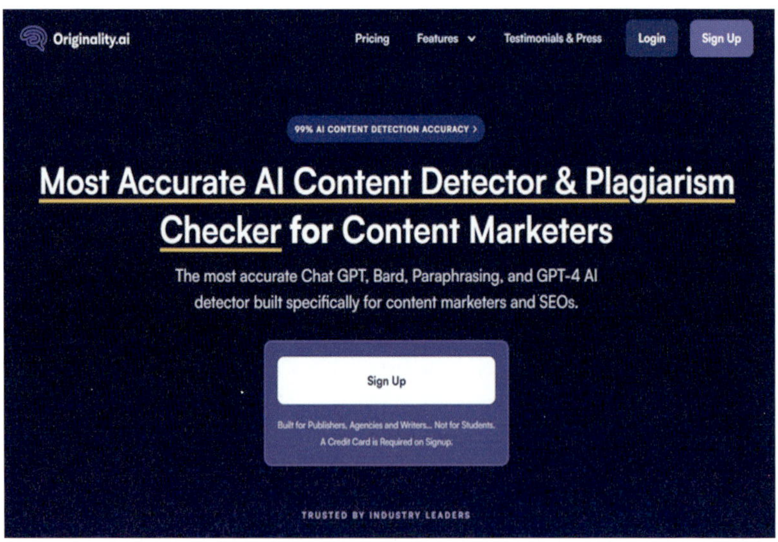

② 'Sign Up'을 누르고, 회원가입비밀번호는 대문자와 소문자를 활용하여 4~20자 이상으로 생성합니다을 진행합니다.

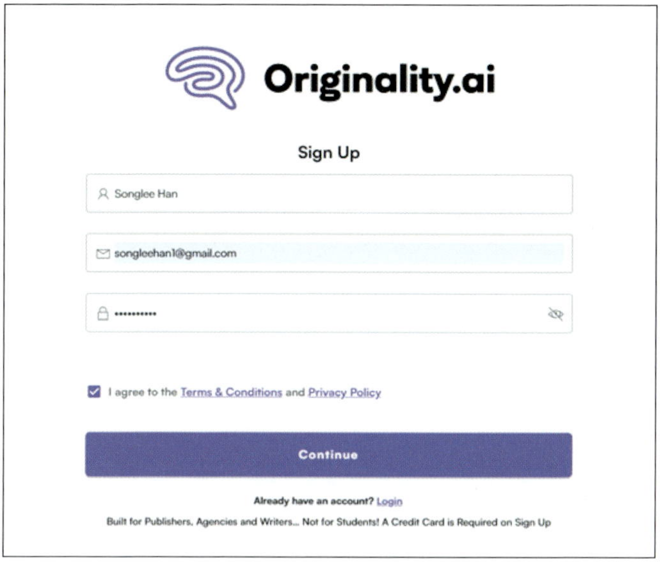

③ 회원 가입 이후 결제창이 뜹니다. 기능에 있어서는 유료버전으로 써도 될 만큼 긍정적인 반응이 많으며, 영어에 특화되어 있습니다.

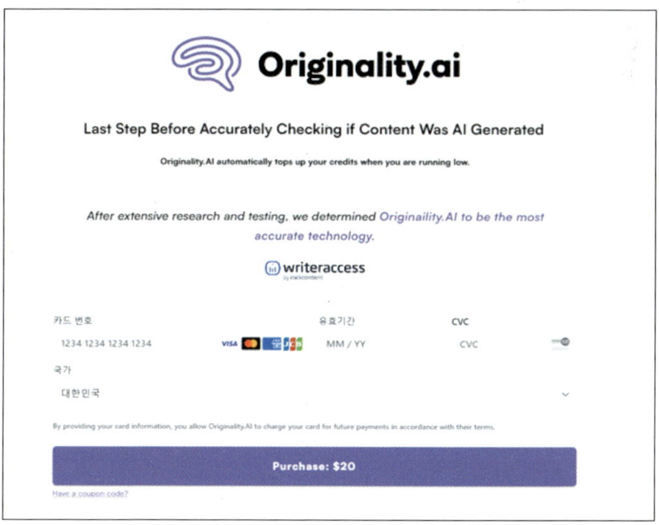

④ 화면 좌측에 위치한 'Start New Scan'을 클릭합니다.

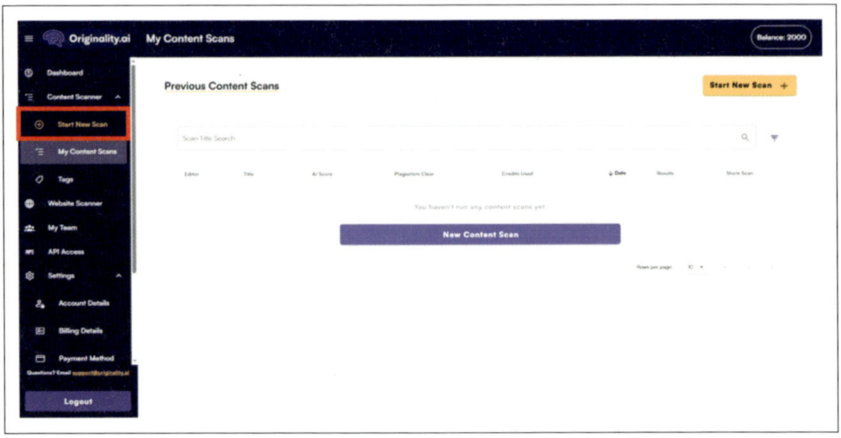

⑤ 텍스트를 입력한 후, 'SCAN NOW'를 클릭합니다Detect AI가 체크되어 있는지 확인합니다.

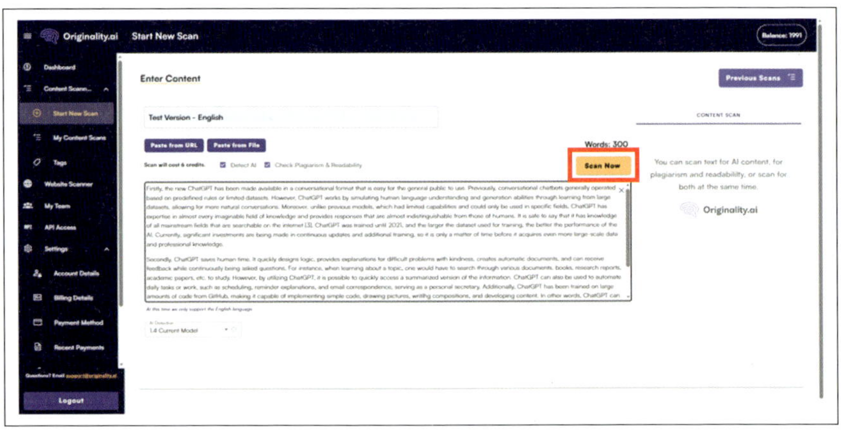

2. Originality.AI 결과물 예시

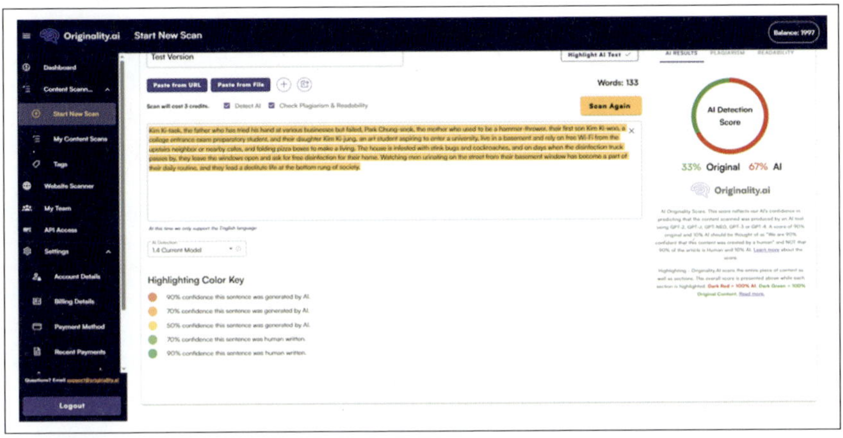

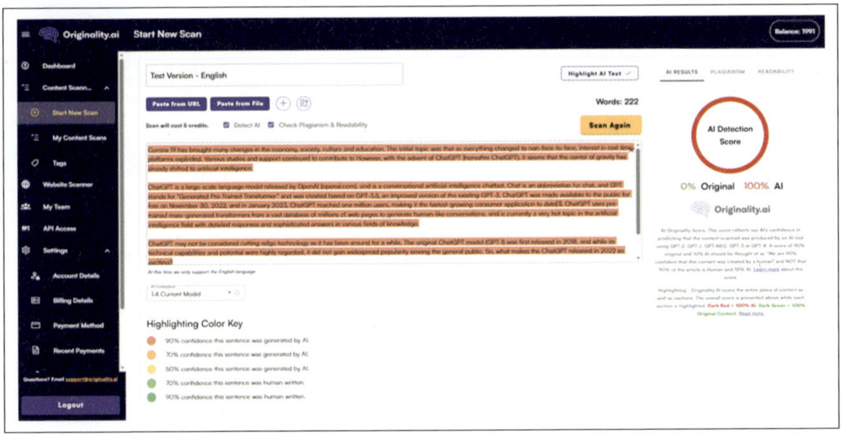

Ⅲ. Copyleaks

1. Copyleaks 사용법

① 구글 홈페이지www.google.com에 접속하고, Copyleakshttps://copyleaks.com/로 들어갑니다.

② Copyleaks에서 제공하는 다양한 프로그램 중에 'AI Content Detector'를 클릭합니다.

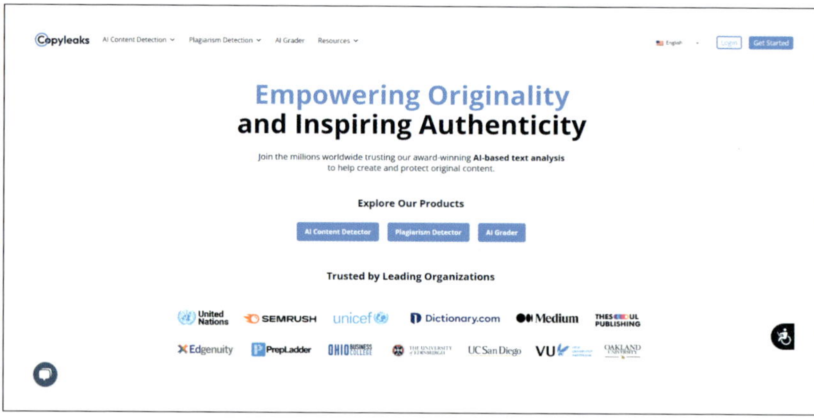

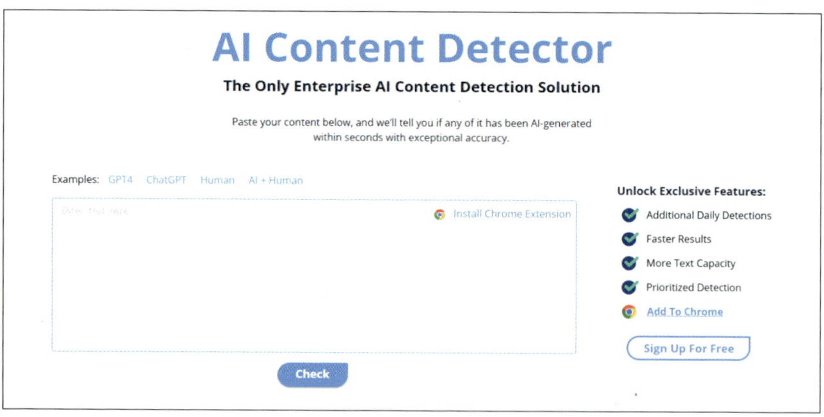

③ Copyleaks에 해당하는 콘텐츠, 텍스트를 붙여넣기합니다 영어만 지원됩니다.

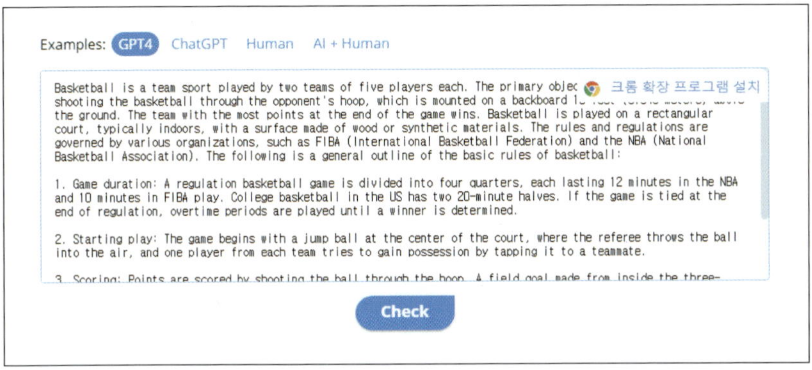

④ 해당하는 콘텐츠가 몇 %의 확률로 AI가 작성한 것인지 알려줍니다.

2. Copyleaks 결과물 예시

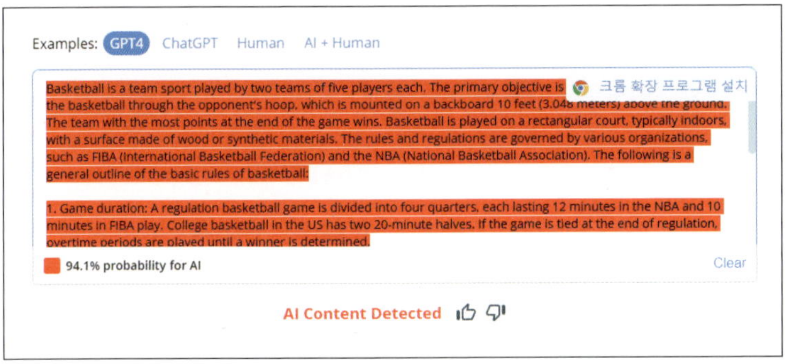

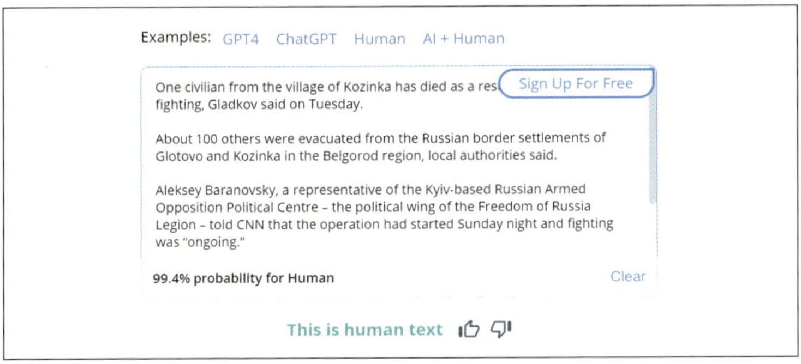

Ⅳ. DetectGPT

1. DetectGPT 사용법

① DetectGPT는 확장프로그램으로 크롬에서 활용 가능합니다. 크롬 웹 스토어에서 'DetectGPT'를 다운로드 받습니다.

② 크롬(Chrome)에 추가하여 확장 프로그램을 다운 받습니다.

③ 오른쪽 상단에 퍼즐 모양을 클릭하고, 'DetectGPT' 프로그램을 실행합니다.

④ 하단의 박스에 원하는 문장을 입력하고 'Check Content'를 클릭하면 결과물을 확인할 수 있습니다. 회색 빗금 표시를 아래로 잡아당기면 박스의 크기문장의 양를 조절할 수 있습니다.

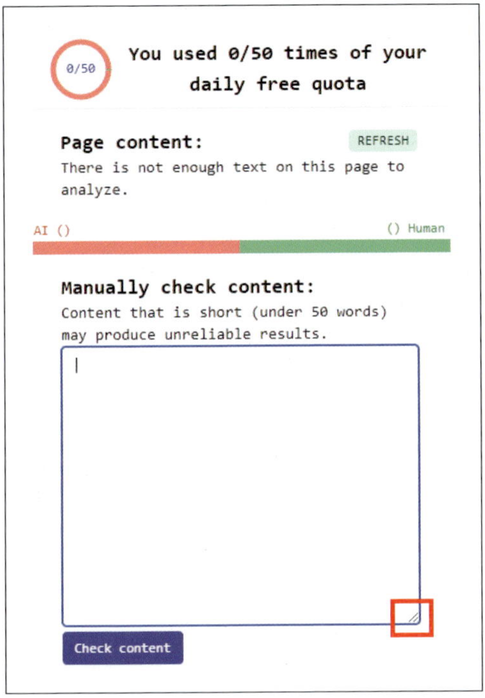

2. DetectGPT 결과물 예시

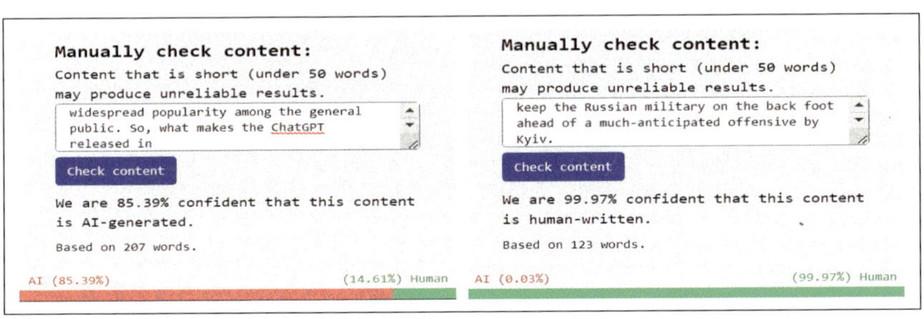

Ⅴ. Smodin

1. Smodin 사용법

① 구글 홈페이지www.google.com에 접속하고, Smodinhttps://smodin.io/ko 으로 들어갑니다.

② 왼쪽 사이드 바 안에 'Plagiarism' 메뉴를 선택합니다.

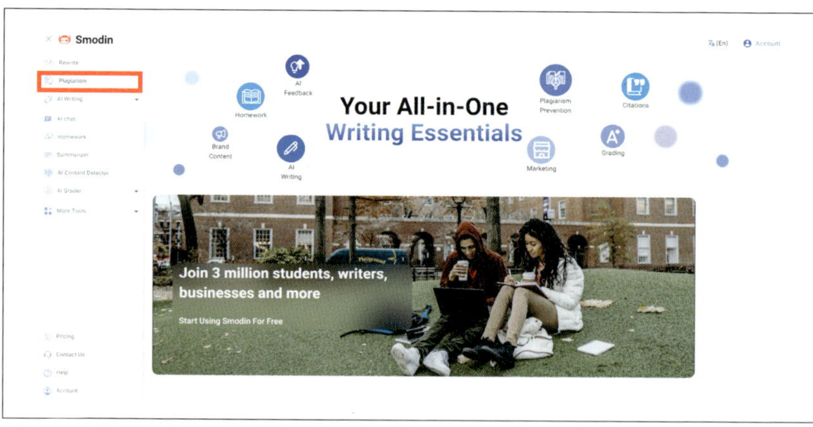

③ 'Upload' 버튼을 통해 문서를 업로드하여 확인하거나, 확인하고 싶은 내용을 Copy-Paste하여 결과물을 확인할 수 있습니다.

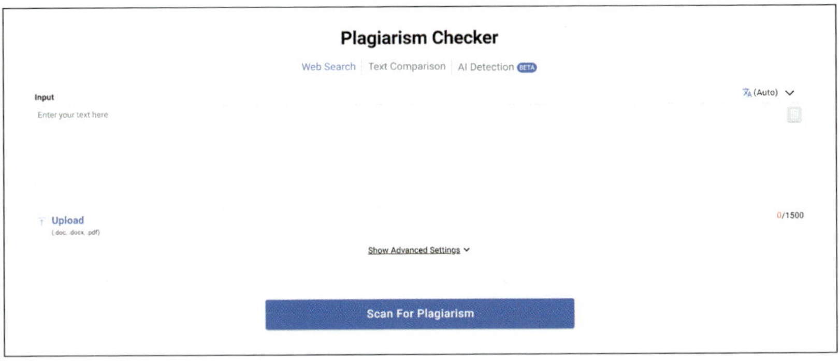

2. Smodin 결과물 예시

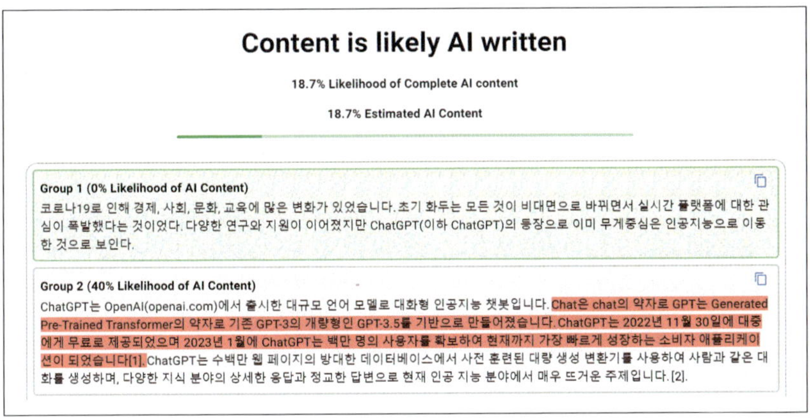

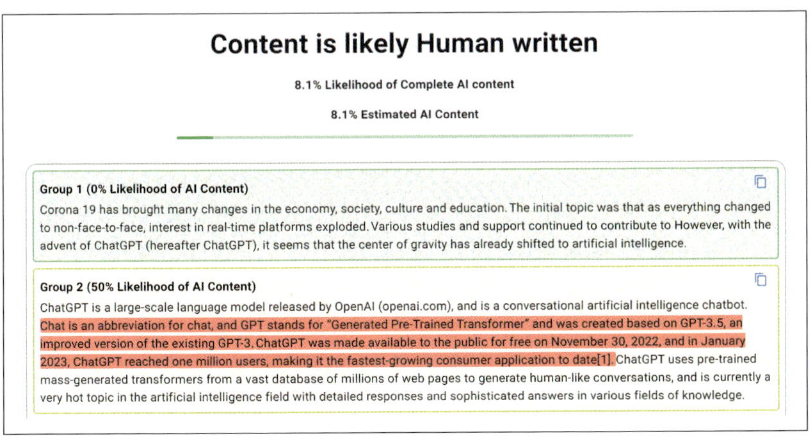

▌저자 약력 ▌

한송이(韓 송이)

[학력]

- 서울대학교 교육학(교육공학) 박사(Ph.D.)
- 연세대학교 언론학(저널리즘) 석사
- University of Missouri-Columbia 언론학(저널리즘, 커뮤니케이션) 학사

[경력]

- 동국대학교 교수학습혁신센터 연구교수
- 서울대학교 교육연구소 객원연구원

[연구영역]

- 에듀테크(생성형 AI, 인공지능 등) 활용 교육
- 메타버스(증강현실, 가상현실, 혼합현실 등) 활용 교육
- 혁신 교과목(블렌디드, 플립러닝, 하이브리드, 하이플렉스 등) 활용 교육
- 수업 컨설팅, 영어 프레젠테이션 기법

[연락처]

연구실: 02-2260-8817
E-mail: songleehan1@gmail.com

〈제2판〉

생성형 AI를 활용한 미래교육

2023년 7월 30일 1판 1쇄 발행
2024년 3월 15일 2판 1쇄 인쇄
2024년 3월 20일 2판 1쇄 발행

저 자 : 한 송 이
발행인 : 한 정 주
발행처 : 교 육 과 학 사

저자와의 협의하에 인지생략

경기도 파주시 광인사길 71
전화 (031)955-6956~8/팩스 (031)955-6037
Home-page : www.kyoyookbook.co.kr
E-mail : kyoyookbook@daum.net, kyoyook@chol.com
등록 : 1970년 5월 18일 제2-73호

낙장·파본은 교환해 드립니다. **정가 21,000원**
Printed in Korea. ISBN 978-89-254-1885-8